Organisation
industrielle

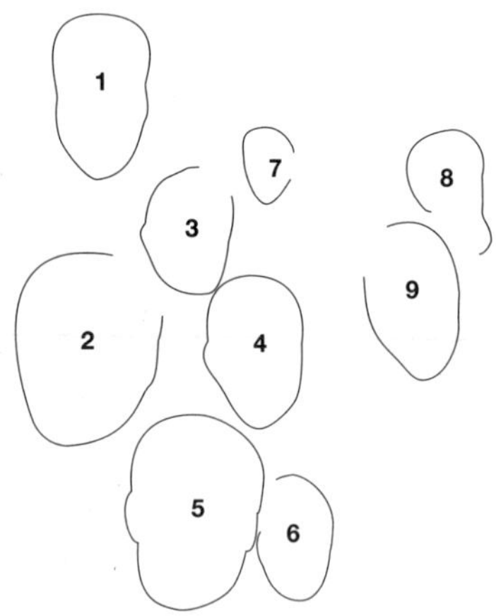

1 | **Georges AKERLOF** (1940-). *Né dans le Connecticut, Georges Akerlof est docteur en sciences économiques du Massachusetts Institute of Technology (MIT). Professeur à Berkeley, le prix Nobel d'économie lui a été décerné en 2001, en compagnie de Joseph Stiglitz et Michael Spence pour ses travaux sur l'asymétrie d'information et la « sélection adverse ».*

2 | **Oliver E. WILLIAMSON** (1932-). *Né dans le Wisconsin, Oliver E. Williamson est docteur de l'Université Carnegie-Mellon. Professeur à Berkeley, il est le fondateur de la « nouvelle économie institutionnelle », où un rôle central est attribué au concept de coût de transaction, développé dans un article célèbre du prix Nobel 1991, Ronald Coase.*
Photo : © http://groups.haas.berkeley.edu/bpp/oew/

3 | **Maurice ALLAIS** (1911-). *Né à Paris, Maurice Allais est sorti major de l'École polytechnique en 1933. Il a obtenu le prix Nobel d'économie en 1988. Ses travaux ont eu une influence déterminante après-guerre sur les ingénieurs-économistes français (*L'Économie pure *(1943) et* Économie et intérêt *(1947)) mais une part significative de sa réputation internationale est due aussi au « paradoxe d'Allais », remise en cause de la théorie face au risque de von Neumann et Morgenstern.*

4 | **Joseph STIGLITZ** (1943-). *Né dans l'Indiana, Joseph Stiglitz est, à 26 ans, professeur à l'Université de Yale. La thèse de cet ancien étudiant du Massachusetts Institue of Technology (MIT), portant sur le rationnement du crédit, est célèbre dans le monde universitaire. J. Stiglitz développera par la suite ses analyses sur l'imperfection de l'information et ses conséquences sur le fonctionnement des marchés. Chef de file des nouveaux keynésiens, il a obtenu le prix Nobel d'économie en 2001 (en même temps que G. Akerlof et M. Spence).*

5 | **Robert LUCAS** (1937-). *Né dans l'État de Washington, Robert Lucas enseigne depuis 1965 à l'Université de Chicago. Principal représentant de la «nouvelle macroéconomie classique», le prix Nobel d'économie lui a été décerné en 1995 pour ses travaux sur les anticipations rationnelles et leurs conséquences quant à la stabilité des modèles économétriques* (Lucas's critique) *et aux limites des interventions publiques* (impotence result).
Photo : © Université de Chicago

6 | **Kenneth Joseph ARROW** (1921-). *Né à New-York, Kenneth J. Arrow s'oriente en 1941 vers l'économie à l'Université de Columbia. Il est connu pour sa démonstration de l'existence d'un équilibre général de concurrence, ses travaux sur le risque et son « théorème d'impossibilité » (agrégation 'impossible' des préférences individuelles en une fonction satisfaisante de choix collectif). Il a obtenu le prix Nobel d'économie en 1972, avec John Hicks.*

7 | **Paul KRUGMAN** (1953-). *Né à New-York, Paul Krugman est diplômé du Massachusetts Institue of Technology (MIT), université où il enseigne ainsi qu'à Yale, Stanford et Princeton. Ce nouveau keynésien, défenseur du libre-échange tempéré et spécialiste de l'économie internationale, s'appuie sur l'analyse de la concurrence imparfaite pour rectifier certaines des conclusions de l'analyse néoclassique.*

8 | **Milton FRIEDMAN** (1912 – 2006). *Né à Brooklyn, Milton Friedman a enseigné à l'Université de Chicago, de 1946 à 1977. Il a été le pape du retour au libre marché, de la déréglementation et de l'abandon de la politique budgétaire au profit de la politique monétaire. Chef de file d'une véritable contre-révolution keynésienne dès les années 50, il a vu ses idées triompher dans les années 70 et a reçu le prix Nobel en 1976.*

9 | **Barry EICHENGREEN** (1952-). *Né en Californie, Barry Eichengreen a fait des études d'économie et d'histoire à l'Université de Yale et enseigne aujourd'hui à l'Université de Berkeley. Il a notamment fait des propositions pour construire une architecture financière internationale et une architecture financière européenne.*
Photo : © 2008 Robert Houser

Source : « L'essentiel de l'économie », in Alternatives économiques, *Hors série pratique n° 21, novembre 2005.*

Ouvertures Économiques

Organisation industrielle

Dynamique des marchés et stratégies des firmes

Roxana **Bobulescu**
Faruk **Ülgen**

Préface de Bernard **Baudry**

de boeck

Pour toute information sur notre fonds et les nouveautés dans votre domaine de spécialisation, consultez notre site web : **www.deboeck.com**

1re édition

Imprimé en Belgique

Dépôt légal :
Bibliothèque nationale, Paris : août 2012
Bibliothèque royale de Belgique, Bruxelles : 2012/0074/111

ISSN 2034-5070
ISBN 978-2-8041-7089-9

PRÉFACE

L'ouvrage *Organisation industrielle : dynamique des marchés et stratégies des firmes*, écrit par Roxana Bobulescu et Faruk Ülgen, respectivement enseignants à l'École de management de Grenoble et à la faculté d'économie de l'université Pierre-Mendès-France de Grenoble, a comme ambition de proposer aux étudiants en sciences économiques un outil de travail destiné à parfaire leurs connaissances en la matière, complémentaire au cours proprement dit. On sait, en effet, que le point faible des étudiants se situe au niveau de l'apprentissage des bases théoriques des différents champs disciplinaires de la science économique. Cet ouvrage, à visée didactique mais qui, pour autant, ne sacrifie pas à la facilité, propose ainsi aux étudiants, plus précisément en licence 2 et 3, de consolider leurs bases théoriques dans une matière riche et dense, à savoir *l'organisation industrielle*. Cette discipline, relativement jeune puisque les premiers travaux, d'origine américaine, datent des années 1950, avec les écrits de Bain et de Mason, a ensuite très vite connu des développements spectaculaires, notamment à partir des années 1980 et de ce que l'on a appelé la « nouvelle économie industrielle », symbolisée par exemple par les travaux d'un auteur comme Jean Tirole. Ce développement est notamment lié aux travaux en matière d'économie de l'information et à l'irruption de la théorie des jeux. C'est justement un des grands mérites de cet ouvrage de présenter de manière exhaustive les différentes questions théoriques qui sont l'objet de l'organisation industrielle. En effet, il importe de bien préciser au lecteur les objectifs de cet ouvrage. Il ne s'agit pas d'un ouvrage d'organisation industrielle appliquée, mais bel et bien d'un ouvrage théorique, sur le mode du traité, composé de neuf chapitres qui couvrent donc l'essentiel de la matière : présentation de l'économie industrielle, structure des marchés, théorie des jeux et marchés, rationalité et organisation de la firme, stratégies des firmes, économie de l'innovation, stratégies des petites et moyennes entreprises, critères de performance, écologie industrielle. Comme on le constate, les auteurs ont eu le souci de présenter des thèmes classiques mais également plus originaux, comme les stratégies des petites et moyennes entreprises et l'écologie industrielle. Par ailleurs, les développements les plus récents en matière de théorie des jeux sont également analysés. Compte tenu de ce choix de présentation, les étudiants ne seront pas contraints par une lecture linéaire de l'ouvrage, ils auront la possibilité d'aller directement vers certains thèmes, en fonction de leurs intérêts et de l'enseignement suivi.

On notera enfin que les auteurs ont volontairement limité au minimum les présentations formalisées. Les développements mathématiques sont ainsi peu présents, et on espère que les étudiants n'auront pas de difficulté à assimiler les connaissances proposées.

Au total, il est permis de penser que cet ouvrage offrira aux étudiants un support pédagogique accessible, qui leur permettra de compléter avec profit les enseignements d'économie industrielle qui leurs seront dispensés dans le cadre de leur cursus. En tout cas, c'est le souhait que l'on émet.

Bernard BAUDRY
Professeur de sciences économiques
Université Lumière Lyon 2

AVANT-PROPOS

Cet ouvrage est le résultat d'un ensemble de cours d'économie de la firme, d'économie de l'entreprise et d'économie industrielle, allant de la première année de licence à la première année de mastère en économie et gestion, que nous dispensons depuis plusieurs années à la Faculté d'économie de Grenoble, à Grenoble École de management et à l'École supérieure de commerce de Dijon-Bourgogne. Il s'appuie aussi sur des travaux que nous menons depuis plusieurs années dans le cadre de nos activités de recherche en théorie économique et en organisation industrielle.

Afin de rendre le contenu de l'ouvrage aussi accessible que possible à un public large, nous avons volontairement simplifié et synthétisé les différentes questions fondamentales étudiées en économie de la firme et en économie industrielle. Certains thèmes ont été présentés sous une forme introductive alors que d'autres ont été davantage approfondis. L'objectif qui a guidé la construction de l'ouvrage a été d'offrir un large panorama des problématiques actuelles qui traversent l'économie industrielle, sans sacrifier la rigueur minimale nécessaire à l'acquisition d'un savoir fondamental, qui doit fournir les éléments essentiels pour appréhender les tenants et les aboutissants de la discipline.

Cet ouvrage s'adresse plus particulièrement aux étudiants des trois années de licence en économie et en gestion et aux étudiants des écoles de commerce et d'ingénieurs qui abordent les questions économiques liées aux firmes et aux marchés. La plupart des modèles présentés peuvent servir de point de départ à des approches en gestion : finance, stratégies, marketing, ressources humaines.

La version finale a fait l'objet de multiples relectures de la part de nombreux collègues. S'il est difficile de les citer toutes et tous, nous tenons néanmoins à remercier plus particulièrement Virginie MONVOISIN, professeure à Grenoble école de management, Bernard BAUDRY, professeur à l'université Lumière-Lyon 2 et Guéliffo HOUNTONDJI, professeur à l'université Pierre-Mendès-France-Grenoble 2, pour leurs relectures minutieuses, leurs remarques et suggestions qui nous ont permis d'améliorer sensiblement le produit final. Bien sûr, notre reconnaissance va aussi tout naturellement à toutes nos étudiantes et étudiants qui, par leur présence et leurs interventions continues, nous ont donné l'envie et le courage d'accomplir cette tâche particulièrement délicate mais néanmoins passionnante.

Nous espérons que le lecteur trouvera dans cet ouvrage les informations qui lui permettront de s'immiscer dans les débats contemporains et les références qui pourront le guider dans leur approfondissement. Que la lecture en soit agréable et durable.

INTRODUCTION

L'ouvrage *Organisation industrielle : dynamique des marchés et stratégies des firmes* a pour but de présenter les idées fondamentales de l'économie industrielle et de les intégrer dans une perspective actuelle, dynamique et évolutive. Sa particularité est de combiner une approche classique de l'économie industrielle à une présentation des développements les plus récents, qui font place aux recherches menées sur les systèmes d'innovation, sur les réseaux d'entreprises et les clusters, ainsi que sur l'écologie industrielle en tant que stratégie répondant aux enjeux environnementaux actuels.

Les développements analytiques formalisés des différentes questions ont été synthétisés, afin de faciliter la lecture des modèles sous-jacents par un public non-averti. Tout au long de l'ouvrage, des exemples et cas pratiques récents sont proposés pour étayer les thèses présentées et aider à la compréhension des modèles théoriques. Des encadrés théoriques et appliqués permettent à ceux qui le souhaitent d'approfondir des thématiques précises. À la fin de chaque chapitre, des lectures supplémentaires d'approfondissement et des questions d'entraînement sur les principales notions et problématiques développées (avec indication, entre parenthèses, des sections auxquelles le lecteur peut se référer pour préparer ses réponses) sont proposées.

L'ouvrage est structuré en neuf chapitres qui étudient, dans une progression conceptuelle et analytique, les principales questions sur lesquelles porte l'économie industrielle moderne.

Dans cet objectif, nous considérons d'abord les principales notions et grilles de lecture de l'économie industrielle, en vue de préciser le cadre d'analyse général. Ainsi, le chapitre 1 présente l'économie industrielle comme branche particulière de la théorie économique, dont la problématique centrale est l'analyse de l'organisation des firmes et l'étude des marchés. Sont envisagées succinctement les limites des modèles néoclassiques de la microéconomie standard et différentes approches analytiques de la firme de l'économie industrielle classique, comme celles de Harvard et de Chicago, aux États Unis. Le chapitre 1 accorde une place privilégiée au paradigme SCP — Structure, Comportement, Performance —, approche essentielle du structuralisme de l'école de pensée de Harvard.

Le chapitre 2 prolonge et développe le premier élément du paradigme SCP, à savoir la structure des marchés. Cet exercice permet de déterminer le degré de concurrence, sur un marché donné, à un moment donné. Nous présentons les différentes structures de marché (concurrence, monopole, marchés contestables, concurrence monopolistique, oligopole et cartel), étudiées en termes statiques en microéconomie. Nous visons ainsi à offrir aux lecteurs non initiés ou débutants la possibilité de prendre connaissance (ou de se rappeler) des fondements des modèles de base. Le passage de la concurrence pure et parfaite aux approches de la concurrence imparfaite conduit à la prise en compte des interdépendances entre les firmes sur un marché donné.

Afin de développer ces références en termes dynamiques, nous exposons, dans le chapitre 3, les éléments d'analyse en termes d'interdépendances stratégiques qui nous permettent d'établir une relecture des marchés de duopole sous forme de jeux de décision entre firmes rivales. Ce chapitre porte alors sur la théorie des jeux en tant qu'outil d'analyse des interdépendances stratégiques, en reprenant la structure des marchés oligopolistiques. Plusieurs simulations par des matrices de jeux visent à permettre aux lecteurs de comprendre le rôle des conjectures dans le raisonnement des joueurs. Ce type de rationalité est transposé aux situations de marché, notamment au cas d'un marché de duopole sur lequel les réactions des firmes aux stratégies du concurrent sont formalisées et peuvent déboucher sur des solutions d'équilibre, ou sur des situations d'indétermination d'une solution triviale.

La prise en compte des problèmes d'asymétrie de l'information et de coordination sur des marchés décentralisés permet d'élargir la perspective analytique de l'ouvrage en soulignant la rationalité de la structure des organisations économiques privées. Le thème de la rationalité, comme celui de la coordination décentralisée, font ainsi l'objet du chapitre 4. Si l'information est supposée complète et/ou parfaite dans le cas des jeux stratégiques, il n'en est pas de même pour les relations d'agence. L'asymétrie d'information et l'incertitude qu'elle peut engendrer pour les agents économiques constituent une difficulté majeure dans le processus de prise de décision. Face aux imperfections des marchés, les firmes érigent un rempart contractuel. Cette protection, associée aux droits de propriété, s'avère incomplète. En sus, la multiplication des contrats requiert une gestion spécifique de la part des firmes. Elle souligne l'importance de la qualité d'organisation de la firme, avec les relations hiérarchiques en interne et le réseau en externe. Ces formes de coordination spécifique remplacent souvent les relations anonymes et décentralisées de marché. Différentes formes de gouvernance sont alors envisagées tant du point de vue de leur efficacité économique que du point de vue de leur capacité respective à répondre aux difficultés d'établissement de contrats optima entre parties séparées et potentiellement concurrentes.

La complexité, mais aussi la multiplicité des différentes questions soulevées dans cette étude justifient, alors, la prise en compte des différents comportements des firmes sur les marchés. Ces comportements traduisent une préoccupation essentielle des acteurs économiques : concevoir et appliquer des stratégies, afin de faire face à une concurrence croissante ou d'élargir le domaine de contrôle et de pouvoir sur les marchés, par rapport aux concurrents présents ou potentiels. Le chapitre 5 présente ainsi les stratégies des firmes en mettant en avant le lien entre celles-ci et la spécificité de la firme, les circonstances et la structure de marché à un moment donné. Sont analysées les stratégies génériques en fonction des forces concurrentielles du marché, la création de barrières à l'entrée, la domination des marchés par les coûts et les volumes, la différenciation, l'intégration et la diversification.

Dans une optique dynamique, cette lecture des marchés et des comportements des firmes débouche sur une présentation des stratégies d'innovation. La dynamique d'évolution des économies est bidirectionnelle. Les marchés évoluent et poussent les firmes à adopter des stratégies nouvelles dans une optique défensive ou offensive. En même temps, les firmes évoluent, changent de comportement, réagissent, anticipent et affectent les structures de marché. Une place importante revient à l'innovation comme moteur de la dynamique économique et des stratégies d'entreprise. Par conséquent, le chapitre 6 est consacré à l'économie de l'innovation. Les différentes formes et origines de l'innovation sont présentées, ainsi que les développements les plus récents sur l'innovation ouverte. Ce chapitre reprend les approches des systèmes d'innovation, au niveau national, régional ou local, et l'intervention des pouvoirs publics en faveur de la création des pôles de compétitivité dont l'objectif principal est la recherche et la création de réseaux d'excellence en termes d'innovation.

Alors que les modèles dynamiques sur les stratégies des firmes se focalisent souvent sur la capacité des grandes firmes et des marchés concentrés à réaliser les innovations déterminantes dans les économies, il paraît souhaitable de questionner la possibilité, pour les firmes de taille réduite, de participer à la dynamique d'évolution des marchés, de plus en plus ouverts et globalisés. Ceci paraît d'autant plus intéressant à étudier que, dans beaucoup de pays, en développement et développés (comme la France), le tissu économique est principalement composé d'entreprises de taille relativement réduite. Dans cette perspective, le chapitre 7 analyse les stratégies des petites et moyennes entreprises qui coopèrent sur une base locale, de proximité, pour former des clusters ou districts industriels. Ces entreprises cherchent des externalités positives à travers la proximité institutionnelle. La taille des firmes est une variable déterminante de leur stratégie, comme le montrent les différents cas pratiques. L'approche de la proximité permet d'expliquer les regroupements d'entreprises sur une base plus large que la base territoriale, liée aux économies d'agglomération en portant les petites et moyennes unités productives au devant de la scène dans l'évolution économique.

Il est vrai que, quelle que soit leur taille, les entreprises adoptent des stratégies afin d'obtenir des résultats positifs qui leur permettent de renforcer leur position sur les marchés, d'assurer leur croissance et leur pérennité dans le temps et d'accroître leur compétitivité-prix et hors prix face à un environnement en changement permanent. Par conséquent, la dynamique d'évolution économique est intimement liée à l'amélioration des performances des firmes. Le chapitre 8 présente donc les principaux critères de performance utilisés en économie industrielle que sont la compétitivité, les compétences, l'obtention d'une rente (différentielle, de monopole, etc.) au niveau des firmes et des secteurs d'activité. Toutefois, il apparaît que l'évolution des critères de performance en faveur de la valeur actionnariale de l'entreprise et de la situation financière des unités de production modifie l'orientation des stratégies des firmes et pose de nouvelles questions comme la prise en compte d'une valeur socialement responsable dans la détermination des objectifs des firmes dans l'économie.

Dans cet objectif, le chapitre 9 prend en compte une question d'actualité brûlante. Il est dédié à une approche originale de l'activité industrielle, comme faisant partie de la biosphère. L'entreprise apparaît comme l'élément critique de la mise en œuvre de l'écologie industrielle, au travers des nombreux impacts que la conception et l'application de ses diverses activités peuvent avoir sur l'environnement, tant du point de vue de la durabilité que de celui de l'efficacité économique de ses stratégies. Dans cette orientation, le domaine de l'écologie industrielle, né dans les années 1990, est présenté à partir de l'expérience de la symbiose industrielle de Kalundborg, au Danemark. Cette approche modifie radicalement la vision de l'industrie et considère les déchets de certaines firmes comme des ressources possibles pour d'autres firmes. La constitution d'éco-parcs industriels est présentée à l'aide de plusieurs cas pratiques.

1

ÉCONOMIE INDUSTRIELLE : FONDEMENTS ANALYTIQUES ET QUESTIONS RÉCURRENTES

SOMMAIRE

L'économie industrielle est une branche particulière de la théorie économique. Elle étudie les comportements des unités de production et distribution des biens et services, appelées les firmes, dans une économie de marché. Toutefois, derrière cette affirmation anodine se cache tout un ensemble de références qui constituent les fondements de la théorie économique.

Dans les modèles néoclassiques, principalement fondés sur l'hypothèse d'un marché de concurrence pure et parfaite comme référence pertinente pour l'analyse économique, l'entreprise ou la firme est une notion peu développée. Toute organisation économique s'apparente à une construction conceptuelle opaque, soumise à des axiomes particuliers qui confinent les comportements des agents économiques à des attitudes passives, alors que la rationalité des décisions économiques est supposée pousser les offreurs à maximiser leurs gains privés. C'est en réponse à cette approche réductrice et surtout statique que naît la discipline appelée économie industrielle. La recherche est, dès lors, orientée vers une définition précise de la firme en tant qu'organisation spécifique qui soit en mesure de montrer la raison et la façon d'être des unités de production des biens et services. Parallèlement, le concept de marché constitue un objet central de réflexion des approches économiques. Pourtant, la définition du marché pose de nombreux problèmes de conception et ne semble pas pouvoir trivialement se dégager des modèles économiques habituels. La discussion sur ces deux concepts centraux, la firme et le marché, permet alors de redonner à l'économie industrielle un intérêt à la fois analytique et pratique au-delà des modèles référentiels en économie.

1.1 REPÈRES CONCEPTUELS

La théorie économique, depuis son émergence en tant que discipline scientifique spécifique, notamment à partir des travaux pionniers des économistes classiques des XVIIIe et XIXe siècles, comme Adam Smith, David Ricardo et Karl Marx (pour n'en citer que les plus connus), est pensée comme une réflexion générale sur les conditions de production, de distribution et d'utilisation des richesses quantifiables en valeurs économiques qui sont des inscriptions monétaires comptables [1]. Les économistes néoclassiques, qui ont suivi le même type de réflexion par une voie méthodologique différente (par exemple, Jean Baptiste Say et Alfred Marshall), et les économistes marginalistes, qui ont donné à

1 Il convient de préciser que, sur le caractère monétaire de la quantification, il existe de nombreux débats lancinants et confus, puisque les auteurs classiques pensaient pouvoir identifier la valeur économique des choses à partir de la quantité de travail nécessaire à leur production et leur distribution. Pour les économistes néoclassiques et marginalistes, la valeur économique des biens et services devait être appréhendée en termes de leur utilité respective. Tous les travaux postérieurs ont suivi tantôt la première, tantôt la seconde approche pour développer des analyses plus précises sur le fonctionnement de l'économie. Toutefois, dans tous les cas, la question des termes de la quantification sociale de la valeur est soit longuement discutée mais abandonnée, soit ignorée bien que dans toutes les approches, la valeur soit obligatoirement libellée, même furtivement, en unités monétaires. Comme cette question, bien que fondamentale, ne fait pas partie du champ d'analyse de ce livre, nous ne l'étudierons pas davantage et nous ferons l'hypothèse que les valeurs économiques, c'est-à-dire les richesses, activités, consommations, etc. qui peuvent être exprimées en termes économiques sont des inscriptions monétaires dans des comptes privés ou publics.

la théorie économique son visage moderne dans sa version dominante en termes de l'équilibre général (comme Léon Walras et, plus tard, Kenneth Arrow, Gérard Debreu et Frank Hahn), ont insisté sur la dynamique des choix individuels et décentralisés dans l'établissement et l'évolution des relations économiques dans la société.

Cette évolution intellectuelle porte explicitement sur l'apparition et le développement d'une société nouvelle, dont la structure d'existence se fonde supposément et principalement sur les décisions et actions d'individus privés, séparés et économiquement indépendants [2]. Les actions privées et intéressées deviennent le moteur de la dynamique sociale en mettant au premier plan les rapports économiques de production et de consommation entre individus « libres » dans la spécification de la société. Sont alors utilisés les vocables de « capitalistes », « entrepreneurs », « travailleurs », « salariés », « consommateurs », qui représentent des statuts particuliers dans l'ensemble économique.

Les salariés travaillent dans des unités qui produisent des biens et services destinés à être vendus sur des marchés. Ils interviennent dans cette activité pour obtenir les moyens économiques (salaires monétaires) qui leur permettront de consommer certains des biens et services dont ils contribuent à la création ou à la transformation. Les unités de production sont principalement des entités privées organisées dans l'objectif de réaliser des gains monétaires nets, appelés profits. Elles sont détenues par une partie des individus, les propriétaires des moyens de production et de distribution. Elles sont les lieux de production des objets matériels ou immatériels qui représenteront des richesses économiques lorsqu'ils acquerront une valeur économique (leur prix), en se vendant contre un paiement en monnaie. Les structures publiques (institutions, mécanismes, règles), dont l'existence ne vise pas ce type de relation, interviennent pour encadrer et rendre socialement réalisables et, si possible, viables les relations privées entre individus séparés.

Dans un tel environnement, c'est l'initiative privée (volonté de décision et d'action individuelle intéressée) qui est considérée comme la source de toute activité que l'on qualifie d'économique. Cette initiative, mode de création des richesses économiques spécifique à la société décentralisée, est liée à l'objectif de gain des unités de production. Dans une société décentralisée, ces dernières doivent cependant entrer en contact avec d'autres unités qui produisent différents biens et services afin de pouvoir réaliser financièrement (relations industries-banques-marchés financiers), techniquement (relations entre différents secteurs de biens de consommations intermédiaires) et sur le plan organisationnel (relations entre producteurs de biens et prestataires de services) leurs activités désirées, c'est-à-dire pour rendre possible une offre effective. Elles doivent aussi entrer en contact avec les consommateurs qui sont les acheteurs ultimes des biens et services produits, ce qui correspond à la demande effective. Ces contacts peuvent prendre plusieurs formes ; ils peuvent s'organiser d'une manière centralisée ou

---

2 En effet, dans cette nouvelle société étudiée par la science économique, par rapport aux formes antérieures de société, les liens sociaux d'héritage familial, aristocratique, religieux, etc. ne sont plus les déterminants des relations interindividuelles.

personnelle ; ils peuvent évoluer au travers de relations décentralisées, plus anonymes, au gré des hasards et risques.

Il n'y a pas de forme « officielle », juridiquement contrainte, de réaliser les activités et les échanges subséquents, même si, bien entendu, toute relation est censée s'appuyer sur les bases juridiques des droits et obligations prévues par les règles de la société. La propriété privée, le droit des contrats, etc. font partie de ces règles, dont l'objectif est de permettre la réalisation des activités privées et décentralisées. Quelle qu'en soit la forme, les activités économiques sont décidées et effectuées au travers des constructions matérielles ou immatérielles qui déterminent les lieux (où), les dates (quand) et les façons (comment) spécifiant leurs modalités de réalisation. Ces constructions sont appelées les marchés.

L'analyse de l'organisation des firmes et l'étude des marchés sur lesquels elles interviennent constituent la problématique centrale de l'économie industrielle. De ce point de vue, on peut dire que l'économie industrielle est une présentation particulière de la théorie économique, dans la mesure où elle est un lieu de réflexion sur la façon dont l'économie de marché fonctionne, à partir d'une analyse précise de l'une de ses principales constituantes, la firme, tant dans ses diverses conceptions possibles (structure du marché, organisation des firmes) que dans ses pratiques observables (stratégies des différentes parties, conséquences sur l'économie). Toutefois, il n'existe pas de conception unifiée des concepts économiques fondamentaux, comme le marché, qui sont aussi les concepts fondateurs de l'économie industrielle.

Dans les modèles néoclassiques, l'entreprise, la firme, le producteur sont des notions qui ne sont pas spécifiquement développées, toute organisation économique s'apparente à une construction opaque non explicitement étudiée. Les hypothèses du marché de concurrence pure et parfaite sont supposées suffire pour penser le fonctionnement de l'économie, sur la seule base de l'agent représentatif maximisateur du profit sous la contrainte des données préalables et imposées (techniques de production données et prix d'équilibre établis par le marché). Cherchant à donner une consistance plus développée à la firme, des approches particulières apparaissent, notamment à partir de la fin des années 1930, fondant ce que l'on appelle aujourd'hui l'économie industrielle classique. Elles proposent une grille de lecture qui distingue la structure du marché, le comportement de la firme et les performances obtenues sur le marché.

Différents courants contribuent au développement de cette lecture analytique. Ils sont principalement situés aux universités de Chicago et de Harvard, aux États-Unis. Mais ces courants proposent des analyses dans un cadre qui laisse peu de place à une conception active de la firme dans ses décisions et actions sur le marché. En réaction à cette attitude, mais toujours sur la base du schéma conducteur structure-comportement-performance de l'économie industrielle classique, une nouvelle économie industrielle, appelée aussi théorie de l'organisation industrielle, voit le jour. Bien qu'il n'existe pas de modèle unifié dynamique, les différentes écoles fondent leur ligne d'attaque sur des conceptions semblables, qui consistent à penser la firme comme une entité complexe active et évolutive. Elles formulent alors les analyses autour des notions économiques référentielles comme la rationalité, l'efficacité, les imperfections des mécanismes de coordination par le marché, la concurrence imparfaite, les coûts de transaction, l'opposition entre le marché anonyme et l'organisation interne des activités d'une façon hiérarchisée et non anonyme, etc. Les conclusions auxquelles elles aboutissent permettent aussi de questionner la portée des interventions publiques dans l'organisation des firmes et des marchés (politiques industrielles, par exemple) autrement que par le principe d'une autorégulation des marchés décentralisés.

Avant d'étudier les différents éléments d'analyse indispensables pour comprendre les décisions et les comportements des firmes et appréhender les différentes structures de marché, ce chapitre vise à clarifier les notions fondamentales d'organisation, de firme et de marché et à présenter la grille de lecture référentielle de l'économie industrielle.

1.2 ORGANISATION ET FIRME

Le terme « organisation » signifie la manière dont les organes (les parties composantes) d'un ensemble quelconque (un corps) sont constitués et réglés en vue d'un usage déterminé. Il s'agit donc bien d'une structure, dont la disposition des composantes est pensée selon un objectif commun à l'ensemble. En économie, l'étude des organisations porte sur les entités structurées en vue de produire, distribuer ou consommer des biens et services. Dans les économies dites de marché, les décisions et actions de production, de distribution et de consommation des biens et services sont principalement le fait des unités économiques (individus ou groupes d'individus) privées et séparées, qui sont considérées comme la principale force motrice du fonctionnement de la société économique. Ces décisions et actions, qui forment les différentes activités que les agents économiques mettent en place, sont supposées suivre un but ultime qui est de réaliser des gains positifs pour les différentes parties impliquées dans les relations ainsi créées dans la société.

Les activités sont réalisées dans le cadre d'organisations appelées « entreprises ». Il est clair que ces notions ont un sens très large et ne se limitent pas au seul domaine économique. *Entreprendre* signifie se décider à faire une chose et s'engager dans son exécution. Quant à la définition du mot *entreprise*, elle a un sens vague et peut être considérée aussi bien dans le domaine économique qu'extra économique. Dans ce livre, ce qui nous préoccupe est, bien entendu, le sens et les caractéristiques des entreprises économiques privées. Nous considérons seulement les entités économiques privées, dont les activités visent une valorisation marchande. Une *entreprise économique* est couramment définie comme une unité économique de production et de vente de biens et de services. On peut aussi utiliser la notion de firme, définie comme une entreprise commerciale ou industrielle, désignée sous un nom, une raison sociale, un sigle. Plus généralement, une entreprise est définie comme un ensemble, composé *d'individus privés différents* (qui peuvent avoir des intérêts et objectifs divergents), reliés entre eux par des relations et mécanismes qui déterminent les droits et devoirs de chacun, dans un cadre plus ou moins *hiérarchisé* et *contrôlé* par des procédures et processus différents, en vue d'effectuer une ou plusieurs activités économiques, en utilisant des moyens techniques spécifiques. Il s'agit d'un *lieu économique* où s'organisent des rapports et relations humains et techniques hiérarchisés, qui sont sujets aussi bien à des *coopérations* qu'à des *conflits* dans un contexte d'*incertitude* [3], plus ou moins forte selon le domaine d'activités considéré et selon l'environnement dans lequel ces activités sont entreprises.

Du point de vue économique, à la fois dans sa façon de s'organiser et dans ses stratégies, une entreprise est évaluée selon le critère d'*efficacité économique*. Ce critère mesure le degré de réussite (la *performance*) de l'entreprise et peut aller de la simple maximisation du profit (dans la théorie microéconomique standard) jusqu'à l'obtention d'une satisfaction générale et cohérente de l'ensemble de ses composantes, étant données les contraintes internes et externes qui délimitent son potentiel d'existence. Nous ne nous intéresserons pas ici aux aspects juridiques des entreprises. En revanche, notre analyse portera aussi bien sur les relations de hiérarchie et de pouvoir qui apparaissent dans les entreprises que sur les questions de conflits, d'*asymétrie* et de concurrence qui déterminent les spécificités organisationnelles desdits ensembles [4].

Bien qu'il ne soit pas facile de les distinguer, ni en théorie ni dans les faits, en économie, deux niveaux structurels particuliers forment l'entreprise et contribuent grandement à la détermination de ses décisions et actions effectives et à la formation et l'obtention de ses résultats. Le premier niveau porte sur la constitution et les relations internes de l'entreprise. Le deuxième niveau concerne ses relations externes avec les autres entreprises et consommateurs et les stratégies qu'elle applique sur les marchés.

Le premier niveau est étudié en adoptant une approche individuelle de l'entreprise dans sa structure interne, dans sa façon spécifique de s'organiser, de disposer de ses composantes, de les ordonner en vue d'une fin commune. Il faut donc considérer ici les structures hiérarchiques qui déterminent comment les activités sont *coordonnées* et *coopérées* à l'intérieur de l'entité économique.

La coordination est la détermination d'un objectif commun suivant un rapport entre les parties (entre les propriétaires de l'entreprise, la direction et les autres niveaux de décision et d'exécution). La communauté de l'objectif ne signifie pas que les objectifs propres à chaque partie doivent être obligatoirement effacés devant une fin commune. Cette fin commune est *supra*-individuelle mais l'entreprise doit aussi tendre vers la satisfaction des attentes des parties constituantes (puisqu'en économie de marché, les

3 L'incertitude signifie que, du fait du caractère décentralisé des décisions et actions privées et séparées, les différentes parties ne sont pas en mesure de connaître avec précision et sans erreur l'évolution future de l'économie, ni la situation dans laquelle elles se trouveront exactement suite à cette évolution. Les unités de décision peuvent établir des plans d'action en considérant les différentes éventualités qu'elles connaissent dans leur propre système d'information, selon des schémas probabilistes particuliers et calculer les risques qui y seraient liés. Mais un tel calcul reste subjectif et sa validation ne peut être vérifiée qu'*a posteriori*. Voir les chapitres 3 et 4 pour plus de développements.

4 Pour un aperçu des différents aspects théoriques et empiriques qui interviennent dans la définition de la firme, le lecteur peut consulter les contributions présentées dans Baudry et Dubrion (2009).

relations économiques entre les individus sont supposées établies sur des accords ou des contrats volontaires et individuellement intéressés). Dans ce cas, il s'agit de considérer les relations de paiement à l'intérieur de l'entreprise, comme les salaires, les primes d'incitation, etc., sous la contrainte que les participants doivent se conformer à un dénominateur commun, qui est la pérennité profitable de leur entreprise.

Quant à la coopération, elle signifie que les décisions prises d'une façon coordonnée sont appliquées conjointement dans l'exécution subséquente des tâches assignées aux différentes composantes. Divers instruments et politiques internes de contrôle, de vérification et de révision interviennent alors dans cet objectif. On peut remarquer dorénavant que, lorsque l'on veut étudier l'entreprise, les possibilités et modalités d'organisation interne entre les membres apparaissent comme un premier lieu d'interrogation.

Le deuxième niveau d'étude vise les comportements des entreprises sur les marchés. Ces comportements peuvent aussi bien concerner les relations de rapprochement et/ou d'entente avec les autres entreprises, considérées comme des concurrentes ou rivales, que les stratégies unilatérales qu'adopteraient les entreprises afin d'éliminer leurs rivales présentes ou potentielles ou de réduire la concurrence sur un marché donné. Il peut donc s'agir de comportements aussi bien de coopération que de conflits entre les entreprises.

Cependant, comme on l'a signalé dans l'introduction de ce chapitre, dans une économie décentralisée, les entreprises entrent en relation les unes avec les autres mais aussi avec les consommateurs finals au travers de modalités qui constituent les marchés. Comme une telle économie est communément appelée une économie de marché, la définition de cette notion revêt une importance capitale dans l'analyse économique.

1.3 LE CONCEPT DE MARCHÉ

Le marché est un concept central en économie. Dans son utilisation actuelle, il est lié à un concept particulier d'économie et de société, que l'on a coutume d'appeler « économie de marché », « économie entrepreneuriale », « économie capitaliste » ou encore « économie libérale », sans distinction véritable. Toutefois, le concept de marché peut avoir plusieurs significations.

Il peut signaler un ensemble de conventions qui déterminent les conditions et modalités de fourniture des biens et services. Il peut correspondre à un lieu général où sont effectuées les ventes de produits divers. Dans la théorie économique, le marché est pensé comme l'ensemble des offres et des demandes concernant un type défini de biens ou de services. Mais, étant données les limites relativement restrictives de la conception théorique du marché dans le modèle de concurrence pure et parfaite qui constitue la principale référence des réflexions dans ce domaine (voir le chapitre 2), il apparaît nécessaire de préciser ce que l'on pourrait (devrait) entendre par « marché » lorsque l'on veut étudier le fonctionnement d'une économie de marché.

Dans cet objectif, le premier pas vers une définition cohérente concerne l'organisation du marché. Ensuite, il conviendrait de préciser le lien entre le marché-organisation et les produits sur lesquels les interventions des parties diverses vont porter.

En ce qui concerne l'organisation, comme le marché semble caractériser une société particulière, dans la mesure où son contenu serait déterminant des conditions d'existence de cette même société particulière, il paraît souhaitable de le penser non pas comme une construction qui apparaîtrait spontanément à travers les seuls désirs de vendre et/ou d'acheter des individus séparés, mais plutôt comme une construction sociale. On peut alors le définir comme une organisation créée et gérée par des agents publics et privés, qui fournissent les différents éléments (détermination du lieu, des périodes et conditions d'ouverture et de fermeture, moyens de communication, modalités des achats et des ventes, etc.) permettant la mise en rapport des différentes parties offreuses et demandeuses. Bien sûr, sous certaines conditions, l'organisation d'un marché peut relever d'un accord entre seulement deux parties qui s'accordent, à travers un contrat, sur les conditions de négociation, d'exécution et de livraison finale de l'objet concerné. Toutefois, sur le plan général, il convient de considérer le concept de marché dans un sens large, qui correspondrait à la possibilité pour les agents économiques de nouer des relations économiques avec un nombre plus ou moins important d'interlocuteurs (offreurs/demandeurs), sur un nombre plus ou moins élevé de produits alternatifs et sur un horizon suffisamment variable, en vue de laisser un choix flexible d'activités économiques aux participants à l'économie [5].

On pourrait alors évaluer le degré de développement d'un marché donné (marché des biens, marché des services, marché financier, etc.) à travers trois critères :

- la largeur du marché : le nombre d'intervenants et le volume de transactions aussi élevés que possibles ;
- la profondeur du marché : la variété (gamme, différences, produits alternatifs, etc.) ;
- la faisabilité : les infrastructures juridiques, techniques, logistiques qui autoriseraient les agents à entreprendre des activités et à entrer en négociation, sans grande contrainte de moyens organisationnels. Bien entendu, ici, il ne s'agit pas de considérer qu'un marché doit permettre à tous les intervenants de réaliser leurs projets indépendants, ce qui relève des capacités différentes respectives des parties privées, mais d'avoir accès à des moyens minima nécessaires pour pouvoir envisager la réalisation de différents projets de production et/ou d'achat, dans un horizon donné. On peut alors parler d'un marché type comme un ensemble de services. Le marché est alors une organisation volontaire et consciente de la part des intervenants, son existence est liée à des règles minima communes à toutes les parties.

---

5 Il faudrait rappeler ici que nous cherchons une définition qui soit en cohérence avec le principe de liberté de décision et d'action de parties séparées et intéressées dans une économie décentralisée.

En ce qui concerne le lien entre le marché et les produits qui y sont échangés, il est possible d'identifier le marché par un produit spécifique différencié des autres. On parlera alors du marché d'un type précis de produit (le marché des haricots d'une certaine spécification très limitée, par exemple). Il est évident que chaque produit, considéré sous ses aspects individuels particuliers, est un produit irremplaçable par d'autres produits. Mais, dans ce cas, pour chaque produit individuel, on serait obligé de raisonner sur un marché excessivement étroit, ce qui nous ferait évacuer arbitrairement dans l'analyse la possibilité de substitution entre produits semblables. Or, comme on va le voir plus loin, le degré de substituabilité entre différents produits est un argument d'importance capitale, tant dans l'analyse des marchés que dans la mise en place des stratégies des firmes.

En contrepartie, lorsque le marché est défini par un ensemble de biens plus ou moins semblables et donc substituables, on a une conception trop large, puisque tout bien peut être le substitut des autres à des degrés divers (du thé contre du café, un film policier contre un concert de musique classique, un repas entre amis contre une heure de jeu en ligne, etc.). Dans ce cas, il devient difficile d'établir des contours adéquats pour procéder à une analyse pertinente d'un marché et d'un produit. Pour sortir de cette difficulté, on peut admettre que « la « bonne » définition d'un marché dépend de l'usage qui en sera fait » (Tirole, 1993, p. 25), même si un tel choix analytique constitue plus un moyen d'évacuer le problème central de définition d'un marché qu'une voie robuste pour identifier l'objet de l'étude.

En général, les travaux en économie industrielle se situent par rapport à ces difficultés de définition précise. Ils développent des hypothèses particulières sur le premier point (organisation du marché) et/ou sur le deuxième point (un marché correspondant à un type de produit), afin de déterminer les modalités de fonctionnement des marchés, selon le type d'organisation envisagé (marché ouvert, concurrentiel ou marché bloqué ou fermé, moins concurrentiel), et selon le degré de substituabilité entre produits différents. On envisage alors des situations de monopole, d'oligopole ou d'autres formes de concurrence imparfaite, liées à la spécification des produits qui présentent des caractéristiques plus ou moins remplaçables (concurrentielles ou monopolistiques). Ce problème général de définition du marché est habituellement étudié sous la rubrique de *marché pertinent.*

1.4 LE MARCHÉ PERTINENT : IMPORTANCE D'UNE DÉFINITION PRÉCISE

La définition du marché porte sur un découpage précis des activités économiques en lien avec différents produits. Un tel découpage correspond à l'identification de *marchés pertinents (relevant markets)*[6]. En économie, on peut identifier trois niveaux spécifiques d'analyse qui sont directement concernés par la définition d'un marché pertinent.

6 Voir Michel Glais, 2003.

Premièrement, du point de vue conceptuel, la définition du marché est d'une importance centrale pour la théorie dont l'objectif est d'analyser le fonctionnement d'une économie de marché. Comment les marchés se construisent-ils, quels produits y sont échangés, quelle est la structure de la concurrence, quels sont les comportements des firmes présentes sur ces marchés, quels en sont les résultats en termes de performances des firmes, mais aussi de l'économie dans son ensemble, etc., constituent autant de questions sur lesquelles l'économie industrielle et l'analyste des marchés/produits s'interrogent. Même si une définition communément acceptée ne semble pas se dégager des études dans ce domaine, il paraît difficile de présenter une approche pertinente sans définir précisément le marché.

Deuxièmement, il est évident que la définition du marché est une véritable préoccupation pour les firmes, qui doivent connaître leurs marchés avant d'élaborer leurs différentes stratégies. Comment entrer sur un marché où il existe déjà des firmes dominantes (marché concurrentiel ou protégé), comment quitter un marché et redéployer les disponibilités présentes sur un autre marché (caractéristiques techniques, organisationnelles des marchés considérés), quand doit-on modifier les stratégies (évolution des marchés), etc. sont autant de questions dont les réponses sont intimement liées à la définition des marchés. Selon le degré de substitution envisageable entre différents produits, la taille et les contours du marché seront considérés différemment et affecteront les stratégies que les firmes pourraient mettre en œuvre. L'existence de produits substituables et de concurrents éventuels, les données techniques, les conditions financières spécifiques, l'évolution de la conjoncture sur différents marchés, etc. détermineront les possibilités d'action des firmes et affecteront les performances finales. Envisager une stratégie de marché nécessite que les firmes connaissent le marché sur lequel elles interviennent, même si, étant donnée la complexité de la définition du marché, les décisions des firmes sont intrinsèquement sujettes à des erreurs de perception et de conception.

En troisième lieu, lorsque l'on suppose que le marché est une construction volontaire et consciente de la part des acteurs aussi bien privés que publics, sa définition adéquate devient aussi un enjeu central pour les autorités de la concurrence qui cherchent à intervenir dans l'économie en vue d'assurer une allocation optimale des ressources productives et la promotion des innovations et du progrès économique. De surcroît, on suppose souvent que la concurrence représente la structure de marché la plus efficace. En effet, dans de nombreuses approches, on affirme que la concurrence permettrait aux consommateurs d'obtenir la plus grande satisfaction dans leurs possibilités de consommation et qu'elle obligerait les producteurs à produire, dans les conditions efficaces, une quantité maximale à un prix minimal (sur ce point, voir le modèle de concurrence pure et parfaite au chapitre 2). Dès lors, les autorités cherchent à assurer sur divers marchés une situation concurrentielle le plus proche possible de la concurrence pure et parfaite. C'est principalement pour cette raison qu'il existe, dans la plupart des économies, des autorités (conseils, commissions) de la concurrence, qui ont le pouvoir légal d'autoriser ou d'interdire les différents projets de fusion, d'acquisition ou d'entente entre les firmes. Par conséquent, les interventions publiques ont besoin de s'orienter à partir d'une définition précise de ce qu'est un marché pertinent en vue d'évaluer le degré de concurrence sur le marché et les conditions sous lesquelles les activités des firmes peuvent se révéler socialement optimales.

D'une façon générale, le marché doit être défini à travers trois dimensions : espace (où) — temps (quand) — mode/façon (comment). C'est donc le triptyque « lieu/moment/façon » qui correspond à une identification géographique (espace), temporelle (historiquement déterminée), physique (les spécificités des produits offerts), psychologique et culturelle (la façon dont le produit est présenté et ce qu'il contient affectent les décisions des consommateurs qui présentent des caractéristiques particulières). Le marché comprend toutes les caractéristiques des producteurs et des consommateurs puisqu'il est déterminé à partir des caractéristiques des biens qui y sont offerts. Les agents doivent obtenir des informations sur ces caractéristiques. Le développement de cette question, qui lie l'identification du marché aux caractéristiques des produits, sera proposé au chapitre 5, dans l'étude de la stratégie de différenciation.

ENCADRÉ 1.1
Le marché pertinent et la substituabilité entre les produits

Selon la définition du Conseil de la concurrence dans ses nombreux rapports, le marché pertinent est identifié comme suit : « Le marché, au sens où l'entend le droit de la concurrence, est défini comme le lieu sur lequel se rencontrent l'offre et la demande pour un produit ou un service spécifique. »

En théorie, sur un marché, les unités offertes sont parfaitement substituables pour les consommateurs, qui peuvent ainsi arbitrer entre les offreurs lorsqu'il y en a plusieurs, ce qui implique que chaque offreur est soumis à la concurrence par les prix des autres. À l'inverse, un offreur sur un marché n'est pas directement contraint par les stratégies de prix des offreurs sur des marchés différents, parce que ces derniers commercialisent des produits ou des services qui ne répondent pas à la même demande et qui ne constituent donc pas, pour les consommateurs, des produits substituables.

Une substituabilité parfaite entre produits ou services s'observe rarement. Le Conseil regarde comme substituables et comme se trouvant sur un même marché les produits ou services dont on peut raisonnablement penser que les demandeurs les considèrent comme des moyens alternatifs, entre lesquels ils peuvent arbitrer pour satisfaire une même demande.

Une définition similaire est également retenue par la Commission européenne dans la communication relative à la définition du marché en cause aux fins du droit communautaire de la concurrence (JOCE C 372 du 09/12/97), et à travers les différents règlements du Conseil :

« Un marché de produits en cause comprend tous les produits et/ou services que le consommateur considère comme interchangeables ou substituables en raison de leurs caractéristiques, de leur prix et de l'usage auxquels ils sont destinés. Le marché géographique en cause comprend le territoire sur lequel les entreprises concernées sont engagées dans l'offre des biens et services en cause, sur lequel les conditions de concurrence sont suffisamment homogènes et qui peut être distingué de zones géographiques voisines parce que, en particulier, les conditions de concurrence y diffèrent de manière appréciable. »

L'angle d'approche utilisé par les autorités américaines de la concurrence est légèrement différent, puisqu'elles mettent en avant le pouvoir de marché qu'une entreprise peut exercer sur un marché pertinent. Mais cela n'a pas d'incidence sur le périmètre d'un marché ainsi défini puisque l'étendue du pouvoir de marché d'une entreprise dépend de la substituabilité entre les produits ou services qu'elle vend et d'autres produits ou services. Les *Mergers Guidelines* publiées par le département de la Justice, donnent la définition suivante :

« Un produit ou groupe de produits et une zone géographique dans laquelle il est vendu, tels qu'une entreprise cherchant à maximiser son profit, dont les prix ne sont pas régulés, qui serait le seul vendeur présent et futur de ce produit dans cette zone, imposerait une hausse des prix faible, mais significative et non- transitoire. »

Source : République française, Autorité de la concurrence, Rapport annuel 2001
(deuxième partie ÉTUDES THÉMATIQUES), mars 2009 :
(http://www.autoritedelaconcurrence.fr/html/article_58.htm)

1.5 ÉCONOMIE INDUSTRIELLE : PARADIGME SCP

La théorie microéconomique standard appréhende les comportements des firmes principalement au travers des modèles de maximisation d'un agent représentatif sur un marché de concurrence parfaite. Soulignant la portée limitée de ce choix analytique, l'économie industrielle se présente comme une approche (sur le plan théorique et méthodologique) qui cherche à identifier les différentes structures de marché observées et à étudier leur effet sur les comportements des firmes. De ce point de vue, l'économie industrielle, appelée aussi théorie de l'organisation, procède régulièrement à des études sectorielles en vue de déterminer les caractéristiques des marchés divers et le positionnement des firmes sur ces marchés.

Les premiers travaux de E. Mason (1939, 1957) à l'université de Harvard aux États-Unis consistèrent à étudier, à partir d'observations empiriques, de nombreux secteurs constitutifs de l'économie et à en déterminer les liens avec les stratégies suivies par les firmes. Avec les travaux de J. S. Bain (1956, 1959), l'économie industrielle revêtit une forme analytique spécifique, à travers une grille de lecture qui caractérise le marché à l'aide du schéma SCP :

Structure — Comportements — Performances

Ce schéma définit ce que l'on a ensuite appelé l'économie industrielle traditionnelle ou l'économie industrielle classique de l'école de Harvard, avec une causalité allant d'une structure donnée de marché aux comportements des agents, comportements qui devraient déboucher sur des résultats en termes de performances.

En étudiant le degré de concentration, la nature de la différenciation et le pouvoir de marché des firmes dans un secteur donné, le schéma SCP considère les modalités d'influence de la structure d'un marché sur les stratégies des firmes et sur les résultats qui en découlent. L'enchaînement analytique de la grille de lecture SCP est habituellement présenté comme suit[7] :

- Pour des **conditions initiales de base données,** portant sur les matières premières disponibles, le niveau technologique, les règles de la profession, les conditions et la réglementation du travail et de la concurrence, la sensibilité de la demande au prix, le taux de croissance, les conditions de commercialisation, les spécificités cycliques ou saisonnières du secteur ;
- La **structure du marché** est définie (**donnée pour les entreprises considérées)** par le nombre de concurrents existants, la distribution des parts d'activité, les conditions d'entrée et de sortie sur le marché, la standardisation du produit, les liens entre biens substituables, les interdépendances entre activités en amont et en aval, l'état de l'information, le degré de risque ;
- Les **comportements** portent, selon la structure du marché prédéterminée, sur les stratégies de prix, les stratégies hors prix, le niveau de coopération entre concurrents, les stratégies de différenciation, de diversification, d'intégration ;
- Les **performances** sont données par les résultats des activités et stratégies des firmes. La profitabilité, les conditions de financement des activités, la capacité de recherche et développement (R&D) et d'innovation des firmes, les situations de monopole et de positions dominantes en sont les principaux indicateurs.

Face à cette approche, qui suppose que la méthode d'analyse appropriée des marchés doit prendre la structure du marché comme une donnée observée *a priori* et analyser ensuite les comportements subséquents des firmes, l'école de Chicago (Stigler, 1965, Demsetz, 1998) a opposé la critique selon laquelle la structure du marché devrait être pensée comme le résultat des performances des firmes, les meilleures firmes éliminant les moins bonnes et obtenant ainsi une position dominante temporaire. Cette position, sous la pression concurrentielle, devrait céder la place à une structure concurrentielle. On a ainsi la causalité suivante :

performances (dues aux comportements concurrentiels) →
structure (concurrentielle à long terme).

Dans cette vision alternative, c'est l'hypothèse de l'efficacité du fonctionnement des marchés libres qui est mise en avant. Apparaissent alors des différences de conception quant au fonctionnement des marchés et aux résultats attendus des mécanismes supposés orienter leur évolution. L'approche libérale de Chicago considère alors que la concurrence (supposée régner sur l'économie en dehors de toute intervention publique) est le mécanisme dominant qui peut être observé comme le déterminant de la dynamique des comportements des firmes.

---

7 Voir, par exemple, F. M. Scherer, 1989.

Toutefois, on remarquera en dernière instance que dans les deux visions, la structure du marché (qu'il s'agisse d'une structure donnée initialement, comme dans l'approche SCP, ou d'une hypothèse particulière sur la dynamique concurrentielle, comme dans l'approche libérale de Chicago) est une donnée préétablie et les liens qu'elle pourrait avoir avec les stratégies des firmes sont relégués au second plan. Ces approches supposent que les comportements et les performances sont structurellement déterminés et que les changements sont généralement des phénomènes d'origine externe aux marchés et aux agents.

Il s'agit bien d'un raisonnement statique, dans lequel les agents sont supposés poursuivre le même objectif donné (par exemple, en microéconomie standard avec un agent représentatif) étant donnés une structure ou un mécanisme concurrentiel préalablement déterminés. Dans ce cas, la concurrence est considérée comme une donnée à laquelle les acteurs obéissent plus ou moins bien, ce qui déterminerait le résultat auquel ils pourraient aboutir.

On retrouve la même orientation statique dans les modèles de marchés contestables des années 1980 (Baumol, Panzar, Willig, 1982, voir chapitre 2), qui considèrent alors une causalité dépendant de la concurrence comme dans le cas du schéma de Chicago mais définie comme une concurrence potentielle : structure *potentielle* → comportement → performance, les entrants potentiels étant supposés contraindre les comportements des firmes déjà présentes dans le secteur vers une attitude concurrentielle.

Dans cette lignée, ces travaux ont fourni des analyses structurelles sur les différentes industries, décrivant, par des mesures quantitatives, le degré de concentration et le niveau de profit. Ainsi cherche-t-on à établir des liens de causalité entre le degré de concurrence (la structure) et la profitabilité de telle ou telle industrie (la performance), sans pouvoir en dégager pour autant un schéma général explicatif.

1.6 ÉCONOMIE INDUSTRIELLE : DYNAMISATION DU PARADIGME SCP

À partir des années 1970, la révision des approches traditionnelles s'effectue par un renouvellement méthodologique mettant l'accent non plus sur la question d'adaptation efficace des comportements aux conditions technologiques (structurelles) externes données, mais davantage sur les relations de pouvoir et de domination stratégique volontaires de la part des acteurs économiques (Jacquemin, 1985).

La *nouvelle économie industrielle* et les travaux de l'*organisation industrielle* utilisent alors des modèles de concurrence imparfaite, de théorie des jeux, de théorie de l'information pour proposer une nouvelle microéconomie (Cahuc, 1993). Qu'il s'agisse des modèles d'oligopole à la Stackelberg, d'équilibre de Cournot-Nash ou de concurrence monopolistique, l'usage des modèles de jeux coopératifs et non-coopératifs permet, dès lors, une analyse plus riche des *interdépendances sur les marchés,* mais aussi la prise en compte explicite des stratégies conscientes et actives des firmes, qui ne sont plus considérées comme des acteurs subissant une structure de marché donnée.

Plusieurs références constituent les fondements de ce renouveau. La plus immédiate est la référence à J. Schumpeter, qui consiste à percevoir le comportement des nouvelles organisations qui introduisent de nouveaux procédés ou produits. Il s'agit bien de la question de l'innovation dans les stratégies des agents et donc de la dynamique économique dont l'initiative première revient aux acteurs eux-mêmes et non seulement aux structures de marché préalablement données.

Une autre référence plus générale et plus formelle est l'utilisation de la théorie des jeux, qui cherche à appréhender les interdépendances entre agents. Ces derniers sont supposés prendre leurs décisions en tenant compte des conséquences de leurs actions sur l'évolution des marchés mais aussi sur les décisions des concurrents. Les agents considèrent par ailleurs que leurs concurrents prennent aussi en compte leurs actions dans leurs anticipations lorsqu'ils prennent leurs décisions. Là, la référence précise est Von Neumann et Morgenstern (1953).

Avec les travaux sur l'asymétrie de l'information, l'analyse des interdépendances s'enrichit de l'hypothèse selon laquelle, les agents économiques ont des informations privées et différentes les unes des autres et ne connaissent pas parfaitement toutes les spécificités de leurs partenaires ou de leurs concurrents, leurs préférences, disponibilités, actions, etc. Interviennent alors les situations d'information incomplète et/ou imparfaite, qui nous empêchent de considérer les individus comme les éléments homogènes d'un ensemble donné.

Ainsi, en alternative à la vision néoclassique qui considère les agents économiques comme des transformateurs passifs techniques selon les conditions concurrentielles efficaces/optimales imposées à tous sur les marchés, la vision nourrie par la nouvelle économie industrielle prend les agents comme des acteurs actifs. Par conséquent, les firmes, au lieu de subir un ensemble de conditions préétablies, cherchent à modifier celles-ci à leur avantage. Elles prennent l'initiative de combinaisons nouvelles, manipulent l'environnement et acquièrent ainsi un pouvoir de marché les rendant capables de déterminer, dans certaines limites, les conditions du marché et, donc, sa structure.

Par conséquent, la structure du marché, aussi bien dans ses spécifications techniques qu'organisationnelles, est autant le résultat des stratégies délibérées des individus que des conditions initiales et des règles du jeu observables à un moment donné. La formation et l'évolution des marchés ne sont alors pas de simples données qui suivraient un processus de sélection naturelle, soumis aux exigences du milieu ; mais surtout un processus dynamique de changement, principalement initié par les acteurs.

Dans cette perspective, il est possible de reprendre le schéma SCP dans un sens dynamique, résumant les différentes interdépendances entre acteurs, milieux et résultats, variables qui constituent l'objet de l'analyse des chapitres suivants.

ENCADRÉ 1.2
SCP et schéma d'interdépendances

Conditions (d'offre, de demande,institutionnelles et réglementaires) initiales de base données :

Caractéristiques de l'offre, état de la technologie ; matières premières disponibles, règles législatives sur les activités, règles et conventions sur les négociations entre firmes, entre firmes et employés, entre firmes et administrations, caractéristiques de la demande, sensibilité de la demande au prix, aux variables hors prix, caractéristiques culturelles, historiques, politiques de la société, état de la conjoncture (nationale, régionale, internationale), etc.

STRUCTURE (degrés/conditions de la concurrence sur un marché, à un moment donné)	***COMPORTEMENTS*** (stratégies des firmes)	***PERFORMANCES*** (résultats des activités/stratégies)
• Nombre de concurrents/clients • Relations de coopération/coordination entre firmes • Degré/nature des interdépendances entre acteurs • Structure de l'information, des coûts • Conditions d'entrée/sortie (barrières, etc.)	• Stratégies de prix • Recherche et développement • Publicité • Stratégies de différenciation, diversification, intégration • Comportement de leader, de suiveur • Prise de position défensive/offensive • Position relative à la réglementation	• Profitabilité • Productivité • Diminution des coûts • Niveau de R&D • Produits, processus innovants • Position dominante • Stabilité ou croissance des parts de marché • Croissance de la demande

ENCADRÉ 1.3
Le rôle de l'identification du marché dans les performances des entreprises

Malgré la crise économique qui a réduit considérablement la demande mondiale depuis 2008 et qui oblige de nombreuses entreprises à revoir à la baisse leurs perspectives de croissance et d'expansion, certaines entreprises connaissent une forte progression de leur résultat et de leur chiffre d'affaires. Une des explications possibles de ce phénomène, en apparence contradictoire, est liée à une stratégie « réussie » d'identification du marché.

La deuxième plus grande chaîne de restauration au monde en nombre de magasins (derrière l'entreprise *Subway*) *McDonald's* se classe comme la plus grande entreprise mondiale en termes de revenus grâce à son plan de marché.

Selon l'analyse du journal *Les Échos* (du 25 janvier 2012, page 24), les difficultés économiques que les consommateurs connaissent dans la crise actuelle les poussent de plus en plus vers les restaurants de la chaîne. En effet, les petits-déjeuners *« McDo »* et de nouveaux menus réputés plus sains (en phase avec la mode « bio » et diététique), tout en restant à la portée d'un grand nombre de consommateurs à faibles revenus, constituent une offre qui s'adapte à une nouvelle donne sur ce marché.

Sur un marché en difficulté (pouvoir d'achat des consommateurs en régression, croissance atone, forte volatilité sur les prix des denrées agricoles, etc.), l'entreprise offre des produits (le hamburger *Bagel* en France, qui est le deuxième marché du restaurateur après les États-Unis) qui bénéficient d'un effet report avec la crise aux États-Unis et en Europe.

Aussi, selon les caractéristiques des zones spécifiques, « *McDo* » propose de nouveaux produits et services, comme la livraison de repas en Asie, les nouvelles recettes (muffin au thon) au Japon, les nouveaux points d'entrée pour commander (par téléphonie mobile à Singapour, via un kiosque pour passer les commandes directement dans 850 restaurants en Europe).

Le résultat net de l'entreprise a progressé de 11 %, à 5,5 milliards de dollars et le chiffre d'affaires de 12 %, à 27 milliards de dollars en 2011. Les ventes ont ainsi progressé de 7 % en moyenne dans les zones États-Unis, Europe et Asie-Pacifique, et la continuité de ces résultats est attendue avec l'ouverture du plus grand restaurant au monde dans le parc olympique de Londres, en 2012.

QUESTIONS D'ENTRAÎNEMENT

(entre parenthèses ; les sections auxquelles vous pouvez vous référer pour préparer vos réponses)

1. Comment peut-on définir une entreprise économique ? (1. 2.)
2. Comment l'école de Harvard et l'école de Chicago se distinguent-elles ? (1. 5.)
3. Que signifie un marché pertinent ? (1. 4. et Encadré 1)
4. Comment détermine-t-on le degré de développement d'un marché ? (1. 3.)
5. Qu'est-ce que le paradigme SCP ? (1. 5. et Encadré 2)

LECTURES SUPPLÉMENTAIRES

Arena, R., Benzoni, L., De Bandt, J. et Romani, P. M. (éds), (1991), *Traité d'économie industrielle*, Economica.

Carlton, D. et Perloff, J., (2008) *Économie industrielle*, traduction française, De Boeck.

Morvan, Y., (1991), *Fondements d'économie industrielle*, Economica.

Tirole, J., (1993), *Théorie de l'organisation industrielle*, traduction française, Economica, vol.1 (vol.2, 1995).

2

STRUCTURES DE MARCHÉ

SOMMAIRE

Dans le schéma fondateur de l'économie industrielle : *Structure — Comportements — Performances*, la détermination du degré de la concurrence dominant un marché donné à un moment donné est effectuée à travers l'analyse de la structure du marché considéré. Cette analyse trouve ses fondements dans les modèles de concurrence parfaite et, par comparaison, dans les modèles de concurrence imparfaite.

Comme on l'a précisé dans le chapitre précédent, pour des conditions initiales de base données, la **structure du marché** est définie par différents éléments, qui seront étudiés au fur et à mesure des chapitres suivants. Ces éléments peuvent être présentés d'une façon synthétique, comme suit :

- le nombre de concurrents existants (nombreuses entreprises anonymes et indépendantes ou peu d'entreprises conscientes de leur poids respectif et de leur interdépendance) ;
- la distribution des parts d'activité (taille des entreprises, degré de concentration intégrée ou en réseau, etc.) ;
- les conditions d'entrée et de sortie (barrières –réglementaires et/ou économiques- à l'entrée, à la sortie, exigences et coûts techniques ou organisationnels pour réaliser l'activité considérée) ;
- la standardisation du produit (produit spécifique, commun, changeant) ;
- les liens entre biens substituables (degré de substituabilité selon divers critères techniques, psychologiques, etc., liés aux possibilités de différenciation) ;
- les interdépendances entre activités en amont et en aval (effets de réseau, possibilité ou nécessité de procéder à l'intégration verticale, horizontale, liens entre entreprises de différentes branches liées, établissements de relations de long terme débouchant sur les phénomènes d'enfermement et d'exclusivité, verrouillage des marchés interdépendants par les firmes dominantes) ;
- l'état de l'information (asymétrie de l'information débouchant sur l'asymétrie des positions des firmes sur les marchés, affaiblissement du potentiel de concurrence) ;
- le degré de risque (organisation des firmes et marchés d'une façon décentralisée et incertaine ou d'une façon hiérarchisée et pré-orientée), etc.

Dans les représentations académiques, les structures de marché sont étudiées par rapport à une structure de référence qui est celle de la concurrence pure et parfaite. Cela peut paraître étrange à un analyste de marché qui considère habituellement les structures de marché comme la manifestation d'une compétition et/ou d'une entente entre les différentes stratégies de différentes firmes. Mais la raison de ce choix analytique est triviale. La théorie économique standard est fondée sur une conception du monde en termes d'équilibre (général ou partiel) et le (seul) modèle de référence qui puisse montrer dans des termes formels rigoureux l'existence d'un équilibre économique est le modèle walrasien et ses versions modernes, néo-walrasiennes et néoclassiques, qui sont fondamentalement conçues suivant les hypothèses de concurrence pure et parfaite.

L'économie industrielle n'échappe pas à cette tradition qui domine la science économique puisqu'elle est elle-même fondée sur l'étude des différentes structures de marché, appelées les marchés imparfaitement concurrentiels, qui prennent comme critère de référence les hypothèses de concurrence pure et parfaite. Les différentes configurations de marché modélisées sont ainsi pensées en relâchant certaines des hypothèses de concurrence pure et parfaite. On parle alors de monopole lorsqu'il n'existe qu'un seul offreur ; d'oligopole, lorsque le nombre d'offreurs est réduit et la condition de libre entrée/sortie n'est pas respectée, etc. Et les résultats de ces configurations sont comparés aux résultats d'une structure parfaitement concurrentielle.

Toutefois, à la différence du modèle de concurrence pure et parfaite, un point commun à la plupart de ces modèles de concurrence imparfaite est que les offreurs ne se considèrent plus comme des atomes passifs et insignifiants d'un ensemble qui les dépasserait et qu'ils sont souvent conscients du fait que leurs décisions sont susceptibles d'avoir une influence perceptible sur les décisions des autres. Par conséquent, il est supposé que les décisions prises par les uns affectent les comportements des autres. Les firmes sont conscientes de leur position sur le marché et déterminent des stratégies anticoncurrentielles en vue d'accroître leur pouvoir ou de faire face à des menaces d'entrée potentielle.

Pour la simplicité de la présentation, on considérera dans ce chapitre les différentes structures de marché sous une forme statique, comme des données extérieures observées par les firmes. La structure est étudiée pour une firme ou une industrie donnée. La méthode d'analyse est celle de l'équilibre partiel [1] et nous conserverons les hypothèses habituelles sur les fonctions de coût (en forme de U) et sur les rendements (décroissants). On remarquera néanmoins que lorsque ces hypothèses « techniques » sont modifiées, le comportement du modèle est sensiblement affecté et débouche sur des résultats très différents des représentations habituelles.

2.1 STRUCTURES POLAIRES ET DÉRIVÉES

Cette section est consacrée à un rappel synthétique des hypothèses et des résultats des structures polaires de marché que sont la concurrence pure et parfaite et le monopole qui constituent les références pour évaluer les autres structures de marché. Nous développerons ensuite les structures dérivées de ces cas polaires, les marchés contestables et la concurrence monopolistique, qui seront utilisés dans l'étude des stratégies de marché des firmes.

2.1.1 *L'offre dans le modèle de concurrence pure et parfaite*

Les décisions d'offre sont prises par les firmes qui sont les propriétaires des moyens de production et qui produisent des biens et services en vue de les vendre à des consom-

1 On ne s'intéresse qu'à un seul marché en considérant les autres marchés comme une donnée extérieure.

mateurs afin de dégager un profit positif (π), donné par la différence entre les recettes totales (RT = prix unitaire (p) x quantité totale vendue (q) d'un produit donné) et les coûts totaux de production (CT = c (coût unitaire de production) x quantité totale vendue (q)). La production correspond à la transformation des facteurs productifs en biens et services. La fonction de production est déterminée par un état donné des techniques de production qui traduit la façon dont les inputs (facteurs de production, matières premières, biens de consommation intermédiaire) peuvent être disposés en vue d'aboutir à un produit final (q) qui sera offert sur le marché. L'activité de production est supposée réalisée dans une structure de marché qui correspond à la concurrence pure et parfaite. Il convient de préciser que cette structure n'est pas une observation du fonctionnement du marché mais détermine les conditions hypothétiques selon lesquelles les offreurs doivent se comporter.

Un marché de concurrence pure et parfaite peut être présenté à partir de cinq axiomes qui déterminent le cadre dans lequel les décisions individuelles doivent être appliquées d'une façon anonyme et passive :

A. *Atomicité des agents*

Les participants au marché ont une taille économique suffisamment petite relativement à la taille de l'ensemble du marché de façon à ne pas pouvoir affecter les variables du marché (qui sont principalement les prix et les quantités). Les individus sont considérés *sans aucun pouvoir de marché* et donc incapables d'établir des stratégies particulières. Ceci signifie aussi qu'ils ne connaissent que leurs propres offres/demandes personnelles, n'ont aucune information sur leur position individuelle sur le marché par rapport aux autres intervenants, ne connaissent pas les autres offreurs et demandeurs ni les volumes des offres et demandes sur les différents marchés. Ne connaissant que les prix affichés sur chaque marché à un moment donné et cherchant seulement à évaluer ces prix par rapport à leurs programmes de maximisation unilatérale, ils agissent comme *preneurs de prix.*

B. *Homogénéité du produit*

Un marché est défini par rapport à un bien ou un service bien spécifié et les consommateurs ont toute l'information concernant les caractéristiques (physiques ou autres) des produits qu'ils demandent. Sur un marché considéré, toutes les offres portent sur un produit identique et, par conséquent, les consommateurs n'ont pas besoin de connaître les différents offreurs. De ce point de vue, on considère qu'un marché est un produit (un bien ou un service) explicitement identifié par ses caractéristiques propres, par sa date et son lieu de livraison et par la façon dont il sera transféré à l'acheteur. Ces conditions font qu'un produit « q » qui sera livré à un prix « p », dans un emballage du type « emb », à une date « J/M/A » et à un lieu « géo » est un produit différent par rapport à un produit « q », initialement identique, lorsqu'il est offert dans un emballage du type « emb' », à une date « J'/M'/A' » et à un lieu « géo' », donc avec un prix différent « p' ».

C. Fluidité des marchés :

Cet axiome est composé de deux hypothèses :

- *c' : Liberté d'entrée et de sortie sur les marchés*. Tous les agents économiques (offreurs er demandeurs), s'ils le désirent selon leur programme de maximisation individuelle, peuvent visiter l'ensemble des marchés, sans supporter des coûts asymétriques qui les pénaliseraient par rapport aux autres individus. Ces visites leur permettent d'avoir toute l'information nécessaire pour comparer les différents prix affichés sur les marchés et établir leur programme de maximisation à partir des arbitrages qu'ils pourraient faire selon leur conception personnelle des utilités des produits. Ainsi, ils ont une information totale sur l'ensemble des produits de l'ensemble de l'économie. Par conséquent, il est supposé qu'*il n'existe aucune barrière réglementaire, technique ou stratégique ni à l'entrée ni à la sortie*[2] ;
- *c'' : Parfaite mobilité des facteurs de production*. Corollaire à l'hypothèse précédente, il est supposé que les individus ont la possibilité de transférer leur offre d'un marché à un autre sans coût s'ils remarquent qu'il existe des opportunités de gains supérieurs sur certains marchés. Toutes les ressources productives peuvent donc être déplacées d'un marché à un autre en réponse à des signaux envoyés par les prix affichés sur les marchés. Comme dans le modèle de concurrence pure et parfaite, les activités de production et de consommation d'avant l'obtention des prix d'équilibre ne correspondent qu'à des propositions-projets et non à des décisions effectivement appliquées qui engageraient des dépenses réelles, le déplacement des facteurs de production entre différentes utilisations possibles en fonction des écarts de profits sur différents marchés n'impliquant aucun coût particulier pour les producteurs.

D. Transparence du marché :

Toute l'information dont les individus ont besoin pour prendre des décisions sans se tromper est disponible dans l'ensemble de l'économie pour l'ensemble des participants sans aucune asymétrie de coût d'obtention, de traitement et d'utilisation des informations requises. On dit parfois aussi que *l'information est parfaite*. Elle est principalement donnée par les prix. Tous les agents économiques sont donc en mesure d'évaluer correctement les coûts des différents biens et services (qu'ils veuillent les utiliser pour offrir ou pour demander).

Ces axiomes impliquent qu'il n'existe qu'un seul prix à l'équilibre de chacun des marchés constituant l'économie. Ce prix est celui qui égalise les offres et les demandes anonymes sur l'ensemble des marchés puisque sous les axiomes précédents et sous l'hypothèse de produits « normaux » (tels que l'offre augmente lorsque le prix aug-

2 Pour les différents types de barrières à l'entrée, voir plus loin, chapitre 5.

mente tandis que la demande augmente lorsque le prix baisse), si l'offre est supérieure (inférieure) à la demande, le prix doit baisser (augmenter) jusqu'à ce qu'il y ait égalité entre les offres et les demandes sur les marchés. Les échanges deviennent effectifs (c'est-à-dire réalisables/autorisés) à l'équilibre des marchés. C'est le graphique bien connu des courbes d'offre (croissante) et de demande (décroissante) qui admettent un point d'intersection (équilibre) :

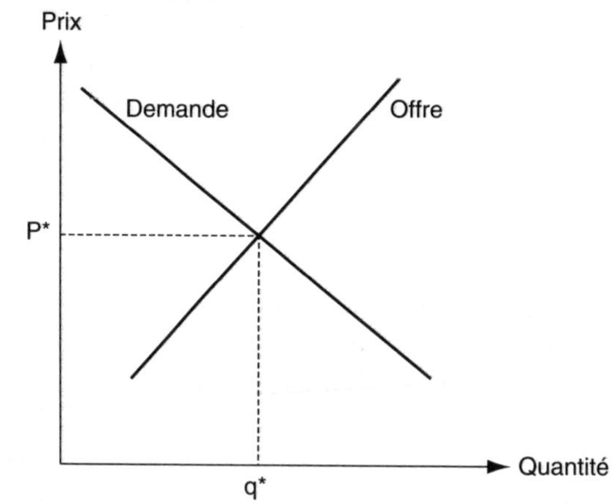

On voit bien ici que le marché n'est pas un lieu de rencontres et de négociations entre parties séparées, mais un mécanisme relativement centralisé d'organisation des productions et des consommations à travers une gestion anonyme des programmes (envies ?) individuels (de produire ou de consommer). Les individus n'ont aucun moyen d'obtenir des informations particulières qui leur permettraient d'établir des stratégies d'achat ou de vente en vue d'augmenter leurs gains. Ils doivent suivre les informations disponibles pour tout le monde et adopter une posture totalement passive quel que soit le nombre d'offreurs et de demandeurs sur un marché donné. Leur liberté de décision et d'action se limite donc exclusivement à signaler anonymement ce qu'ils souhaiteraient vendre ou acheter à un moment donné étant donnés les prix affichés sur les marchés.

Il apparaît, comme F. Ülgen (2002) le remarque, que dans le modèle concurrentiel, la transparence du marché a une signification particulière : l'information est publiquement et gratuitement disponible sur la liste des produits potentiellement disponibles et les différents usages que l'on peut en faire *mais* elle reste inexistante sur les interdépendances et positions individuelles respectives, ce qui empêche toute attitude stratégique de la part des agents. L'équilibre économique est ainsi obtenu au prix de la perte de toute liberté d'action stratégique et de toute possibilité de rechercher les moyens (les informations) d'accroître sa satisfaction personnelle.

Afin d'appliquer ces hypothèses à l'étude des comportements optima des offreurs, on raisonne en termes d'équilibre partiel. L'analyse concerne alors un marché (une industrie, une firme) spécifique de l'économie, les interactions avec les autres marchés de l'économie étant considérées comme absentes ou données. Sous ces hypothèses, le programme de décision de l'offreur consiste à déterminer la technique efficace et à maximiser son profit étant donné le prix observé sur le marché (l'offreur est *preneur de prix*). La technique efficace se trouve sur la frontière de production (la fonction g) délimitant le domaine des possibilités T pour une production q, en utilisant un facteur de production k :

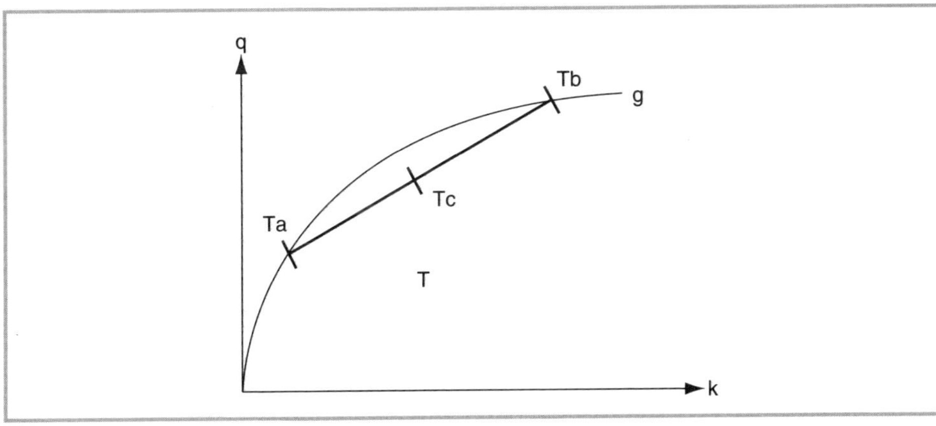

Parmi les techniques disponibles Ta, Tb et Tc, seules les techniques Ta et Tb se trouvent sur la frontière de production, la technique Tc se révélant possible mais non efficace car correspondant à un niveau de production inférieur. Le choix du lieu précis de production dépend de la condition d'égalité du prix du facteur k_i (Pk_i) et de sa productivité marginale (Pmk_i) (i=1, 2), ce qui nous donne le taux marginal de substitution (TMS) entre facteurs de production k_1 et k_2 :

$$Pmk_1/Pmk_2 = Pk_1/Pk_2 = TMS$$

Si l'on considère une fonction de production à deux facteurs ($q=f(k_1, k_2)$) dont les productivités marginales sont supposées positives ($f'(k_1)>0$, $f'(k_2)>0$) et décroissantes ($f''(k_1)<0$, $f''(k_1)<0$), l'optimum de production est obtenu au point de tangence de la courbe de coût (isocoût) et de la courbe de production (isoquante) :

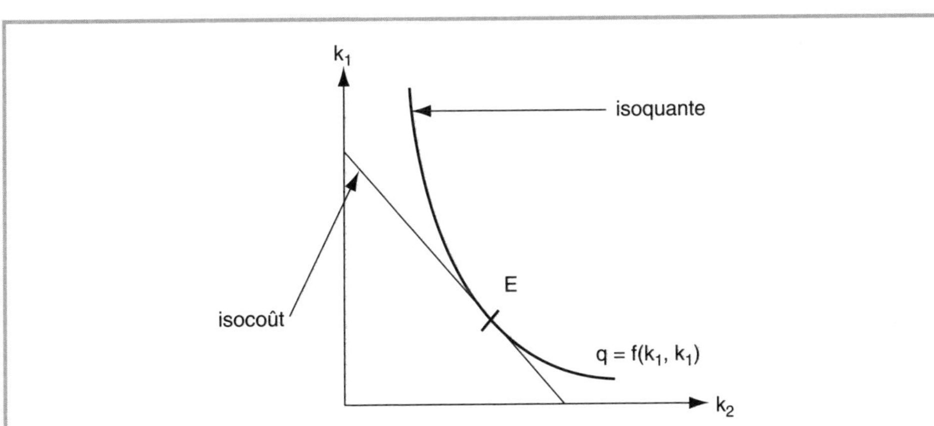

Le programme de maximisation du profit correspond en même temps à une efficacité économique puisqu'elle permet de produire une quantité maximale à un prix minimal : Max π [RT – CT] $\Rightarrow \delta\pi/\delta q = 0$. On a donc : $(\delta RT/\delta q) - (\delta CT/\delta q) = 0$. Puisque $\delta RT/\delta q$ est la recette marginale, Rm, et $\delta CT/\delta q$ est le coût marginal, Cm, on a l'égalité de Rm et de Cm. Comme RT = p . q, alors Rm = p, ce qui signifie l'égalité : Rm = p = Cm.

Rappelons que l'équilibre du marché correspond à l'égalisation de l'offre totale et de la demande totale du marché à long terme à travers les variations du prix. Pour montrer l'obtention d'une telle situation finale prenons un offreur représentatif du secteur. Supposons qu'à un prix p1, cette firme produise q1 et obtienne un profit pur par unité vendue égal à la différence entre le prix du marché et son coût moyen. On remarque que p_1 est égal à Cm_1 et supérieur au minimum du coût moyen, CM_1 :

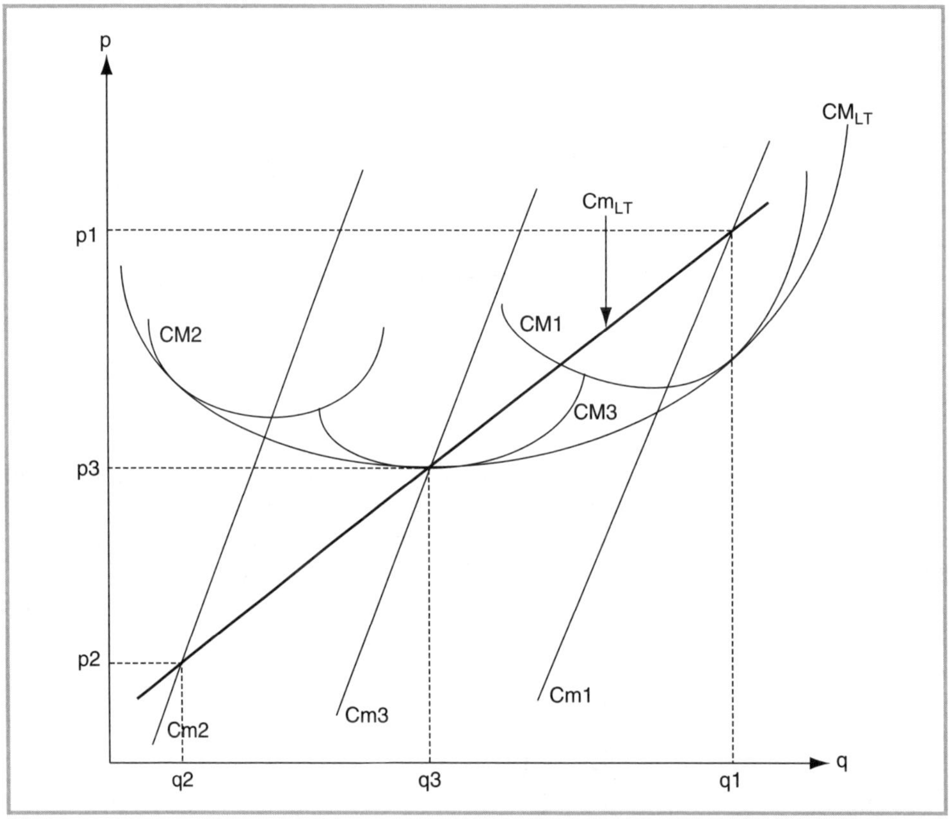

Cette situation, sous les hypothèses de parfaite mobilité et de libre entrée, attirera immédiatement les offreurs d'autres secteurs qui ne réalisent pas ce niveau de profit pur. Ceci aura comme effet une augmentation de l'offre totale du secteur, la demande étant supposée donnée. Dans ce cas, l'offre devenant supérieure à la demande totale du marché au prix p_1, le prix baissera à p_2 où $p_2 = Cm_2$ et deviendra inférieur au minimum du CM_2. Ceci équivaudra à un profit négatif. Certaines firmes sortiront alors de cette branche d'activité pour aller dans des branches rentables. Ce mouvement (hypothétique) d'entrée et de sortie libres devra continuer jusqu'à ce qu'il n'y ait plus de profit pur dans le secteur. Cette condition sera remplie au minimum de la courbe de coût moyen avec : $p_3 = Cm_3$ = minimum du CM_3 [3].

Ainsi, sur un marché concurrentiel, l'entreprise est supposée ne pas être en mesure de réaliser des profits purs. On rappellera que, dans ce modèle, la rémunération des facteurs à leur productivité marginale respective comprend aussi la rétribution des fonctions de l'entrepreneur. Par conséquent, le profit pur correspond à un « sur-gain », qui apparaîtra au-delà de cette rétribution lorsque l'équilibre du marché concurrentiel n'est pas encore atteint. Les variations hypothétiques des offres et des demandes, à travers les modifications des prix, empêchent l'entreprise de déterminer les quantités qu'elle offre de façon à se constituer des profits purs. Par définition, elle ne peut pas non plus réaliser de pertes. Car dans ce cas, l'entreprise sortira du marché, la rationalité de son existence économique l'empêchant d'accepter un niveau d'activité à perte. Le seul niveau qui correspond à une production optimale est donné par le couple (p3, q3), où la production est techniquement efficace (minimisation des coûts) et optimale (une quantité élevée pour un prix bas).

2.1.2 *Le monopole*

Le monopole est considéré comme la structure de marché diamétralement opposée à la concurrence parfaite dans la mesure où ; sur un marché monopolistique, il n'existe qu'un seul offreur (q = Q), qui cherche à répondre à une demande donnée, D, sans subir les effets d'une menace concurrentielle de la part d'autres firmes. Le monopoleur n'est donc plus un preneur de prix, mais il reste néanmoins preneur de la demande [4].

La demande est fonction décroissante du prix du monopoleur, $p = D^{-1}(q)$. La fonction p(q) est la fonction inverse de la fonction de demande D(p) et définit le prix maximal auquel la quantité q peut être écoulée sur le marché. Avec les mêmes notations que précédemment, on a : $Rm(q) = p + p' \,.\, q$. Quant à la fonction de recette moyenne, on a : $RM = RT(q)/q = p(q)$, qui n'est rien d'autre que la fonction de demande inverse. Puisque p' est négative, on a : $Rm = p + p' \Rightarrow Rm < p = RM$.

---

3 On considère ici la courbe de coût moyen de long terme CM_{LT}, supposée représenter le résultat des mouvements hypothétiques de court terme. Celle-ci est une courbe enveloppe qui passe par les minima des courbes de coût moyen de chaque niveau d'offre de court terme. L'équilibre dit de long terme correspond au point où la production atteint son niveau optimal, c'est-à-dire au point où $p_3 = Cm_3 = MinCM_3 = Cm_{LT} = MinCM_{LT}$. Dans ce raisonnement, il ne s'agit pas de décrire une évolution effective des prix et des quantités mais de présenter des modifications en statique comparative. Les producteurs comparent les différents niveaux de production et de prix et ne doivent réellement offrir qu'au niveau du couple (p3, q3) sous les hypothèses concurrentielles.

4 Comme on va le souligner plus loin, l'hypothèse d'une demande donnée peut être relâchée si la firme peut suivre des stratégies de différenciation, de diversification, de publicité, etc. en vue d'affecter la demande sur le marché ou de créer une nouvelle demande, grâce aux arguments de vente qu'elle est susceptible de développer afin d'attirer de nouveaux consommateurs. On parlera alors de la création d'un marché spécifique à la firme considérée. Ainsi, on adoptera une approche dans laquelle la firme devient réellement un acteur actif, qui intervient consciemment dans l'évolution des marchés.

En retenant toujours l'hypothèse de maximisation du profit avec Rm = Cm < p = RM, il est possible de montrer l'équilibre du monopole comme suit (Ülgen, 2002) :

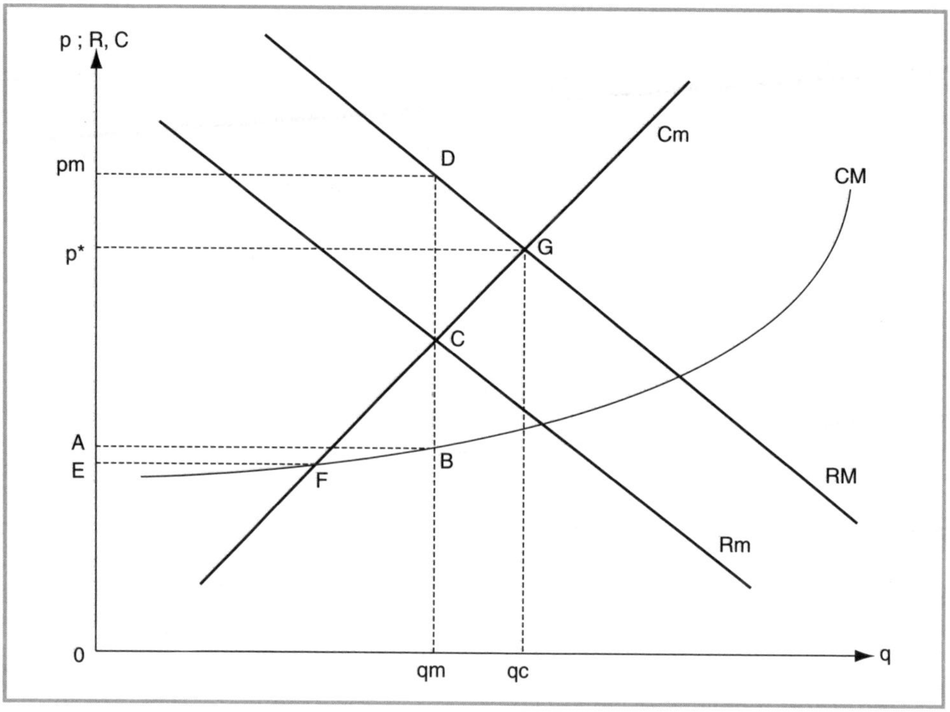

La production du monopole, qm, est définie à l'intersection des courbes Cm et Rm (au point C), selon la condition d'équilibre annoncée plus haut. CM est égal à la longueur du segment qm-B et le prix, pm, à qm – D. La marge unitaire est alors : BD = pm – CM avec pm = qm_D et CM = qm_B. Le profit total est donné par le rectangle ABDpm ou par la surface EFCDpm, qui lui est équivalente et qui est déterminée suivant la zone délimitée le long du Cm et de la quantité qm.

On remarque que pm > Cm (le segment C – D). En concurrence pure et parfaite, comme p = Cm = RM = Rm, la firme aurait produit une quantité qc pour un prix p*. Le surplus collectif est alors réduit, en monopole, d'une valeur égale à la surface du triangle CGD. Le comportement du monopole se caractérise, *sous les hypothèses adoptées ici*, par un écart entre le prix et le coût marginal et s'accompagne d'une réduction du surplus collectif par rapport à la situation concurrentielle Pareto-optimale.

La possibilité d'appliquer un prix supérieur au coût marginal, qui permet au monopoleur d'obtenir un surprofit par rapport à la concurrence, détermine son *pouvoir de marché*, appelé aussi *pouvoir de monopole*. Ce pouvoir dépend de la réaction de la demande du marché (élasticité-prix de la demande) au prix appliqué par la firme.

L'élasticité-prix de la demande est donnée par :

$$e = \delta(D/D)/(\delta p/p) = (\delta D/\delta p) . (p/D).$$

En reprenant p + p' . q = Cm (égalité du Cm et de la Rm) et en divisant les deux membres de l'égalité par p, on peut poser : p/p + p' . q/p = Cm/p. En posant D = q, on peut récrire : e = (δq/δp) . (p/q), ce qui n'est autre que l'inverse de l'expression (p' . q/p) = (δp/δq) . (q/p). On a donc : 1/e = p' . q/p. On peut alors établir :

$$(p - Cm)/p = -(p' . q/p) \text{ et donc : } [(p - Cm)/p] = -(1/e).$$

Par conséquent, moins la demande est élastique au prix proposé, plus le monopoleur peut bénéficier d'un surprofit positif élevé.

Dans cette perspective, il est possible d'envisager des cas où une firme en situation de monopole peut vendre son même produit à des prix différents sur des marchés distincts, et augmenter ainsi sa recette totale et son profit. Lorsque la firme peut réaliser une telle *différenciation des marchés*, on parle *de discrimination en termes de prix*. On distingue généralement trois types de discrimination par le prix :

- La discrimination au premier degré (ou discrimination parfaite), qui correspond à une situation où le monopoleur vend son produit à des prix différents selon la localisation des acheteurs (indépendamment des coûts de transport ou de fonctionnement) ;
- La discrimination au deuxième degré, lorsque le monopoleur applique des prix différents selon la quantité vendue, quel que soit le point de vente ;
- La discrimination au troisième degré, lorsque le prix du monopoleur varie en fonction des caractéristiques des acheteurs, quels que soient le lieu de vente et la quantité vendue.

Bien entendu, ces différentes catégories de discrimination peuvent être combinées entre elles avec, par exemple, un prix différent en fonction de la quantité demandée et de la catégorie d'acheteur envisagé. Cette discrimination dépend des différences d'élasticité-prix des différents types de demande modulés selon des critères qui constituent un point d'entrée aux possibilités, pour une firme donnée, de « manipuler » la demande du marché.

ENCADRÉ 2.1
Discrimination par le prix : application numérique (Ülgen, 2002)

Le niveau total de production est déterminé en égalisant le coût marginal à la recette marginale totale du monopole. La production est répartie entre les sous-marchés de manière à ce que la Rm sur chaque marché soit égale à la Rm globale au point où Rm = Cm. Sur chaque sous-marché, le prix est déterminé directement par la courbe de demande donnée du sous-marché.

Supposons deux types de demande i (i = 1, 2 avec $D_i(p)$). La recette moyenne correspondante est notée $p_i(q_i)$. La recette totale du monopole est égale à la somme des recettes provenant des deux demandes : $RT(q_1, q_2) = p_1 . q_1 + p_2 . q_2$. La fonction CT définit le coût de production en fonction de la quantité totale produite $q_1 + q_2$. Le profit du monopole s'écrit donc : $\pi(q_1, q_2) = RT(q_1, q_2) - CT(q_1 + q_2)$. Soit q_1^* et q_2^* les ventes réalisées par le monopole sur chaque sous-marché, de façon à maximiser son profit : $\delta\pi/\delta q_i = 0$. Et donc : $Rm_i(q^*_1,q^*_2) = Cm(q^*_1 + q^*_2)$ avec $Rm_i = \delta RT/\delta q_i$. À l'optimum (profit maximum), Rm1 = Rm2 = Cm, ce qui s'écrit aussi : $p_i (q_i^*) + p'_i(q_i^*).q_i^* = Cm(q_1^* + q_2^*)$.

Nous savons que : $(p_i^* - Cm^*)/p_i^* = -(1/e_i)$. Pour chaque groupe, l'écart relatif entre p et Cm est égal à l'inverse de l'élasticité de la demande (en valeur absolue) provenant des clients de ce groupe. Cette expression montre que *le pouvoir de monopole* est d'autant plus fort qu'e est faible. Généralisons ce lien.

La fonction de demande inversée est :

$$p = f(q)\ ;\ f'(q) < 0 \text{ avec } RT = p\ .\ q = q\ .\ f(q) \text{ et } Rm = (d(pq)/dq) = f(q) + q\ .\ f'(q).$$

Comme : $e = (dq/dp).(p/q) = (1/f'(q)).(p/q) = p/(q.f'(q))$, en substituant dans l'expression de Rm : $Rm = f(q) + q.f'(q)$ (où $f(q) = p$), on obtient : $Rm = p + q.f'(q)$, ce qui est égal à : $p(1 + (q.f'(q))/p) = p(1 + (1/e))$.

Comme Rm1=Rm2, on peut écrire : $p_1(1 + (1/e_1)) = p_2(1 + (1/e_2))$. Si le sous-marché 1 a une e plus élevée (en valeur absolue), on a : $e_1 > e_2$. La condition d'égalité des Rm implique alors que $p_1 < p_2$, puisque : $[1 + (1/e_1)] > [1 + (1/e_2)]$. Il est possible de calculer, sous ces hypothèses, la discrimination optimale.

Supposons qu'un monopoleur offre sur deux marchés avec les courbes de demande suivantes : $D_1 = 200 - p_1$; $D_2 = 200 - 2p_2$. Posons Cm = 30. Pour déterminer les prix sur les sous-marchés afin de maximiser le profit, calculons d'abord les fonctions de demande inversée : $p_1 = 200 - q_1$ et $p_2 = 100 - q_2/2$. Pour Rm = Cm sur chaque sous-marché, on a : $200 - 2q_1 = 30$ et $100 - q_2 = 30$. D'où : $q_1 = 85$ et $q_2 = 70$, avec $p_1 = 115$ et $p_2 = 65$.

Lorsque le monopoleur ne peut pas discriminer, il doit pratiquer le même prix (p) sur chaque marché (on raisonne donc en quantité globale, Q). Calculons d'abord la demande totale : $D = D_1 + D_2 = 400 - 3p$. La courbe de demande totale est : $p = 400/3 - Q/3$. Avec Rm = Cm : $400/3 - (2/3)Q = 30$, on obtient : Q = 155 ; p = 81,66 ; RT = 12658 et π = 8007,3 (alors que avec discrimination, on obtient RT = 14325 et π = 9675). Ainsi, avec discrimination, le monopoleur obtient une recette totale et un profit plus élevés pour un même niveau de production totale.

2.1.3 *Marchés contestables*

L'approche des marchés contestables, développée, entre autres, dans les travaux de Baumol, Panzar et Willig (1982), questionne les effets du nombre des firmes sur la structure du marché et sur l'optimalité des résultats observés. De ce point de vue, elle constitue un point de repère pour l'analyse de la structure industrielle en ce qui concerne l'évaluation des situations imparfaitement concurrentielles.

Les marchés contestables sont ceux sur lesquels les pressions concurrentielles provenant des entrants potentiels exercent une contrainte forte sur les comportements des offreurs en place. Pour que de telles pressions constituent une réelle menace sur les firmes d'un marché donné, certaines conditions sur le caractère *ouvert* du marché doivent être observées :

1. Il faut que ces marchés ne souffrent d'aucune barrière à l'entrée pour les firmes qui souhaiteraient entrer sur ces marchés. En d'autres termes, les firmes qui voudraient entrer sur le marché (les entrants potentiels) ne doivent supporter aucun désavantage de coût par rapport aux firmes en place.
2. Les entrants doivent pouvoir disposer de la même technologie de production, des mêmes conditions d'accès aux moyens d'approvisionnement et des mêmes prix d'inputs que les firmes en place.
3. Les entrants ne doivent pas subir de *coûts irrécupérables (sunk costs)* lorsque, après être entrés sur le marché, ils souhaiteraient sortir du marché. On dit alors qu'il ne doit exister ni de barrières à l'entrée, ni de barrières à la sortie, impliquant des coûts supplémentaires pour les entrants par rapport aux firmes en place.
4. Afin d'empêcher les offreurs en place de suivre des stratégies de prix inférieurs aux coûts, en vue d'éliminer tout concurrent présent ou potentiel, on suppose aussi une absence totale de *subventions croisées* entre différents marchés. Ceci signifie que les firmes en place ne doivent pas pouvoir réaliser des surprofits sur d'autres marchés, et utiliser ces surprofits pour compenser les pertes qu'elles subiraient en appliquant des prix prédateurs, artificiellement bas, sur le marché. Dans le cas contraire, les firmes présentes sur plusieurs marchés déconnectés seraient en mesure d'empêcher l'entrée de nouveaux concurrents en appliquant des prix à perte sur le marché ouvert (contestable), et de compenser leurs pertes par des gains réalisés sur d'autres marchés qui ne seraient pas contestables (non ouverts). Ceci signifie que, pour qu'un marché soit contestable, il faut que, toutes choses étant égales par ailleurs, tous les marchés soient contestables.
5. On suppose aussi que les consommateurs possèdent toute l'information nécessaire et suffisante sur les biens et services offerts par les offreurs concurrents (présents et potentiels).

Sous ces conditions, les marchés parfaitement contestables déterminent la structure de l'industrie à partir des seules forces de la demande et de la technique productive. On peut alors définir un marché contestable comme :

- *une configuration acceptable* si chaque firme i (déjà présente ou entrante) du marché peut produire en couvrant ses coûts de production C au prix du marché, p, et si la somme des productions de toutes les firmes du marché satisfait la demande totale à ce prix p ;
- *une configuration soutenable* lorsque, au prix appliqué par les firmes en place, p, les entrants ne peuvent réaliser aucun profit positif en appliquant un prix p' inférieur au prix p des firmes du marché.

Il en découle alors que, sur un marché contestable, la possibilité pour les entrants de bousculer les firmes déjà présentes et d'entrer sur le marché (*Hit and Run Entry*) constitue une incitation pour les firmes en place à ne pas fixer un prix excessivement élevé par rapport au coût marginal. Chaque producteur doit donc offrir son produit à un prix aussi faible que possible étant donné le prix d'offre minimal acceptable des entrants potentiels. Les prix excessifs offrent toujours une opportunité d'entrer, qu'ils découlent de profits excessifs, de coûts inutiles ou de toute autre cause de sous-optimalité à l'égard des conditions générales données. Mais, sur un marché contestable, la menace d'entrée conduit les firmes en place à utiliser des techniques et une organisation efficaces parmi celles qui sont disponibles. Par conséquent, sur un marché contestable, l'allocation des ressources est efficace à l'égard des technologies disponibles et des conditions d'organisation appropriées (absence de tout gaspillage des ressources). Le prix est dit alors optimal étant donnée la menace de concurrence potentielle.

Ainsi, l'équilibre du marché contestable est atteint lorsque la configuration devient soutenable, dans la mesure où il n'existe aucune nouvelle entrée acceptable. La configuration acceptable de l'industrie est donc un équilibre concurrentiel à long terme. Toutefois, bien qu'un marché parfaitement concurrentiel soit trivialement un marché parfaitement contestable, il apparaît qu'un marché parfaitement contestable n'est pas toujours parfaitement concurrentiel, puisque le marché contestable n'implique pas une production au minimum du coût moyen avec l'égalité du prix et du coût marginal. Afin d'expliciter cette affirmation, considérons le cas d'un monopole sur un marché contestable.

On suppose que tout profit positif réalisé à un moment donné sur le marché constitue inévitablement une possibilité de profit pour un entrant, *tant que les coûts irrécupérables sont nuls*. Par conséquent, un marché contestable peut donc exister aussi pour une structure monopolistique. Dans ce cas de marché monopolistique contestable, on a affaire à un *monopole naturel*. La production par une seule firme doit minimiser le coût de production, étant donnée une demande.

Considérons une industrie à une seule firme, le monopoleur. Supposons que ce dernier applique un prix p^m et produit une quantité q^m. Le couple prix-production contestable $\{p^m ; q^m\}$ est obtenu à l'intersection de la courbe de coût moyen et de la courbe de demande, D. Une firme qui appliquerait un prix tel que $p<p^m$ et qui produirait une quantité $q>0$ réaliserait une perte, puisque son prix serait inférieur au CM. À l'inverse, un prix $p>p^m$ n'est pas soutenable, puisqu'un entrant pourrait proposer un prix plus bas et réaliser un profit positif.

Le prix appliqué est au CM et l'allocation obtenue est socialement efficace dans la mesure où le monopoleur ne peut pas faire mieux, étant donnée la condition d'acceptabilité (à cette demande, le monopoleur ne peut pas produire davantage sans subir des pertes). Il n'est pas non plus possible d'envisager l'entrée de nouvelles firmes car, dans ce cas, le niveau de production serait trop important par rapport à la demande et les entrants ne pourraient pas appliquer un prix de façon à offrir à des conditions acceptables (le profit devenant négatif).

Le marché n'est pas concurrentiel puisque la production n'est pas établie à l'égalité du prix et du Cm au minimum du CM, mais il est contestable et le prix est le plus bas possible (p = RM(D) = CM > Cm = Rm) :

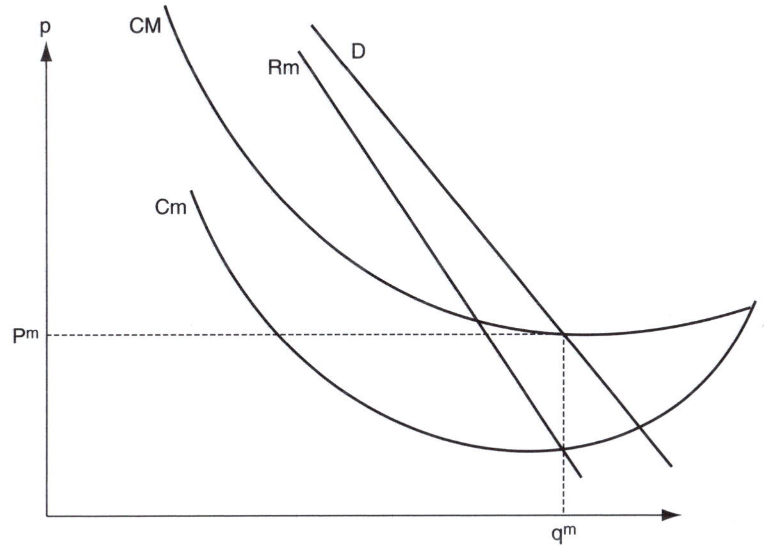

Selon ces résultats hypothétiques, le monopole n'est pas nécessairement une situation sous-optimale, puisqu'en situation de monopole sur un marché parfaitement contestable, les niveaux de production et de prix respectent les conditions d'acceptabilité et de soutenabilité, un niveau d'efficacité de l'offre étant atteint. Cette approche affirme alors que sur des marchés contestables, l'intérêt général implique une politique de laissez-faire, la politique économique pertinente consistant à rendre les marchés contestables. Toutefois, on remarque que, pour que ces propositions soient recevables, il faut que les conditions énoncées plus haut soient respectées. Or, la validité de ces hypothèses rencontre un certain nombre de limites, rappelées par M. Rainelli (1998), qui sont liées au caractère *ad hoc* et restrictif des conditions de contestabilité :

- La contestabilité du marché implique, implicitement, que pour que l'entrée de nouveaux concurrents, sans résistance de la part des firmes établies, soit envisageable, il convient de supposer que la taille des firmes installées sur le marché est petite relativement à la taille du marché. Mais lorsque l'entrée sur le marché est le fait de firmes de taille importante ou lorsque la firme en place a une dimension non négligeable par rapport au marché, l'absence d'affrontement entre les firmes n'est pas une hypothèse acceptable. Par conséquent, la situation d'un monopoleur ou d'une firme confrontée à l'entrée est ambiguë. L'entrée libre semble être une exception plus qu'une règle générale sur les marchés, étant donnée l'existence de barrières à l'entrée mais aussi à la sortie, dues à des coûts irrécupérables. En effet, la définition des coûts irrécupérables est liée à l'horizon temporel retenu. Plus la période est courte, plus les coûts irrécupérables sont importants. Or, c'est dans la période ultra courte que la firme en place est supposée ne pas répondre à l'entrée, ce qui engendre une contradiction importante dans le modèle présenté.

- Il peut aussi exister des barrières stratégiques à l'entrée dans le contexte de la concurrence par produits substituts. Lorsque l'on abandonne l'hypothèse d'atomicité des offreurs, la firme en place peut choisir d'occuper le marché en vendant une multitude de variantes, afin d'éviter l'entrée de nouveaux concurrents susceptibles d'offrir aux consommateurs ces mêmes produits. En effet, lorsque la firme peut encombrer l'espace des produits, elle peut empêcher les firmes potentiellement concurrentes d'entrer sur le marché [5].
- Il existe aussi des désavantages de coût indépendants de l'échelle de production comme le coût d'accès aux matières premières, aux localisations favorables (lié à l'installation des unités de production ou de commercialisation), à la technologie du produit, aux avantages d'expérience des firmes établies, etc.
- On peut aussi envisager des obstacles à la sortie provenant de l'existence d'investissements spécifiques liés à un type d'activité précis. L'image et la place de la firme dans un secteur d'activité peuvent représenter un coût à la sortie lorsque la firme désire passer sur un nouveau marché, où elle n'a pas une place déjà établie.

Ces remarques montrent que l'approche des marchés contestables restreint le rôle de la main invisible à un cas particulier avec entrée et sortie ultra-libres, supposées imposées d'emblée, et la structure contestable du marché apparaît comme une condition *a priori* donnée et non expliquée, comme le résultat d'un fonctionnement qui serait fondé sur une concurrence potentielle vérifiable.

2.1.4 *Concurrence monopolistique*

Une structure de marché est définie comme un marché de concurrence monopolistique lorsque l'on observe sur le marché un grand nombre d'offreurs qui proposent des produits différenciés. Chaque firme cherche à distinguer son produit par rapport aux produits potentiellement substituables, donc concurrents, en vue d'attirer vers son produit une clientèle spécifique. Dans ce type de marché, on rencontre le problème de définition du marché ou du produit d'une manière explicite.

Les modèles usuels de concurrence monopolistique sont principalement fondés sur les travaux d'E. Chamberlin (1933). Ce dernier remarque en effet qu'il y a très peu de monopoleurs, parce qu'il existe très peu de biens pour lesquels il n'y a pas de substituts étroits, et qu'il existe très peu de biens totalement identiques d'un offreur à l'autre,

---

5 Par exemple, Scherer (1980) montre comment la Swedish Tobacco Company, après avoir perdu son monopole légal dans le secteur en 1961, a réagi en offrant deux fois plus de marques et en augmentant de douze fois son budget de publicité.

au point de ne pas pouvoir être différenciés. En général, les produits sont différents, à des degrés divers, et peuvent être considérés globalement comme étant hétérogènes. En même temps, les produits semblables sont globalement substituables entre eux et peuvent être considérés comme étant homogènes ! Chaque offreur s'efforce de distinguer (différencier) son produit sur le marché par la publicité, l'image, la forme, etc., afin de le rendre spécifique aux yeux des consommateurs. De ce point de vue, Chamberlin précise que les producteurs cherchent à offrir un bien ou un service qui soit perçu comme un produit unique sous certains égards. C'est l'aspect monopolistique du marché considéré. Mais chaque producteur évolue sur un marché où il existe d'autres produits, qui sont presque identiques sans l'être complètement. C'est l'aspect concurrentiel du marché.

La concurrence monopolistique est donc liée à la possibilité d'une différenciation entre les offreurs. Cette différenciation peut être fondée sur de nombreuses variables comme la marque, l'emballage, l'aspect physique ou psychologique, le style ou encore les conditions de vente. Nous allons étudier cette question plus en détail dans le chapitre consacré aux stratégies des firmes sur les marchés, mais il convient d'en présenter dans cette section les fondements analytiques.

Les modèles de concurrence monopolistique sont habituellement fondés sur deux hypothèses corollaires :

1. La première hypothèse stipule que les firmes se considèrent comme des monopoleurs relatifs au sein d'un même marché, à l'abri d'une concurrence immédiate. Ainsi, lorsqu'une firme modifie son prix à la hausse, elle suppose que la demande pour son produit ne s'orientera pas immédiatement vers les produits potentiellement concurrents ;
2. Selon la deuxième hypothèse, les offreurs prennent les prix de leurs concurrents comme des données invariables et ne prennent pas en compte les éventuels effets de leurs décisions de prix sur les décisions des concurrents.

Ces hypothèses font que, bien qu'elles soient soumises à une concurrence potentielle, les firmes se comportent comme des monopoleurs.

La représentation formelle du marché est alors effectuée à travers deux courbes de demande distinctes, les coûts de production des firmes étant supposés identiques. La première courbe de demande, d, est appelée courbe de demande perçue par chaque firme prise individuellement. Cette courbe représente le niveau de demande qu'une firme donnée pense pouvoir obtenir lorsqu'elle modifie son prix tout en croyant que les prix des concurrents resteront constants. Cette croyance vient du fait que la firme considère son produit comme spécifique et ne tombant pas, par conséquent, sous la coupe d'une réaction négative de la demande du marché. La deuxième courbe de demande, D, est la demande du marché adressée à toutes les firmes. L'allure de ces courbes est comme suit, l'équilibre du marché étant donné au point de compatibilité (d'intersection) des deux courbes de demande à un couple prix-quantité en E :

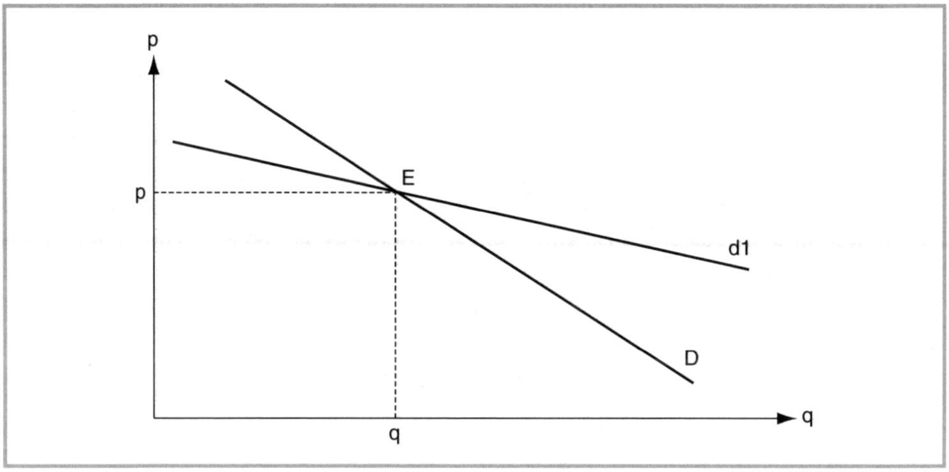

Toutefois, Sweezy (1939) remarque que ces courbes de demande doivent être étudiées en prenant en compte les réactions des firmes concurrentes à une modification du prix de la firme individuelle considérée en exemple. Ces réactions sont supposées asymétriques dans la mesure où, à une baisse de prix de la part de la firme exemple, les firmes concurrentes réagiront en baissant, elles aussi, leurs prix, par peur de perdre une part de leur demande individuelle (les produits différenciés restant potentiellement substituables, donc concurrents). À l'opposé, lorsque la firme-exemple décide d'élever son prix, ses concurrents ne modifieront pas leurs prix afin de conserver la demande qui leur est adressée, voire d'attirer une demande supplémentaire grâce à un différentiel de prix en leur faveur. Dans ce cas, on peut compléter la figure précédente comme suit (Ülgen, 2002) :

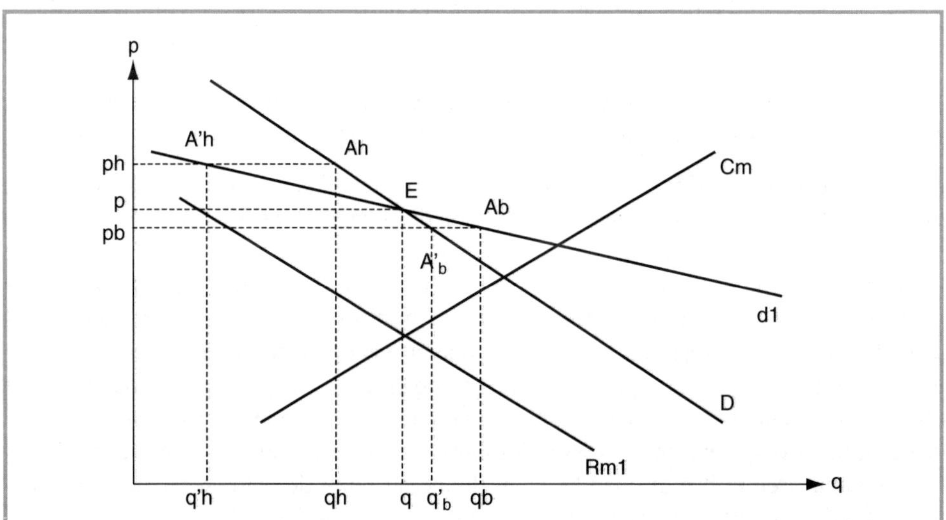

Reprenons la situation d'équilibre du marché où tous les offreurs écoulent une quantité q à un prix p. Il est évident que cette simplification est exagérée puisque, comme on va le voir au chapitre 5 sur les stratégies des firmes, sur un marché de produits différenciés, ni les quantités individuelles ni les prix des différents offreurs ne sont identiques. Néanmoins, suivons le raisonnement usuel, afin de compléter notre présentation du modèle standard.

Partant de la situation d'équilibre E, supposons qu'une des firmes décide de baisser son prix à p_b à la période 1 dans l'espoir de vendre q_b (donnée sur sa courbe de demande perçue, d_1). Comme elle suppose que ses concurrents ne vont pas modifier leurs propres prix, elle situe ses anticipations de la demande au point A_b. Or, suivant la remarque de Sweezy, on sait que les autres firmes aussi baisseront leurs prix à p_b. Alors, la demande que la firme-exemple obtiendra réellement sera seulement égale à q'_b au point A'_b, donnée sur la courbe D de la demande adressée par le marché à chacune des firmes. Cette demande est, bien entendu, inférieure à q_b. À l'opposé, si la firme-exemple suit une stratégie de hausse de prix, à p_h, la demande qui lui sera effectivement adressée, q'_h, au point A'_h, sera inférieure à celle qu'elle aura prévue, q_h (au point A_h), les concurrents n'augmentant pas leurs prix.

Maintenant, redessinons notre graphique en y faisant apparaître la courbe de coût moyen, CM. En raison du nombre élevé de producteurs, la production optimale qui satisfera toute la demande du marché à un prix p (qui soit acceptable pour les offreurs) est établie au point E tel que p = CM. En effet, pour obtenir un tel résultat, les modèles de concurrence monopolistique supposent, d'une part, que, du fait de la multiplicité des marques, il n'est pas possible de produire des quantités plus élevées de façon à atteindre le minimum du CM. Et, d'autre part, comme l'entrée et la sortie sont considérées libres (ce qui est, encore une fois, une hypothèse très discutable), les profits des offreurs doivent s'annuler :

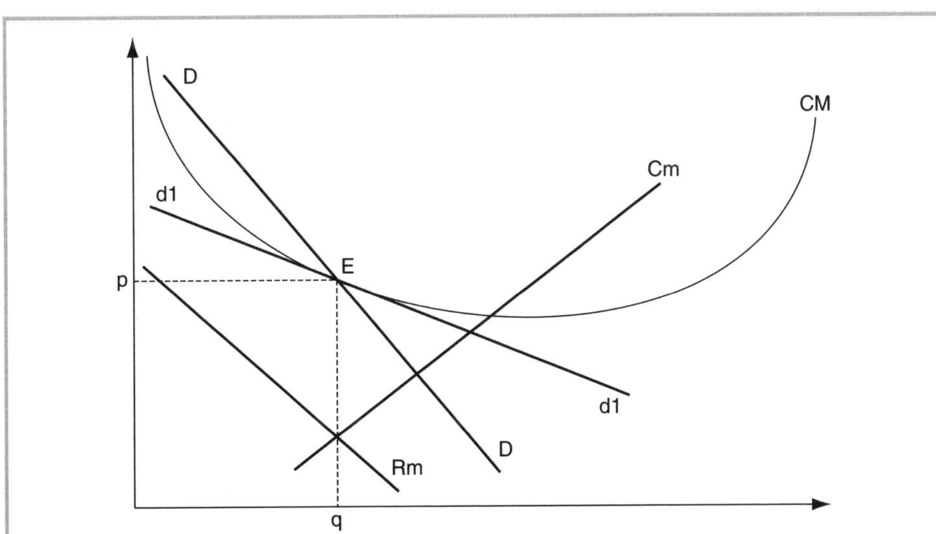

On voit sur cette figure que l'équilibre en E correspond à un niveau de prix supérieur au prix concurrentiel et à une quantité inférieure à ce qui aurait été obtenu en concurrence parfaite. On en déduit qu'alors que les positions monopolistiques relatives des firmes différenciées ne leur offrent aucun profit positif, le niveau de production atteint demeure cependant sous-optimal par rapport aux conditions d'un marché parfaitement concurrentiel. Ce résultat, qui traduirait l'inefficacité du marché de concurrence monopolistique par rapport à un marché concurrentiel, est dû au grand nombre de marques offertes sur le marché. Cependant, si l'on suppose que la multiplicité des marques peut donner aux acheteurs une satisfaction supplémentaire liée à un large éventail de choix, on peut penser que l'inefficacité technique peut être compensée par l'effet bénéfique d'une multitude de variétés du produit.

Il convient de remarquer aussi que la présentation que l'on a suivie ici est un cas discutable, puisque la comparaison entre concurrence monopolistique et concurrence parfaite est effectuée sur les mêmes courbes de coût. Or, il peut être plus pertinent de supposer que la concurrence monopolistique incitera les offreurs à différencier leurs produits respectifs en proposant des variétés développées, du point de vue technique et organisationnel, à travers de multiples innovations. Ceci leur permettra alors de maîtriser des processus de production plus efficaces (et moins coûteux sur la globalité du marché), supérieurs aux processus d'un marché parfaitement concurrentiel (sur lequel les offreurs adoptent une position plutôt passive et soumise, comme on l'a souligné dans la première section de ce chapitre), en fournissant aux consommateurs un niveau de satisfaction supérieur et aux offreurs des profits positifs. Nous développerons ce point au chapitre 6, qui portera sur les innovations.

2.2 MARCHÉS OLIGOPOLISTIQUES

L'oligopole est une structure de marché dans laquelle les firmes ne se considèrent plus comme les composantes anonymes et non significatives du marché. Elles sont conscientes de l'existence de leurs concurrents et doivent tenir compte de leurs stratégies pour établir leurs propres décisions. À la différence de la concurrence parfaite, il n'existe pas d'écran (anonymat) entre les décisions des concurrents et les offreurs adoptent des comportements stratégiques en anticipant les comportements de leurs concurrents.

Afin de simplifier la présentation, on considère le cas simple d'un marché de deux firmes (le duopole) qui produisent un bien homogène sur un marché donné mais sans coordonner leurs décisions. Comme on va le voir au chapitre suivant, ce type de relation est étudié comme un jeu non coopératif. On peut prendre comme variables de décision les prix ou les quantités, afin d'étudier les comportements des firmes. Dans cet objectif, deux cas de figure sont envisageables.

Dans le premier cas, les firmes sont supposées identiques (même taille, même part de marché) et décident en même temps. C'est le cas des duopoles symétriques de Cournot (raisonnement en quantités) et de Bertrand (raisonnement en prix), en décisions simultanées.

Dans le deuxième cas, une des deux firmes est considérée comme dominante et décide en premier (en quantité ou en prix) ; la deuxième firme déterminant la quantité qu'elle produira ou le prix qu'elle appliquera après avoir observé la décision de la firme dominante (firme dite meneur). C'est le cas du duopole asymétrique de Stackelberg en décisions successives. Ce cas peut déboucher sur un conflit lorsque les deux firmes suivent en même temps une stratégie de meneur, n'acceptant pas de laisser à l'autre l'avantage du premier pas. Le conflit se transforme alors en une guerre des quantités ou des prix, érodant les profits des duopoleurs.

Quel que soit le cas de figure étudié, on adoptera le raisonnement suivant, qui consiste à envisager deux firmes (i = 1, 2), F1 et F2, produisant un bien homogène (q_1 et q_2) avec un coût identique ($CT_i = c_i q_i$; $c_i > 0$).

La demande totale est :

$$p(Q) = a - bQ \text{ (où } Q = q_1 + q_2 \text{ (l'offre totale))}.$$

Les profits sont :

$$\pi_1 = [a - b(q_1 + q_2)]q_1 - c_1 q_1 = aq_1 - bq_1^2 - c_1 q_1 - bq_1 q_2 \text{ et}$$

$$\pi_2 = [a - b(q_1 + q_2)]q_2 - c_2 q_2 = aq_2 - bq_2^2 - c_2 q_2 - bq_1 q_2.$$

2.2.1 *Duopoles de Cournot et de Bertrand*

Nous allons présenter successivement le duopole de Cournot, avec un mécanisme d'ajustement par les quantités, et le duopole de Bertrand, avec un mécanisme d'ajustement par les prix.

Dans le duopole de Cournot, l'hypothèse déterminante des stratégies est que lorsqu'une firme décide de produire une quantité, elle prend comme donnée la quantité de son concurrent, en supposant qu'elle ne va pas être modifiée suite à sa propre décision. C'est ce que l'on appelle la conjecture (naïve) à la Cournot, telle que $dq_2/dq_1 = dq_1/dq_2 = 0$. Par conséquent, F1 (F2) considère q_2 (q_1) comme donnée et calcule q_1 (q_2) de façon à maximiser son profit, ce qui nous donne :

$$\delta\pi_1/\delta q_1 = 0 = a - 2bq_1 - c_1 - bq_2 \Leftrightarrow q_1 = [(a - c_1)/2b] - (q_2/2).$$

Cette égalité exprime q_1 en fonction de q_2 et s'appelle *la fonction de réaction* de F1. En procédant de la même manière, on pose la *fonction de réaction* de F2 : $q_2 = [(a - c_2)/2b] - (q_1/2)$. À partir des droites représentant ces fonctions de réaction (les quantités offertes par les firmes au profit maximum), on peut visualiser le point d'équilibre envisageable sur le marché de duopole à la Cournot :

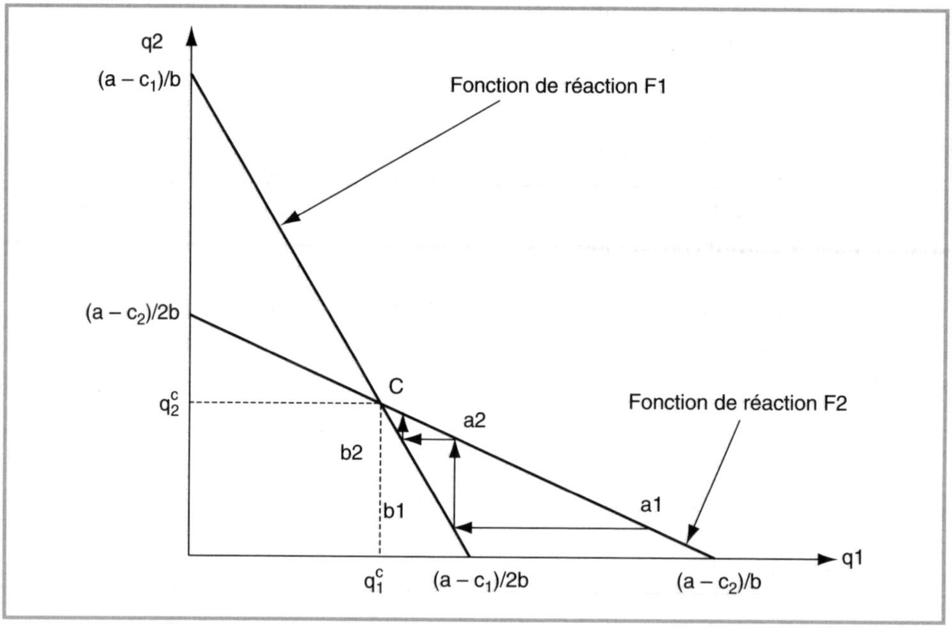

L'évolution du marché de duopole vers l'équilibre de Cournot, C, est envisagée comme suit. Partons, par exemple, d'un point initial, a1. Étant donné le niveau correspondant de q_2, F1 choisit un niveau de production au point b1. F2 répond à son tour en offrant au point a2 et ainsi de suite jusqu'à ce que l'on obtienne q^c_1 et q^c_2 au point C.

Mais lorsque l'on introduit l'idée d'une confrontation par les prix, on retrouve le duopole de Bertrand qui suppose que les décisions des concurrents sont établies non pas sur les quantités, mais sur les prix. D'une façon semblable au raisonnement à la Cournot, chaque firme considère le prix de son concurrent comme donné et décide de fixer son propre prix. Toutefois, on suppose, comme dans un modèle de concurrence parfaite, que lorsqu'il y a une différence entre les prix des deux firmes, les consommateurs s'orienteront immédiatement vers la firme qui offre au prix le plus bas. Sous cette hypothèse, l'offreur qui propose un prix inférieur à son concurrent reçoit toute la demande, D. En effet, si $p_1 < p_2 : D = D_1$ (demande adressée à la firme 1) et $D_2 = 0$; si $p_1 = p_2 : D = D_1 + D_2 = (D/2)_1 + (D/2)_2$ et si $p_1 > p_2$, alors $D = D_2$ et $D_1 = 0$. La conclusion logique de ce processus est qu'un *équilibre de Bertrand* correspondra à des prix tels que $p_1{}^* = p_2{}^* = Cm$, ce qui correspond à un niveau de prix concurrentiel sur un marché de duopole [6].

6 On remarquera aisément qu'ici chaque firme est supposée pouvoir répondre toute seule à toute la demande du marché. Lorsque l'on lève l'hypothèse de capacité de production illimitée, le résultat du modèle ne correspond plus à l'unicité du prix de marché et on peut envisager des cas où la firme dont le prix est le plus bas reçoit toute la demande qu'elle peut satisfaire et où son concurrent, qui offre à un prix supérieur, pourra répondre à une demande moindre sur la portion de D qui restera insatisfaite faute de capacité d'offre suffisante de la première firme.

2.2.2 Duopole de Stackelberg et conflit entre firmes

Dans le duopole de Stackelberg, les duopoleurs sont dans une configuration asymétrique telle qu'une des deux firmes choisit avant l'autre la quantité qu'elle doit produire afin de maximiser son profit. Cette firme est qualifiée de dominante et s'appelle le *meneur* en quantité. L'autre firme, le *suiveur*, détermine sa quantité en fonction de la quantité du meneur. On pourrait appliquer le même raisonnement dans le cas d'une relation asymétrique en prix lorsqu'une firme distribue un catalogue de prix en premier (parce qu'elle a été la première à mettre sur le marché un nouveau produit, par exemple). Elle se présente alors comme meneur en prix en ce qu'elle constitue la référence en la matière sur le marché considéré et ses concurrents peuvent alors suivre les prix du catalogue en vue de situer leurs propres prix par rapport à cette référence.

Le duopole de Stackelberg est souvent utilisé pour étudier les marchés sur lesquels une firme dominante détermine sa propre stratégie en supposant que les autres firmes se plieront globalement à ses choix. Un tel rapport de soumission peut provenir, par exemple, de la position avancée du meneur en recherche et développement, en expérience et savoir-faire, relativement aux conditions de financement des activités, etc. La firme meneur bénéficie alors de l'avantage du premier pas (*first mover advantage*)[7] en créant ou en reformatant le marché à travers une innovation. Ainsi, elle aura la possibilité de déterminer les conditions de production, de distribution, etc., ce qui lui conférera, pour une période plus ou moins longue, une avance sur ses concurrents présents ou potentiels.

Une telle configuration donne à la firme l'avantage d'un monopole relatif, principalement dû à ses stratégies d'innovation. On peut voir que, dans de tels cas, l'égalité d'accès aux mêmes conditions de production, de distribution et d'organisation, stipulée dans les conditions des marchés contestables, ne tient plus.

Pour examiner le modèle théorique, supposons que la firme 1, F1, soit le meneur et désire produire la quantité q_1. La firme F2 réagit par une quantité q_2. Le meneur sait que ses décisions détermineront la production de F2. Le programme de maximisation de profit pour F1 est, alors : $\max_{q1} p(q_1 + q_2)q_1 - c_1(q_1)$. En substituant la fonction de réaction F2, $q_2 = f_2(q_1)$, dans $\max_{q1}$, on peut écrire : $\max_{q1} p(q_1 + f_2(q_1))q_1 - c_1(q_1)$. En considérant les coûts comme nuls afin de simplifier nos écritures, la production totale devient : $q_1 + f_2(q_1)$ (la fonction de réaction F2 est $q_2 = (a/2b) - q_1/2$). Donc : $\pi_1 = pq_1 = aq_1 - bq_1^2 - bq_1q_2$. En substituant $f_2(q_1)$ dans π_1, on obtient : $\pi_1 = (aq_1/2) - (bq_1^2/2)$. En maximisant π_1, on a $q^*_1 = a/2b$. La production du suiveur en est alors trivialement déduite en substituant q^*_1 dans la fonction de réaction F2 : $q^*_2 = a/4b$. L'offre totale du marché est alors égale à $q^*_1 + q^*_2 = a/2b + a/4b = 3a/4b$. On peut représenter la solution sur la figure suivante, où C est l'équilibre de Cournot (avec q^C_1 et q^C_2). Le point S est l'équilibre de Stackelberg (avec q^S_1 et q^S_2). On remarque que $q^S_1 > q^C_1$ tandis que $q^S_2 < q^C_2$. F1 sélectionne le niveau d'offre sur la courbe de réaction F2 qui

7 Voir D. Fudenberg et J. Tirole, 1991.

est tangente à sa courbe d'isoprofit la plus basse (correspondant à un niveau de profit le plus élevé possible) (Ülgen, 2002) :

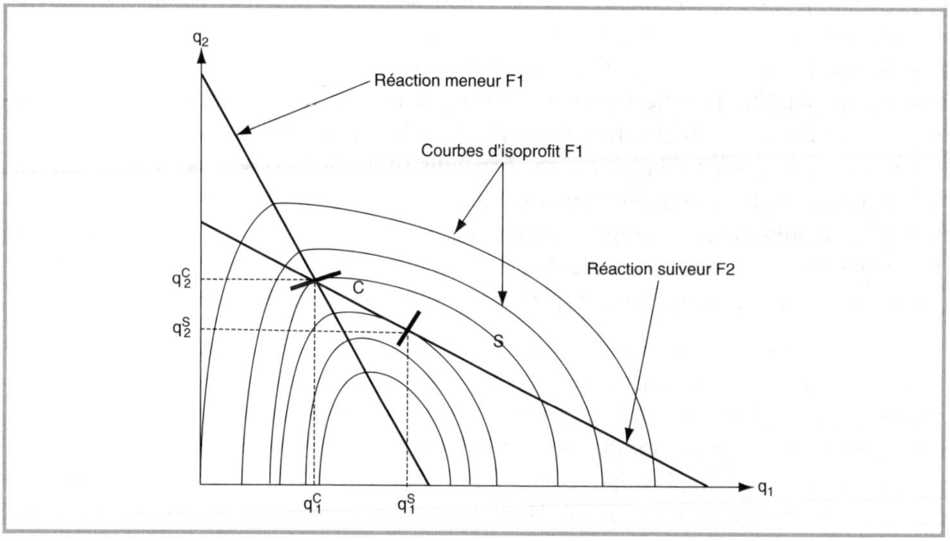

En critiquant les hypothèses particulières, qualifiées de naïves, du duopole de Cournot, Stackelberg (1934) remarque que, sauf dans le cas d'une asymétrie préalablement données entre les duopoleurs, les firmes n'ont *a priori* aucune raison d'accepter la domination de leurs concurrents et de perdre l'avantage du premier pas dans leur stratégie de marché. Par conséquent, chaque offreur cherchera à acquérir cet avantage en intervenant comme la firme meneur en vue de pousser les autres à se positionner comme des suiveurs. Mais, dans ce cas, la configuration du marché de duopole correspondra à une situation de conflit, appelée par Stackelberg le duopole de Bowley. La figure précédente devient alors :

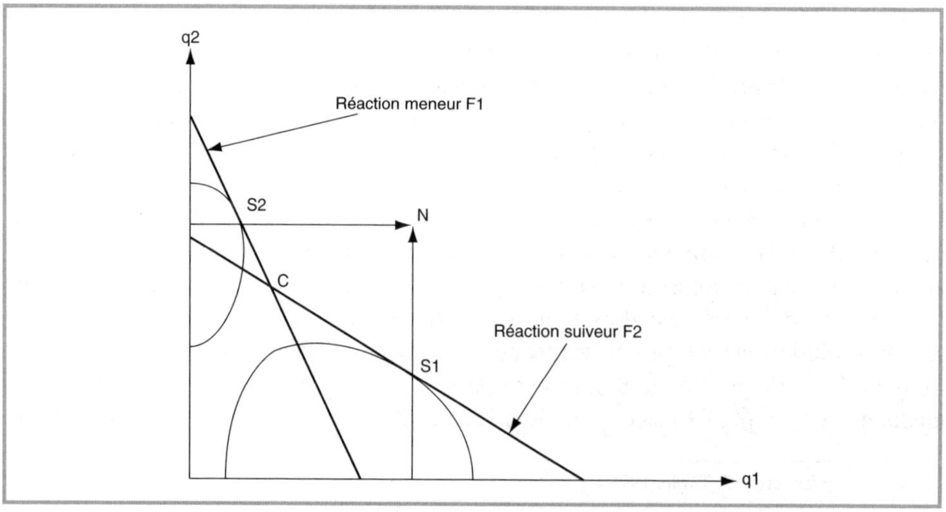

où S1 traduit la configuration dans laquelle F1 est le meneur et S2 représente la configuration où c'est F2 qui est le meneur. En cas de conflit entre F1 et F2, chacune produisant une quantité de meneur, l'offre totale du marché se situera au point N, correspondant à une production trop importante à l'égard de la demande totale. Le résultat d'un tel affrontement est, toutes choses étant égales par ailleurs, une érosion des profits. Une telle configuration souligne les conséquences désastreuses de l'absence de coopération pour les firmes lorsque le marché oligopolistique correspond à un ensemble de firmes ayant des pouvoirs de marché sensiblement proches.

2.2.3 *Une structure coopérative de marché : le cartel*

Contrairement aux structures étudiées précédemment, le cas du cartel correspond à une structure coopérative. Sur des marchés oligopolistiques, les firmes, conscientes de leur interdépendance, s'efforceront de se répartir le marché plutôt que de se livrer à une guerre des prix, afin de protéger leur niveau de profit. Lorsque les firmes peuvent s'entendre et passer des accords, elles peuvent choisir un niveau d'offre qui maximise le profit global du marché, et répartir ensuite ce profit entre elles. Dans ce cas, la configuration du marché correspondra à un cartel qui est défini comme le regroupement de firmes formant une coalition, de façon à établir une structure de monopole (*monopole organisé*).

De nombreux facteurs peuvent concourir à la formation d'un cartel. Les caractéristiques du marché et des firmes peuvent inciter les firmes à envisager une telle configuration :

- Lorsque l'offre est concentrée et le marché partagé entre un petit nombre de firmes dominantes, les firmes ont plus de facilité à s'entendre sur une stratégie commune de contrôle du marché. Conscientes de leur importance respective, elles chercheront à éviter des comportements agressifs envers leurs concurrents ;
- Lorsque la demande est faiblement élastique au prix, une offre à un prix proche du prix de monopole peut alors être envisageable sans repousser la demande du marché ;
- Lorsqu'il existe de fortes barrières à l'entrée dues à des coûts fixes importants, les firmes seront incitées à réaliser des économies d'échelle et, donc, à établir les conditions de production à grande échelle en se répartissant le marché entre elles ;
- Lorsque les produits offerts par différentes firmes semblent assez homogènes et que leur production ne souffre pas de différences notables en termes de coûts respectifs des firmes, les firmes peuvent négocier une tarification sans ambiguïté sur leurs produits dans le cartel ;
- Lorsque la demande sur le marché est fortement fluctuante et l'incertitude dominante, les firmes préféreront mieux s'organiser afin de contrôler le marché

et de réduire l'incertitude sur la demande, en établissant des accords de reconnaissance mutuelle ou de stratégie coordonnée.

Bien sûr, toutes choses étant égales par ailleurs, pour que les firmes acceptent d'entrer dans une coalition de cartel, il faut que le résultat anticipé pour chaque firme dans le cartel soit supérieur aux résultats anticipés dans toute autre structure de marché. Par conséquent, deux conditions, qui doivent être observables dans n'importe quelle autre structure de marché, doivent être remplies aussi dans un contrat de cartel : l'acceptabilité et l'optimalité. L'acceptabilité signifie que le contrat du cartel ne doit pas provoquer de pertes pour les firmes membres de la coalition (la condition d'avoir des profits positifs pour entrer dans l'accord). L'optimalité stipule qu'il ne doit pas exister d'autre contrat qui augmenterait le profit de l'une des firmes sans réduire celui d'une autre. Sinon, les firmes devraient poursuivre la négociation jusqu'à l'obtention d'un optimum de Pareto.

La formalisation correspondante peut être présentée en considérant deux firmes, F1 et F2, dont le programme de production consiste à choisir les offres respectives, q_1 et q_2 (avec l'offre totale du cartel $Q=q_1+q_2$), vendues à un prix unique (de monopole), p, de façon à maximiser le profit total du secteur :

$$\Pi(q_1, q_2) = p.(q_1 + q_2) - c_1(q_1) - c_2(q_2).$$

À l'équilibre, la recette marginale doit être la même pour les deux firmes et égale aux coûts marginaux individuels. Dans le cas contraire, c'est-à-dire si une des deux firmes avait un avantage en termes de coût (son Cm étant inférieur à celui de sa partenaire), elle produirait nécessairement davantage de produits avant d'atteindre l'équilibre du cartel. Aussi, comme le cartel maximise le profit total, les profits marginaux pour les deux firmes doivent être identiques. Dans le cas contraire, la firme la plus profitable devrait produire davantage, jusqu'à ce que Rm=Cm. Cela implique que les deux courbes d'isoprofit doivent être tangentes l'une à l'autre comme dans la figure suivante. Ainsi, on a :

$$p(q_1 + q_2) + [(\Delta p/\Delta Q)(q_1 + q_2)] = Cm_1(q_1) = Cm_2(q_2) =$$
$$p(q_1 + q_2) + [(\Delta p/\Delta Q)(q_1 + q_2)] = Rm.$$

Les firmes savent que lorsqu'elles augmentent unilatéralement leur offre individuelle, le prix du marché devra baisser en dessous du prix de monopole, p, qu'elles auront préalablement fixé. Les firmes s'intéressent donc maintenant à la maximisation du profit total du secteur, et non plus seulement à leurs profits individuels. En vue de déterminer le niveau de l'offre qui maximisera le profit du marché, les duopoleurs transfèrent à une autorité collective le choix de la combinaison (q_1, q_2), les quotas de production. Cette combinaison dépendra bien entendu des poids respectifs des firmes sur le marché et sera obtenue par la négociation entre les duopoleurs, négociation qui doit satisfaire aux conditions énumérées plus haut. Le programme de maximisation peut alors être écrit comme suit :

$$\Pi(q_1, q_2) = RT(q_1 + q_2) - CT_1(q_1) - CT_2(q_2) \text{ (RT = recette totale du cartel).}$$

En faisant abstraction des coûts pour simplifier, il vient :

$$\Pi = (a - b(q_1 + q_2))(q_1 + q_2) = a(q_1 + q_2) - b(q_1 + q_2)^2.$$

Par conséquent :

$$\delta\Pi/\delta q_i = (\delta RT/\delta Q) - (\delta CT_i/\delta q_i) = 0 \ (i = 1, 2). \text{ Donc : } a - 2b(q_1 + q_2) = 0 \Leftrightarrow q_1 + q_2 = a/2b.$$

La figure suivante représente deux configurations possibles correspondant à un contrat de cartel à deux firmes, qui soit acceptable et optimal :

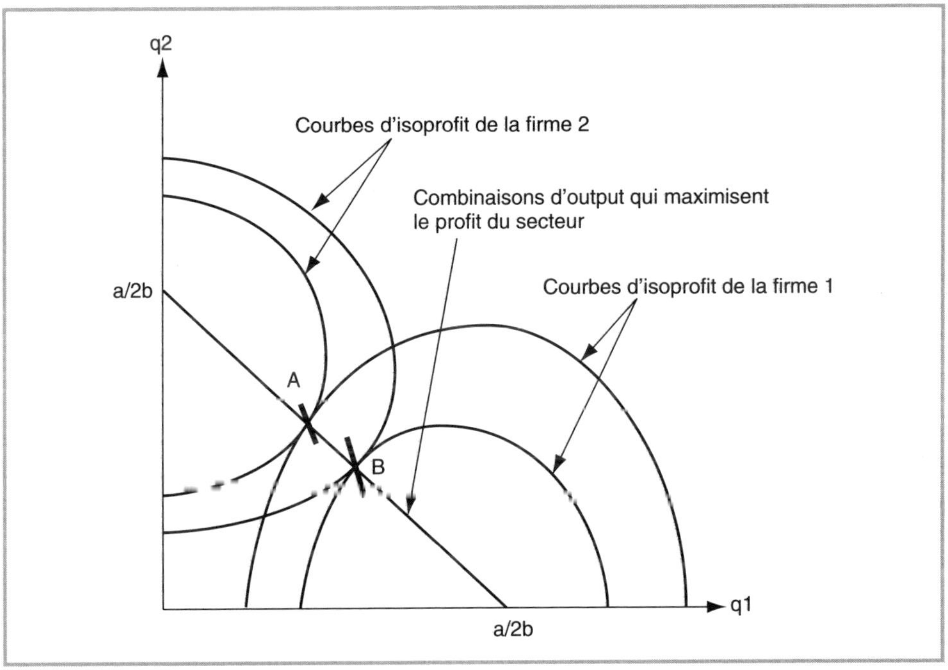

La continuité du cartel peut toutefois rencontrer des difficultés qui proviennent du fait que les firmes peuvent être tentées de dépasser individuellement le quota fixé tout en bénéficiant du prix du cartel et en espérant que la firme partenaire respectera son quota. Mais si chacune suit le même raisonnement, l'offre dépassera de beaucoup les quotas fixés, ce qui provoquera l'érosion des profits, comme dans le cas précédent de conflit à la Bowley. Une telle tentation risque de briser la coalition en l'absence d'un contrat formel qui lierait les offreurs de façon juridique. De tels contrats sont cependant difficiles à établir, dans la mesure où la législation interdit en général la formation de cartels entre firmes d'un même secteur. Le cartel peut toutefois restaurer une certaine stabilité, d'une façon interne et implicite, si la coalition est établie sur des relations répétitives entre les partenaires. Cette question, qui correspond au cas des jeux répétés, sera étudiée dans le chapitre suivant sur la théorie des jeux.

QUESTIONS D'ENTRAÎNEMENT

1. Quels sont les axiomes qui caractérisent un marché de concurrence pure et parfaite ? (2.1.1.)
2. Que signifie la transparence du marché dans le modèle de concurrence pure et parfaite ? (2.1.1.)
3. Comment le pouvoir de monopole se détermine-t-il ? (2.1.2. et Encadré 1)
4. Quelles sont les conditions qui rendent un marché contestable ? (2.1.3.)
5. Sous quelles conditions un marché de monopole peut-il être considéré comme une situation d'offre optimale ? (2.1.3.)
6. Quelles sont les limites à la contestabilité du marché ? (2.1.3.)
7. Pourquoi suppose-t-on qu'un marché de concurrence monopolistique aboutit à une situation sous optimale ? (2.1.4.)
8. En quoi le modèle de Stackelberg s'oppose-t-il au modèle de Cournot dans la représentation d'un marché de duopole ? (2.2.2.)
9. Comment l'équilibre du cartel se détermine-t-il ? (2.2.3.)

LECTURES SUPPLÉMENTAIRES :

Krugman, P. R., (2009), *Microéconomie*, traduction française, De Boeck.

Lecaillon, J. D., Le Page, J. M. et Ottavj, C., (2008), *Économie contemporaine*, De Boeck.

Sollogoub, M., Pindyck, R. et Rubinfield, D., (2009), *Microéconomie*, Pearson Éducation.

Stiglitz, J. E. et Walsh, C. E., (2007), *Principes d'économie moderne*, traduction française, De Boeck.

Ülgen, F., (2002), *Théories de la firme et stratégies anticoncurrentielles. Firme et marché,* L'Harmattan.

3

THÉORIE DES JEUX ET INTERDÉPENDANCES STRATÉGIQUES

SOMMAIRE

Les modèles d'équilibre, qui considèrent la firme selon la logique de la maximisation en supposant les techniques et la structure de marché données, sont tributaires de l'hypothèse d'une certaine forme d'information parfaite résumée par les prix. Aucun problème de coordination n'apparaît explicitement dans ces modèles, puisque les informations implicitement fournies à tous les agents par le marché et les conditions de passivité et d'anonymat concurrentiels leur interdisent d'adopter tout comportement opportuniste. Or, lorsque ces conditions ne sont pas respectées, le caractère interactif et conflictuel des décisions séparées des firmes est explicitement intégré par chaque concurrent dans son programme et affecte ses stratégies. Dans cette perspective, la théorie des jeux vise à analyser une partie des questions qui apparaissent dans les relations entre agents séparés, lorsque l'information totale et le marché transparent ne sont pas de règle.

L'objet général de la théorie des jeux consiste à déterminer des normes de comportement rationnel dans des situations où les résultats dépendent des actions de joueurs séparés mais inéluctablement interdépendants. Les actions des uns interagissent avec celles des autres.

3.1 LES FONDEMENTS DE LA THÉORIE DES JEUX

J. Von Neumann et O. Morgenstern, en écrivant leur ouvrage de référence (1953), entendirent montrer que les relations sociales devaient être interprétées non pas en termes de juxtaposition d'individus indépendants, mais plutôt en termes de rapports de communication allant du simple échange d'informations au conflit ouvert. À la place de la certitude complète et de la précision des signaux émis par le mécanisme anonyme des prix du modèle des marchés parfaitement concurrentiels, le modélisateur considère un environnement changeant, dans lequel la situation finale dépend du degré de coordination non anonyme entre les agents. Les conflits éventuels entre firmes ne trouvent plus de médiateur immédiat (le mécanisme des prix dans les modèles néoclassiques) capable d'apaiser les conflits latents d'intérêt. Les relations sociales ne correspondent plus à l'étude des comportements de maximisation individuels, mais à celle de la réalisation des objectifs maxima entrant en conflit.

L'environnement joue un rôle essentiel en ce qui concerne les issues de tout modèle faisant intervenir des comportements stratégiques. De ce point de vue, la prise de décision multilatérale est l'aspect essentiel des modèles de jeu. Une théorie des jeux est, entre autres, une théorie de l'organisation. Elle s'intéresse aux contrats en ce qu'ils ont de négociable et d'exécutoire. Elle traite de la capacité des agents économiques à influencer les décisions des autres, tant à travers les actions individuelles ou les ententes qu'à travers les menaces, la répartition des ressources, des gains et du bien-être. Les interactions individuelles sont souvent source de conflits potentiels. Pour résoudre ce type de problème, les individus agissent soit en coopérant, soit en s'isolant. Ainsi, on distingue deux types de jeux : jeux coopératifs et jeux non coopératifs.

On remarquera que le fonctionnement d'une économie décentralisée rencontre des problèmes lorsque les agents cherchent à échapper aux contraintes de concurrence pure et parfaite, ou lorsqu'ils détiennent des informations privées, différentes, opaques les unes par rapports aux autres. L'opacité vient du fait que les décisions des agents sont établies dans leurs univers privés respectifs en vue d'atteindre un gain jugé *individuellement* optimal, étant données les différentes variables que les parties sont en mesure de prendre en compte. Les agents économiques peuvent adopter une politique de collusion (le cas du cartel) en vue d'éviter tout affrontement avec les concurrents et d'augmenter, ainsi, leurs gains en bénéficiant d'une position de monopole. Il se peut aussi qu'ils obtiennent des gains plus élevés en restant en dehors des collusions (conflits). Dès lors, les comportements dépendront des probabilités différentes de gains et de pertes, selon les politiques à suivre. L'exemple le plus connu de ce problème de décision est le *dilemme du prisonnier*.

Afin d'expliciter ce dilemme, considérons une situation qui recense les différents résultats possibles suivant les stratégies des firmes. Soit deux firmes, F1 et F2, qui doivent décider, chacune de son côté et sans se consulter ni coordonner leurs actions respectives (*jeu non coopératif*), d'appliquer un prix élevé ou un prix bas sur le marché. Si les deux appliquent un prix élevé (disons, celui du monopole), elles obtiennent la situation la plus avantageuse. Si elles appliquent toutes deux un prix bas (disons le prix de la concurrence), leurs profits s'érodent immanquablement. Si l'une des deux firmes applique un prix élevé et l'autre un prix bas, on suppose, comme dans le duopole de Bertrand, que la première perd sa clientèle au profit de l'autre, qui récupère un gain élevé sur le marché en évinçant son concurrent. Le dilemme auquel les deux firmes doivent faire face est d'anticiper la décision du concurrent afin d'adopter le meilleur comportement possible.

Il convient de remarquer ici que le résultat du comportement du concurrent est une contrainte, pour la firme, qu'il convient de prendre en compte dans sa fonction de réaction. Le premier chiffre entre parenthèses correspond au gain de la firme 1 et le deuxième à celui de la firme 2. Chaque combinaison possible donne un couple de gains, appelé *issue du jeu*. Les différentes issues sont comparables entre elles tant du point de vue des gains individuels que du point de vue du gain total du marché.

L'ensemble des issues possibles du jeu est présenté dans la *matrice des gains* (*matrice des paiements*) et connu par chaque firme, que nous appellerons, dans le cas général, les joueurs. Chacun connaît les motifs et domaines de choix des autres : F1 sait que F2 sait que F1 sait que... et ainsi de suite. Ce cas correspond à une *information complète*. Lorsque cette hypothèse est vérifiée, on dit qu'il y a *connaissance commune* (*common knowledge*) de la structure du jeu. Cette hypothèse paraît cependant très forte dans une économie décentralisée où l'information est coûteuse ou inexistante, mais elle peut être relâchée, sous certaines conditions [1]. Toutefois, sa disparition totale n'est pas possible dans l'état actuel de nos connaissances. Lorsque l'hypothèse d'information complète est vérifiée, la seule question que se pose chaque joueur, avant de prendre sa

1 Nous considérerons à nouveau cette question au chapitre suivant, dans l'étude de l'asymétrie de l'information dans les relations d'agence.

décision, consiste à anticiper comment les autres vont prendre leurs propres décisions. Mais, comme chacun en fait autant, il est clair que la réponse à cette question est loin d'être évidente. Le but de la théorie est alors de présenter les réponses que peuvent apporter des joueurs rationnels. Ces réponses forment les solutions (issues) du jeu.

Dans notre exemple, les joueurs connaissent la matrice des paiements avec les différentes combinaisons possibles, mais comme ils sont supposés décider sans coordonner *a priori* leurs actions, ils ne sont pas sûrs de la stratégie effectivement choisie par le concurrent. La firme 1 (ainsi que la firme 2, symétriquement pensant) raisonne de la façon suivante : Elle sait que la firme 2 sait que si 1 applique un prix élevé, choisir un prix faible lui fera gagner 10. Inversement, 1 sait que 2 sait que si elle choisit un prix élevé, 1 pourrait appliquer un prix bas et gagner 9, en lui faisant perdre 4. Faute d'entente préalable, les firmes décideront de proposer un prix bas sur le marché, afin de se couvrir autant que possible contre des pertes élevées. Elles perdent certes 3 chacune, dans cet exemple, mais ce résultat, faute du résultat le meilleur correspondant à la combinaison des choix (prix élevé ; prix élevé) pour les deux firmes, constitue une issue supérieure, pour chaque firme, aux résultats où elles perdraient plus. En décidant ainsi, les firmes s'assurent, d'une part, qu'elles ne subiront pas la conséquence la plus mauvaise d'une décision opportuniste (prix bas) de leur rivale et, d'autre part, elles peuvent rester dans l'espoir d'un gain élevé si leur rivale préférait jouer la stratégie de prix élevé.

La solution ainsi obtenue (Prix bas ; Prix bas) = (–3 ; –3) est une situation de *moindre mal*, appelée *optimum de second rang*, et est inférieure à l'optimum de premier rang (de Pareto), qui ne peut être atteint que par une coopération préalable aux décisions des joueurs :

F2→ / F1↓	Prix élevé	Prix bas
Prix élevé	(3 ; 4)	(–5 ; 10)
Prix bas	(9 ; –4)	(–3 ; –3)

Dans les jeux non coopératifs, la catégorie de jeu la plus simple est le *jeu strictement adverse,* dans lequel les résultats possibles sont rangés dans un ordre inverse par les joueurs, comme le jeu à somme constante (la somme des gains est constante, quelle que soit sa répartition entre les joueurs). Le cas particulier des jeux à somme constante est le jeu à somme nulle, c'est-à-dire où le gain d'un joueur est exactement compensé par la perte de l'autre. Prenons le cas suivant. La firme 1 choisit entre trois stratégies « a, b et c » et la firme 2 dispose de quatre stratégies « a', b', c', d' ». Décrivons cette relation, supposée être à somme constante pour simplifier l'exercice, par une matrice des gains du type :

Stratégies de F2→ / Stratégies de F1↓	a′	b′	c′	d′	Minima des lignes
a	50	45	70	65	45
b	55	40	20	75	20
c	30	35	75	85	30
Maxima des colonnes	55	45	75	85	(45=45)

Les lignes donnent les gains de 1 et les colonnes ceux de 2. La somme constante est égale à 100. 1 choisit le premier sa stratégie. 2 doit déterminer alors son choix, de façon à obtenir un maximum de gain en déduisant le gain de 1 de la somme constante 100. 1 s'intéresse alors aux minima des lignes et 2 aux maxima des colonnes. 1 choisit la stratégie a. On dit qu'il *maximine*. 2 choisit alors la stratégie b'. Il *minimaxe*. Aucun joueur ne pourrait faire mieux. Le cœur de la théorie des jeux est le principe de minimax, qui exige que le joueur choisisse une stratégie en faisant l'hypothèse que le joueur rival prend toujours l'attitude la moins favorable à son égard si cela lui permet de maximiser ses gains.

ENCADRÉ 3.1
Viabilité du cartel

On peut utiliser l'exemple du dilemme du prisonnier afin d'illustrer le problème de viabilité du cartel, évoqué dans le chapitre 2 précédent.

À cette fin, prenons deux firmes, F1 et F2. Supposons que ces firmes forment un cartel en fixant des quotas de production de façon à limiter l'offre totale sur le marché et à appliquer un prix de monopole qui maximise le profit total du secteur. Supposons aussi que chaque firme soit tentée de dépasser légèrement son quota, afin d'obtenir davantage de profit individuel au prix du cartel. Mais ceci requiert que la firme partenaire ne détecte pas ce dépassement et continue de respecter son quota. Une telle configuration est-elle envisageable ?

F2→ / F1↓	Respecte le quota	Re respecte pas le quota
Respecte le quota	(5 ; 5)	(0 ; 7)
Ne respecte pas le quota	(7 ; 0)	(1 ; 1)

(Les nombres entre parenthèses sont, respectivement, les gains de F1 et de F2 correspondant à chacune des combinaisons des stratégies envisageables.)

Chaque firme réalise un profit plus élevé en trichant qu'en observant le quota, sous la conjecture que la firme concurrente respecte son quota. Lorsque sa rivale respecte ses engagements initiaux, la firme qui triche à intérêt à ne pas respecter le quota afin d'obtenir un gain égal à 7, supérieur au gain (5) qu'elle aurait obtenu si elle avait respecté l'entente initiale.

Chacune des deux firmes raisonnant ainsi, les parties préféreront ne pas respecter le quota par peur de se voir lésée par le comportement de leur rivale. Le résultat de cette relation correspondra à (1 ; 1).

Par conséquent, *le cartel, qui est une forme de coordination, peut se transformer en un rapport conflictuel (non coopératif) dans lequel l'absence de coopération respectée empêche les firmes d'obtenir la situation optimale.* Cette dernière correspond, dans cet exemple, au résultat (5 ; 5) puisque l'on améliore, à partir de la situation effectivement obtenue en conflit (1 ; 1), le gain de chaque firme.

On dit alors que le résultat final de cette relation non-coopérative est sous-optimal au sens parétien du terme.

3.2 STRATÉGIES ET FORMES DE JEU

Une *stratégie* est un plan de décision qui définit l'ensemble des décisions que le joueur doit prendre dans un jeu. *Une stratégie est dite strictement dominée* s'il existe une autre stratégie qui donne des gains strictement supérieurs, quelles que soient les stratégies choisies par les autres joueurs. Dans l'exemple du dilemme des firmes entre deux prix applicables, la stratégie correspondant à choisir un prix bas est dominante et donne l'équilibre du jeu (issue du jeu). Il existe deux façons de formaliser un jeu : la forme extensive et la forme normale.

La *forme extensive* spécifie l'ordre des mouvements, l'information et les choix dont dispose un joueur chaque fois qu'il joue. La forme extensive est représentée par un arbre de jeu, appelé aussi *arbre de décision*, constitué d'un ensemble ordonné de sommets ou de nœuds (chaque nœud constitue un ensemble d'information). On a deux types de jeu : *jeu successif* et *jeu simultané*. Prenons toujours deux joueurs. Lorsqu'1 joue le premier, 2 observe l'action de 1 avant de décider lui-même. Le jeu est dit alors successif. Lorsque 2 n'observe pas le choix de 1 et que les joueurs décident en même temps, le jeu est qualifié de simultané. Considérons d'abord le cas d'un jeu successif :

Un jeu successif

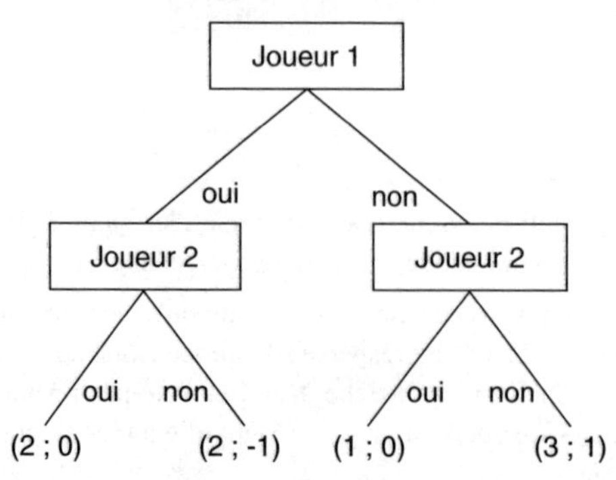

À l'instant initial, seul 1 prend une décision. Il choisit entre oui et non. Ayant observé cette décision d'1, à l'instant suivant 2 décide à son tour entre oui et non. Les gains correspondant aux différentes combinaisons possibles des stratégies individuelles différentes sont donnés au bas de l'arbre, le premier nombre indiquant le gain du joueur 1 et le deuxième celui du joueur 2. Ce jeu est un *jeu séquentiel dynamique* qui admet les solutions suivantes :

- si 1 joue oui, alors 2 jouera oui et l'issue sera (2 ; 0) ;
- si 1 joue non, alors 2 jouera non et l'issue sera (3 ; 1).

Lorsque le jeu devient simultané, la représentation et le déroulement du jeu changent de forme :

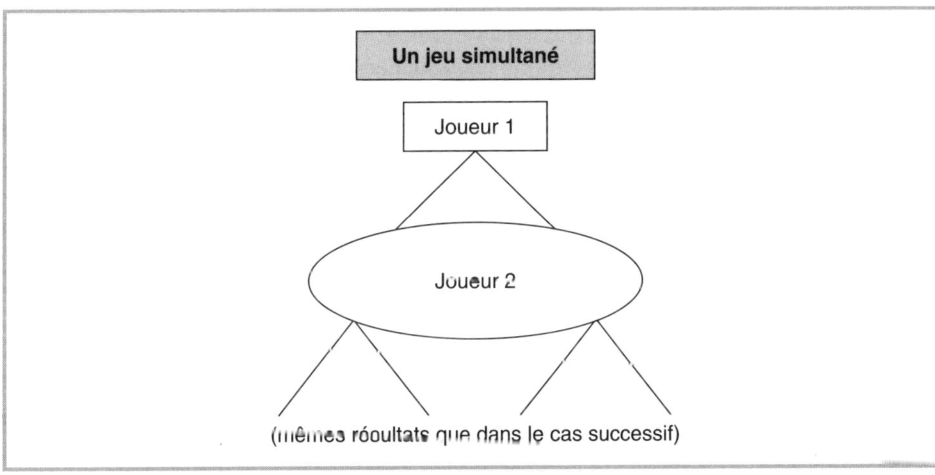

La figure ovale qui entoure les deux *sommets ou nœuds de décisions* du joueur 2 signifie que ce dernier a la même information sur le comportement de 1 à chacun des deux nœuds. Dans ce cas, 2 dispose nécessairement des mêmes actions qui constituent son ensemble d'information dans l'ovale. Ce jeu, contrairement au jeu successif précédent, est statique dans la mesure où 2 n'a pas la possibilité d'observer l'action d'1 et de réagir en conséquence. L'information dont dispose 2 est dite *imparfaite,* puisque celui-ci ne sait pas à quel nœud il est situé lorsqu'il prend sa décision.

La totalité de la structure de l'arbre est une connaissance commune. Les choix (oui ou non) de ces jeux sont appelés des *stratégies pures* à la disposition de chaque joueur en chacun de ses ensembles d'information de la forme extensive. Une stratégie pure est le choix certain par un joueur d'une action donnée. Dans les jeux ci-dessus, 1 dispose de deux stratégies pures : oui et non. Dans le jeu successif, 2 dispose de quatre stratégies pures (oui ; oui), (oui ; non), (non ; oui), (non ; non).

Par ailleurs, si un joueur peut choisir de façon aléatoire entre oui et non, c'est-à-dire s'il peut jouer oui avec une probabilité x et jouer non avec une probabilité 1-x, la stratégie choisie sera appelée stratégie mixte (voir paragraphe suivant).

Quant à la *forme normale*, il s'agit d'une description résumée de la forme extensive. C'est un ensemble de stratégies pures à la disposition de chaque joueur en chacun de ses ensembles d'information de la forme extensive. La forme normale est représentée par la matrice des paiements :

La forme normale et la matrice des paiements dans un jeu successif

1↓ \ 2→	(oui ; oui)	(oui ; non)	(non ; oui)	(non ; non)
oui	(2 ; 0)	(2 ; 0)	(2 ; -1)	(2 ; -1)
non	(1 ; 0)	(3 ; 1)	(1 ; 0)	(3 ; 1)

Dans ce jeu successif, les stratégies du joueur 2 consistent à jouer soit :

- oui, quelle que soit la décision du joueur 1 (2 joue oui lorsqu'1 joue oui ou non) ;
- oui, lorsqu'1 joue oui et sinon, jouer non ;
- jouer non si 1 joue oui et sinon, jouer oui ;
- jouer non quel que soit le choix de 1.

Lorsque le jeu est simultané, 2 ne dispose que de deux stratégies, puisqu'il ne sait pas à quel nœud il est situé :

La forme normale et le jeu simultané

1↓ \ 2→	oui	non
oui	(2 ; 0)	(2 ; -1)
non	(1 ; 0)	(3 ; 1)

3.3 ÉQUILIBRE DE NASH

Pour prendre une décision optimale, un joueur a besoin de prévoir comment ses concurrents se comporteront. Pour cela, la conjecture immédiate est que les adversaires ne doivent pas jouer de stratégies dominées. En effet, si une décision donne toujours un gain inférieur aux autres décisions, quelle que soit la stratégie des autres joueurs, cette stratégie ne sera pas choisie (il s'agit bien d'une condition d'optimalité). Dans le jeu précédent, tous les jeux sont dominés par la stratégie (oui ; non) pour le joueur 2. Donc, la rationalité implique pour 2 de jouer (oui ; non) et le joueur 1 doit s'attendre à un gain égal à 2 ou à 3, selon qu'il joue oui ou non. Il jouera non puisque cette décision lui permet d'obtenir le gain le plus élevé. L'issue du jeu est alors (non ; non). Cependant, on remarquera qu'*a priori* jouer non n'est pas dominant par rapport à oui pour le joueur 1 (dans le premier cas, ses gains espérés sont 1 ou 3 et, dans le deuxième cas, ils sont 2 ou 2). Jouer oui, pour le joueur 1, devient une stratégie dominée après élimination des stratégies de 2.

Dans les cas où il n'existe pas de stratégie strictement dominante, on peut déterminer une seule combinaison d'équilibre en procédant par élimination successive des stratégies dominées sur la forme normale. Il s'agit de *raisonner par itération*. À chaque étape, l'élimination des stratégies des joueurs, dominées à l'étape précédente, fait apparaître des stratégies dominantes. Le même raisonnement peut être appliqué au dilemme du prisonnier. Toutefois, dans de nombreux cas plus complexes, la sélection d'une issue raisonnable par élimination des stratégies dominées ne permet pas d'aller très loin. Dans le jeu simultané précédent, il n'y a pas de stratégies strictement dominées et on se trouve dans le cas d'une indétermination *a priori* de l'issue du jeu.

La proposition de J.F. Nash (1950) fournit une solution acceptable à ce problème. Un *équilibre de Nash* est une combinaison de stratégies pour laquelle la stratégie de chaque joueur est une meilleure réponse aux stratégies des autres joueurs. En d'autres termes, cet équilibre est un ensemble d'actions telles qu'aucun joueur, prenant les actions des autres comme données, ne désire changer sa propre décision. De ce point de vue, l'équilibre de Cournot, étudié au chapitre précédent, est aussi un équilibre de Nash. C'est *une situation de non-regret* (ou de moindre mal) dans la mesure où aucun joueur ne regrette le choix qu'il a effectué après avoir observé celui des autres [2]. Considérons l'exemple suivant :

Équilibre de Nash

1↓ \ 2→	**oui**	**non**
oui	(1 ; 1)	(3 ; 2)
non	(2 ; 2)	(2 ; 1)

Si 1 joue oui, la meilleure réponse de 2 est non ; si 1 joue non, 2 doit jouer oui ; si 2 joue oui, la meilleure réponse de 1 est de jouer non et si 2 joue non, 1 doit jouer oui. (oui ; non) est la *meilleure intersection entre les ensembles de meilleures réponses*. Cette combinaison est l'équilibre de Nash de ce jeu. De même, les solutions obtenues par itérations successives correspondent aussi à des équilibres de Nash :

2 Ceci ne garantit pas qu'un tel équilibre soit collectivement optimal. Par exemple, dans un stade, lorsque vous regardez un match de football, le fait d'être gêné par les autres spectateurs qui restent constamment debout vous oblige à rester vous aussi debout, ce qui est un équilibre de Nash. Mais cette situation que vous acceptez involontairement n'est pas une situation optimale.

Équilibre de Nash par itération

2→ / 1↓	oui	*non*	N
oui	(8 ; 8)	(4 ; 7)	(10 ; 6)
non	(9 ; 2)	*(5 ; 5)*	(6 ; 3)

Dans ce jeu, deux observations s'imposent :

1. On voit que 2 n'a jamais intérêt à choisir N puisque non lui donne toujours un gain supérieur, quel que soit le choix de 1 (7 et 5 contre 6 et 3). Par conséquent, non domine N. Cette connaissance commune, disponible aussi pour 1, fait que ce dernier exclut la possibilité que 2 joue N.
2. Pour le joueur 1, la stratégie non domine la stratégie oui (9 et 5 contre 8 et 4). 1 ne peut alors retenir que le choix consistant à jouer non. Ayant anticipé ce raisonnement, 2 choisit alors non.

La solution est (non ; non) avec (5 ; 5) comme gains, alors que si le jeu était coopératif, la solution d'entente aurait donné (oui ; oui) avec un couple de gains égal à (8 ; 8). Ainsi, le couple de stratégies (non ; non) est un équilibre de Nash, car 1 n'aurait rien gagné à choisir oui au lieu de non s'il pensait que 2 resterait sur la stratégie non. De la même façon, le passage de non à oui ou à N aurait impliqué une diminution des gains de 2 (si 1 reste sur non). *L'élimination des stratégies dominées désignant une solution unique conduit forcément à un équilibre de Nash.*

La méthode de Nash montre que si la combinaison de stratégies d'équilibre est atteinte, aucun agent n'a intérêt à modifier sa décision, mais elle ne nous dit rien sur la façon dont les joueurs aboutissent à ce choix, contrairement à la méthode par itérations successives. Certes, s'il y a une façon évidente de jouer, elle correspond à l'équilibre de Nash (non-regret). Mais la méthode de Nash ne permet pas de s'assurer qu'il n'y a qu'une seule issue du jeu, notamment lorsqu'on a plusieurs équilibres envisageables.

3.4 STRATÉGIES MIXTES, MULTIPLICITÉ DES ÉQUILIBRES ET PORTÉE DES SOLUTIONS

Dans le jeu simultané, on a remarqué un problème de détermination d'un équilibre immédiat en raison de l'absence de stratégies dominées parmi les quatre stratégies qui étaient disponibles. Prenons les exemples suivants, qui présentent des cas plus complexes où l'unicité de l'équilibre n'est pas assurée :

Indétermination de la stratégie d'équilibre

1↓ \ 2→	**oui**	**non**
oui	(1 ; –1)	(–1 ; 1)
non	(–1 ; 1)	(1 ; –1)

Si 1 joue oui, 2 joue non, ce qui pousse 1 à vouloir jouer non. De même, si 2 joue oui, 1 va jouer oui, ce qui pousse 2 à jouer non. L'intersection des ensembles de meilleures réponses est vide. Il y a *indétermination de la stratégie d'équilibre.* Mais il existe un équilibre en *stratégies mixtes* : chaque joueur joue oui ou non avec des probabilités égales. Pour que cela soit un équilibre, il faut que les deux stratégies pures donnent le même gain à chaque joueur. Par exemple, jouer oui donne à 1 : 1/2(1) + 1/2(–1) = 0, tandis que jouer non donne : 1/2(–1) + 1/2(1) = 0. Plus généralement, supposons que sachant la probabilité du joueur 2 de jouer oui (Pbo), 1 choisisse oui avec une espérance de gains égale à : Pbo(1) + (1 – Pbo)(–1) = 2Pbo – 1. En jouant non, 1 peut espérer obtenir : Pbo(–1) + (1 – Pbo)(1) = 1 – 2Pbo.

On suppose que les deux joueurs jouent de façon *aléatoire* en tirant au sort entre oui et non. Alors, 1 n'accepte de tirer au sort, c'est-à-dire de jouer oui ou non que s'il obtient la même espérance de gain dans les deux cas (sinon il aurait préféré jouer la stratégie qui lui permet les gains les plus élevés), c'est-à-dire si : 2Pbo – 1 = 1 – 2Pbo, ce qui fait que Pbo = 1/2. 1 ne joue en stratégies mixtes que si 2 y joue aussi avec Pao = 1/2.

Ici, on remarque que comme aucun joueur ne peut améliorer ses gains en choisissant une autre stratégie, la combinaison de stratégies mixtes, consistant pour chaque joueur à choisir oui avec une probabilité égale à 1/2, est bien un équilibre de Nash. Toutefois, ce jeu, qui correspond à un jeu de hasard, n'est pas généralisable dans la mesure où il peut paraître gênant de penser que les agents économiques prennent leurs décisions d'une manière aléatoire avec un raisonnement totalement hasardeux (même si cela ne paraît pas vraiment bizarre comme mode de rationalité aujourd'hui ?). De même, l'exemple suivant, où chaque joueur choisit d'aller au cinéma (C) ou au théâtre (T), illustre la possibilité *d'équilibres multiples* :

Équilibres multiples

1↓ \ 2→	**C**	**T**
C	(6 ; 4)	(2 ; 2)
T	(2 ; 2)	(4 ; 6)

Dans ce cas, (C ; C) et (T ; T) donnent deux équilibres de Nash en stratégies pures. En effet, si 1 joue C, 2 joue C et si 1 joue T, 2 joue T aussi, et vice-versa. Mais il existe aussi un équilibre en stratégies mixtes dans lequel 1 joue C avec une probabilité PbC et T avec une probabilité 1-PbC, de même pour 2.

En effet, 1 choisit C avec une espérance de gain égale à : PbC(6) + (1 – PbC)(2) = 4PbC + 2 et il joue T avec une espérance de gains égale à : PbC(2) + (1 – PbC)4 = 4 – 2PbC. Pour qu'1 accepte de jouer, les deux espérances de gain doivent être égales : 4PbC + 2 = 4 – 2PbC, ce qui donne PbC = 1/3.

Dans de telles situations, ce qu'il faudrait prédire n'est pas trivial. Aucun équilibre n'est *a priori* préférable à un autre pour les joueurs considérés. Cette multiplicité des équilibres engendre un problème théorique (mais aussi pratique) pour toute approche visant à montrer que les individus indépendants et séparés, agissant sur la base de leurs intérêts personnels, sont capables de prendre des décisions maximisant leurs gains et permettant en même temps à la communauté d'atteindre un niveau de bien-être généralisé optimal. *Le problème de la multiplicité des équilibres vient de l'absence de coordination entre les joueurs.*

Par conséquent, une des façons « simples » d'éviter ce problème est de supposer une coordination préalable entre les joueurs ! Supposons, dans le cas du jeu précédent, que les parties se mettent d'accord sur un principe de décision commun dépendant *d'événements aléatoires*. Par exemple, ils acceptent d'aller au cinéma s'il fait beau (imaginons un cinéma de plein air) et, s'il fait mauvais, ils vont aller au théâtre. Un tel accord préalable permet de déterminer un équilibre unique de Nash conditionnellement à un événement aléatoire, dont le choix est fait avant la date de prise de décision. Il s'agit d'un *équilibre corrélé,* dans lequel se posent trois types de problèmes :

- il convient d'expliciter la façon dont les joueurs sélectionnent l'événement aléatoire, sélection qui dépendra dans la plupart des cas, des contingences subjectives propres à chaque joueur ;
- l'équilibre corrélé suppose inéluctablement la coordination ou la concertation préalable des joueurs, ce qui réduit le caractère non coopératif du jeu ;
- lorsqu'il y a impossibilité de coordination préalable, il n'existe pas d'équilibre unique de Nash, ce qui laisse le jeu dans une indétermination.

Un autre élément qui peut répondre au problème de la multiplicité des équilibres est l'utilisation de la notion de *point focal*. Il s'agit de trouver un repère pour coordonner les actions de joueurs séparés. Si, par exemple, auparavant, les joueurs avaient l'habitude d'alterner leur choix entre le cinéma et le théâtre et si, à la période précédente, ils sont allés au cinéma, à la période suivante, c'est le théâtre qui sera choisi par accord implicite. Cependant, cette méthode suppose que tous les joueurs aient le même point focal (une référence sociale générale) comme référence séparatrice des équilibres multiples. On peut aussi penser aux comportements prudents des entreprises, qui évitent la guerre des prix sur les marchés et cherchent à affecter les consommateurs par des arguments autres que les prix. Le point focal sera alors la tendance vers un comportement de prix non agressif des oligopoleurs. Ou encore, on peut considérer le niveau des prix proposés sur les marchés, qui restent autour de montants symboliques particuliers comme 2,99 ; 999 ; etc., et qui constituent des repères psychologiques vers lesquels tendraient les offreurs. Toutefois, il est évident que s'il n'y a pas de principe préalable généralisable sur le repère, la recherche individuelle du point focal ne conduira pas trivialement les stratégies individuelles vers des niveaux de compatibilité générale, sauf par hasard.

Par ailleurs, on peut supposer que, en raison de l'intervention des habitudes, de l'histoire, des expériences antérieures, etc., les joueurs suivent des règles de décision en prenant comme référence des situations identiques ou semblables passées. Il s'agit de *conventions* implicites dictant aux individus les comportements à adopter dans tel ou tel cas. Se plier au choix de l'autre personne par galanterie est une décision qui dépend d'une convention non écrite. Ceci confère aux éléments socioculturels une importance décisive, mais reste dépendant de jugements personnels difficilement utilisables d'une manière systématique et rigoureuse dans la formulation prévisionnelle des comportements d'agents économiques indépendants.

Les solutions ci-dessus présentent la vertu d'inclure dans l'analyse économique des éléments extra-économiques qui enrichissent le domaine des possibilités de choix pour les agents. Toutefois, elles soulignent aussi les limites des choix rationnels purement économiques dans le processus de décision stratégique.

3.5 ÉQUILIBRE PARFAIT ET ÉQUILIBRE BAYÉSIEN

Dans un équilibre de Nash, les joueurs considèrent les décisions des autres comme données sans pouvoir les influencer. Dans les jeux dynamiques où un joueur décide après avoir observé les stratégies des autres, cette hypothèse se révèle erronée. Dans l'exemple du jeu simultané précédent, supposons que 1 ne joue pas non parce que 2 menace de jouer oui. Mais si 1 joue non, 2, devant ce fait accompli, jouera forcément non puisqu'il obtient alors 1 au lieu de 0. Par conséquent, la menace de 2 de jouer oui n'est pas crédible. Le joueur 1 qui l'anticipe jouera non, ce qui lui donne un gain supérieur (égal à 3) au cas où il aurait joué oui. Dans ce cas, l'équilibre de Nash repose sur une *menace non crédible*.

L'idée de départ de *l'équilibre parfait* est de sélectionner des équilibres de Nash qui n'impliquent pas de menace non crédible. Par exemple, la décision de 2 de jouer oui, lorsque 1 a joué non n'est pas optimale. Un équilibre parfait requiert que 2 joue d'une façon optimale quelle que soit la décision de 1. Ceci revient donc à éliminer les stratégies dominées de 2. En effet, la perfection de l'équilibre donne la même réponse que l'élimination itérée des stratégies dominées pour ce jeu. Pour obtenir un équilibre parfait, nous partons de la fin et procédons par *récurrence vers l'amont*. Connaissant la réaction optimale de 2, à chacune des décisions possibles de 1, on peut simplifier l'arbre de décision comme suit :

Récurrence vers l'amont

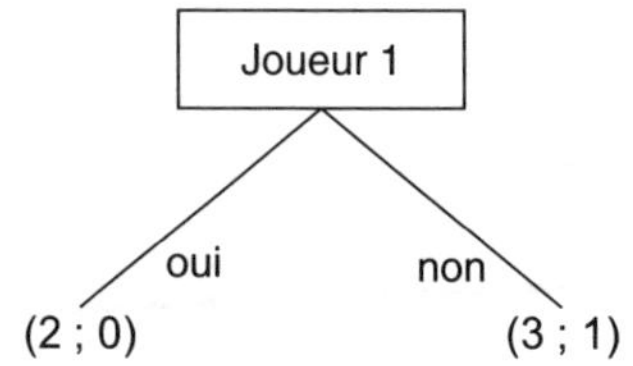

Lorsque 1 joue oui ou non, les gains évalués sont, respectivement, 2 et 3 (pour le joueur 2, ils sont de 0 et 1). Ces gains représentent les paiements que les joueurs obtiennent lorsqu'ils atteignent une certaine position sur l'arbre de décision. Un tel équilibre, appelé *équilibre parfait en sous-jeu*, est un équilibre de Nash. Le jeu se réduit ici à un problème à un seul décideur dans lequel 1 choisit non. On appelle l'*algorithme de Kuhn*, la procédure de récurrence vers l'amont qui permet d'aboutir à une solution unique. En effet, les équilibres de Nash d'un jeu sous forme extensive correspondent aux choix des meilleures stratégies de chaque joueur étant données les stratégies des autres joueurs uniquement pour le sous-jeu qui comprend le nœud initial et ses successeurs. Donc, *un sous-jeu est un sous-ensemble de l'arbre du jeu initial qui commence par un ensemble d'informations qui ne contient qu'un seul sommet.*

Dans notre exemple, on a trois sous-jeux. Dans de tels jeux, le joueur dont c'est le tour de jouer, connaît (possède une information parfaite sur) les actions qui ont été choisies auparavant. Formellement, *tous les ensembles d'information ne comprennent qu'un seul sommet.* Ce sont des jeux à information parfaite. L'équilibre de Stackelberg en est un exemple. Le fait intéressant de ces jeux est que l'élimination des stratégies faiblement dominées de la forme normale donne des équilibres parfaits dans le cas des jeux finis. L'élimination des stratégies dominées du joueur qui décide en dernier donne son comportement optimal à chaque nœud terminal. Il est possible de donner un exemple d'équilibre parfait à partir de l'utilisation de menaces crédibles sur un marché où il existe une firme installée et une firme qui désire entrer. Cet exemple sera étudié dans le chapitre 5 sur les stratégies des firmes lorsque l'on va considérer les comportements innovateurs des firmes qui cherchent à détenir des positions dominantes sur les marchés faiblement concurrentiels.

Les hypothèses des jeux à information parfaite posent toutefois deux problèmes principaux. D'une part, le raisonnement repose sur l'hypothèse que chaque joueur est capable d'évaluer l'influence de ses propres décisions sur les actions futures des autres joueurs en connaissant leurs gains, leurs décisions possibles et en sachant qu'ils sont rationnels. Dans le cas des jeux compliqués avec un nombre important de décisions et de séquences, cette conjecture ne paraît pas plausible, ne serait-ce qu'en raison de l'existence de coûts exorbitants engendrés par la collecte d'une information lourde.

Il convient de remarquer, par ailleurs, que ce raisonnement peut conduire à une inefficacité des décisions non coopératives en empêchant tout avancement des relations. Prenons l'exemple suivant.

Supposons deux joueurs qui décident successivement de jouer oui ou non, avec les gains entre parenthèses (respectivement celui de 1 et celui de 2). Lorsqu'un joueur joue oui, le jeu continue et c'est le tour du joueur suivant de choisir son action. Lorsque ce dernier joue oui le jeu continue et le tour passe au premier joueur. Lorsque le deuxième joueur décide d'agir en non, le jeu se termine et les gains correspondants sont acquis pour les joueurs. Si le jeu continue jusqu'à la fin, l'issue finale donne (100 ; 100) :

Jeu de mille-pattes de Rosenthal

1 oui →	2 oui →	1 oui …	2 oui …	1 oui →	2 oui →	1 oui →	2 oui →	(100 ; 100)
non	non	non	non	non	non	non	non	
↓	↓	↓	↓	↓	↓	↓	↓	
(1 ;1)	(0 ;3)	(…)	(…)	(98 ;98)	(97 ;100)	(99 ;99)	(98 ;101)	

À la dernière étape, 2 choisit non puisqu'il gagne 101 au lieu de 100 s'il avait continué le jeu en jouant oui. À l'étape précédente, sachant cette réaction de 2, 1 choisit non puisqu'il gagne 99 au lieu de 98 s'il avait continué le jeu. En répétant ce *raisonnement à rebours*, on arrive au nœud initial où 1 choisit de jouer non, de manière à obtenir 1 au lieu de 0 ! Ce jeu est connu sous le nom de *jeu de mille-pattes de Rosenthal* (Binmore, 1999). On voit alors que l'équilibre parfait ici correspond à une situation sous-optimale, la situation de non coopération empêchant le marché d'épuiser toutes les transactions potentielles.

L'une des solutions à ce problème est de considérer des *jeux répétés*. En effet, on peut considérer aussi des jeux à moitié simultanés. Supposons par exemple que le jeu soit décomposable en un certain nombre de périodes, t=1, 2, ….., T et qu'à chaque date t, les joueurs choisissent simultanément leurs actions en connaissant les actions choisies aux dates précédentes. Les jeux de ce type sont appelés *jeux à information presque parfaite*. Ce sont en général des jeux répétés. Si l'on reprend notre exemple du dilemme du prisonnier avec un jeu répété, on peut remarquer que si les stratégies des périodes précédentes consistent à appliquer un prix bas, les stratégies des périodes suivantes seront la même. Ou bien, au contraire, les firmes, ayant l'expérience du jeu, peuvent décider toutes de ne pas appliquer le prix bas et gagner ainsi un surprofit positif. Ce cas s'applique à de nombreuses relations économiques qui sont des relations durables. Les joueurs, en contact de façon répétée dans le temps, peuvent améliorer leurs gains en s'envoyant des signaux communicatifs sur leurs stratégies futures. Mais ceci souligne encore une fois l'importance du problème d'information dans la conception que le modélisateur établit du jeu qu'il analyse.

Dans la théorie des jeux, une distinction est introduite entre l'information imparfaite et l'information incomplète. En général, un joueur a une information imparfaite lorsqu'il ne connaît pas ce que les autres joueurs ont fait auparavant. Un joueur a une information incomplète lorsqu'il ne connaît pas les caractéristiques précises de ses concurrents (leurs préférences, par exemple). Un exemple à ce problème peut être donné par la concurrence en matière de R&D entre firmes. Le jeu dynamique joué par des firmes dont l'objectif est d'obtenir un brevet est un jeu à information incomplète si les firmes ne connaissent pas les coûts moyens de recherche de leurs concurrents (ou la qualité de leur infrastructure de R&D). Ceci devient un jeu à information imparfaite si à un instant donné, les firmes ne savent pas combien leurs adversaires ont dépensé en R&D jusqu'à cet instant. On remarque que la distinction entre information imparfaite et information incomplète est un peu vague. Lorsqu'il y a information complète, chaque joueur connaît toutes les données du problème (possibilités de choix, issues et gains probables) pour lui et pour les autres. De plus, pour qu'un jeu soit totalement défini, il faut que les règles du jeu précisent l'ordre des coups : séquentiel, simultané ou mixtes. Lorsqu'il n'y a pas d'action simultanée, le déroulement du jeu est séquentiel et l'incertitude inhérente aux choix simultanés n'existe pas. On dit alors qu'il y a information parfaite.

Habituellement, un jeu à information incomplète peut être transformé en un jeu en information imparfaite en introduisant d'abord un nouveau joueur et en supposant ensuite que les joueurs autres que le nouveau joueur particulier ne sont pas informés du choix de son type. À l'incomplétude de l'information décrite plus haut (certains joueurs ne connaissent pas avec certitude les paiements associés aux différentes combinaisons de stratégies), on peut ajouter l'asymétrie de l'information lorsque certains joueurs disposent de plus d'informations que d'autres.

Supposons, comme d'habitude, un jeu à deux joueurs qui soit simultané. 1 n'est que d'un seul type et 2 a deux types possibles, 2a et 2b. Alors que 2 connaît son type, 1 ne peut raisonner qu'en termes de probabilités sur l'éventualité de 2a ou de 2b. On attribue alors les probabilités suivantes à 2a et à 2b : P=la probabilité que 2 soit du type 2a et 1-P=la probabilité que 2 soit du type 2b. Chaque joueur a le choix entre deux actions, oui et non. La matrice des paiements sous la forme normale est la suivante :

Jeu avec information incomplète

2a→ / 1↓	oui	non	2b→ / 1↓	oui	non
oui	(3 ; 1)	(2 ; 0)	oui	(3 ; 0)	(2 ; 1)
non	(0 ; 1)	(4 ; 0)	non	(0 ; 0)	(4 ; 1)

On suppose qu'un joueur, autre que 1 et 2, que l'on nomme *nature*, choisit le type de 2 selon les probabilités P et 1-P sans que le joueur 1 n'observe ce choix. Ce mode de raisonnement, qui fait intervenir un tiers, est appelé *la transformation d'Harsanyi*, qui revient à transformer un problème d'information incomplète en un problème d'information imparfaite. Sous forme extensive, on a :

Équilibre bayésien avec transformation d'Harsanyi

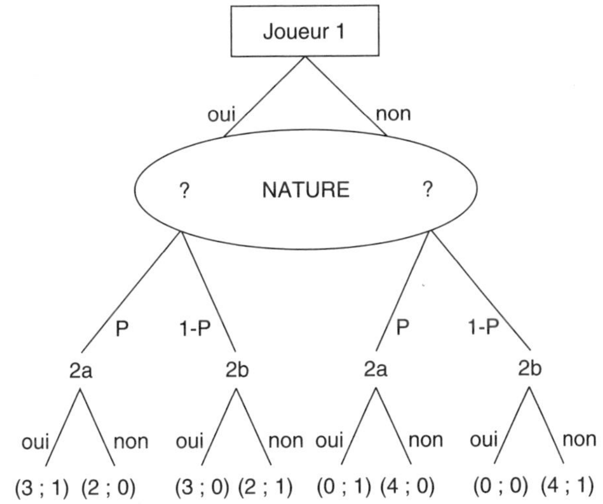

Le joueur 1 ne distingue ni le type ni l'action du joueur 2, tandis que 2 dispose d'un ensemble informationnel à 4 nœuds. Les probabilités P et 1 – P représentent les croyances de 1 (sur les différents types de 2) que l'on suppose connues de 2. Une telle représentation permet d'appliquer le concept d'équilibre de Nash en tenant compte de l'existence de la nature pour déterminer les choix stratégiques. On appelle alors *équilibre bayésien* une situation dans laquelle chaque joueur choisit la stratégie qui maximise son espérance de gains étant donnés son type, ses croyances et les croyances et les stratégies de tous les autres types de joueur. L'équilibre bayésien de ce jeu se calcule comme suit.

Le joueur 2 a des stratégies strictement dominantes selon son type :

- S'il est du type 2a, alors sa stratégie dominante est oui (puisque dans les deux branches de choix du joueur 1 (oui et non), 2a obtient un gain toujours supérieur en suivant la stratégie « oui » ; (3 ou 1) contre (2 ou 0) dans la première branche lorsque 1 joue oui, et (0 ou 1) contre (4 ou 0) dans la seconde branche lorsque 1 joue non.
- S'il est du type 2b, sa stratégie dominante est non (le même raisonnement que ci-dessus).

Par conséquent, 1 estime que 2 choisit oui avec une probabilité P (puisque 2a donne oui) et non avec une probabilité 1-P (puisque 2b donne non). En jouant oui, 1 obtient une espérance de gains égale à P et en jouant non, une espérance de gains égale à 1 – P. Bien entendu, si P ≥ 1/2, 1 choisit de jouer oui et si P ≤ 1/2, 1 joue non.

Acceptons que P = 1 – P = 1/2. Alors, lorsque 1 joue oui, il a une espérance de gains égale à : 1/2(3) + 1/2(2) = 2,5 (puisque si 2 est du type 2a, il jouera oui, ce qui donnera à 1 un gain égal à 3 et si 2 est du type 2b, il jouera non, ce qui donnera à 1 un gain égal à 2). Lorsque 1 joue non, en suivant le même raisonnement, il peut déterminer son espérance de gain comme étant égale à : 1/2(0) + 1/2(4) = 2. Par conséquent, 1 jouera oui (2,5 > 2).

Généralisons maintenant le processus de décision, qui prend la forme d'une révision bayésienne, fondée sur la stratégie d'équilibre du dernier joueur et son action observée. La notion d'équilibre combine le concept d'équilibre parfait des jeux dynamiques et le concept d'équilibre bayésien des jeux à information incomplète. Dans ces jeux séquentiels, les décisions d'un joueur peuvent révéler une information sur son type et donc modifier les croyances et les décisions des joueurs qui effectuent des choix postérieurs à sa décision. Si, par exemple, 2 joue avant 1, ce dernier a maintenant un ensemble informationnel supérieur puisque 2 révèle systématiquement son type en jouant. Si 2 joue oui, alors 1 joue oui. Une telle combinaison de stratégies, compatible avec l'induction à rebours et le processus de révision des croyances qui lui est implicite, est un *équilibre bayésien parfait.*

L'utilisation du théorème de Bayes dans la modification des croyances des joueurs permet de calculer les probabilités conditionnelles. Soit deux événements aléatoires, x et y, de probabilités respectives P(x) et P(y). La probabilité d'obtenir x sachant que y s'est réalisé, notée P(x/y), est égale à : P(x/y) = P(y/x).[P(x)/P(y)]. Le joueur 1 calcule la probabilité que 2 soit du type 2b sachant qu'il a joué oui. Ceci est donné par : P(2b/oui) = P(oui/2b).[P(2b)/P(oui)]. Comme P(oui/2b) = 0, on a : P(2b/oui) = 0.

ENCADRÉ 3.2
Analyse des duopoles de Cournot et de Stackelberg

Les duopoles de Cournot (aussi celui de Bertrand) et de Stackelberg correspondent à des jeux non-coopératifs dans la mesure où les protagonistes ne coopèrent ni ne coordonnent leurs décisions avant d'intervenir sur le marché, séparément l'un de l'autre.

Duopole de Cournot :

- le jeu est symétrique, les duopoleurs étant supposés identiques (même pouvoir de marché) ;
- le jeu se déroule d'une façon simultanée puisque les duopoleurs prennent leurs décisions sans avoir observé auparavant celles de leur concurrent ;
- l'information est complète, chaque firme connaissant la liste de ses propres choix et les choix possibles de son concurrent avant de décider. La connaissance commune est donnée ;
- l'information est imparfaite étant donné que les firmes ne connaissent les décisions effectives de leur concurrent qu'une fois le résultat observé sur le marché ;
- l'équilibre supposé est une issue de Nash (on ne peut pas faire mieux étant donné le comportement de l'autre).
- Toutefois, alors que le jeu est simultané et l'information imparfaite, le raisonnement qui mène à l'équilibre présente une succession de réactions de la part des firmes aux décisions pressenties de leur concurrent (données dans la matrice des gains) comme si l'équilibre obtenu était le résultat d'un jeu séquentiel notionnel. En effet, chaque firme envisage, dans ses anticipations, ce que serait le comporte-

ment de son concurrent si elle décidait de produire telle ou telle quantité et détermine la quantité optimale qu'elle ***devrait*** produire pour être à l'équilibre, ***étant donné le comportement de l'autre.***

Duopole de Stackelberg (cas avec meneur-suiveur) :

- le jeu est asymétrique, une firme domine (en quantité ou en prix) et l'autre la suit ;
- le jeu se déroule d'une façon successive, le meneur décide en premier et le suiveur en déduit son propre comportement (rapport de soumission) ;
- l'information est complète, chaque firme connaissant la liste de ses propres choix et les choix possibles de son concurrent avant de décider. La connaissance commune est donnée ;
- l'information est parfaite pour le suiveur qui connait le choix du meneur. C'est à ce choix qu'il doit adapter sa stratégie ;
- l'information est imparfaite pour le meneur qui n'observe pas la décision effective du suiveur avant de jouer.
- Toutefois, lorsque le meneur peut appliquer un raisonnement par itération en éliminant les stratégies non crédibles du suiveur, il peut aboutir à un **équilibre parfait en sous-jeu**, ce qui transformera alors le jeu en un jeu avec **information parfaite aussi pour le meneur**.
- Dans ce cas aussi, l'équilibre supposé est une issue de Nash.

Duopole de Stackelberg-Bowley (conflit entre duopoleurs) :

- le jeu est symétrique, chaque firme se considère comme le meneur ;
- le jeu est simultané, les firmes décident de leur stratégie individuelle sans avoir observé auparavant la stratégie de leur rivale ;
- l'information est imparfaite, aucune firme n'observe le comportement effectif de l'autre avant de jouer elle-même ;
- l'information est incomplète : pour ne pas perdre l'avantage du premier pas, les firmes préfèrent agir comme le meneur en espérant que leur concurrent acceptera une position de suiveur. Elles ignorent la stratégie de meneur de leur concurrent ;
- l'issue atteinte est l'érosion des profits (surproduction), ce qui peut être qualifiée d'équilibre de Nash si l'on suppose que les firmes agissent ainsi car elles ne pensent pas avoir d'autres choix étant donné leur objectif d'acquérir l'avantage du premier pas.
- Toutefois, si l'on suppose que l'information est incomplète, cette interprétation n'est pas recevable puisqu'on suppose alors que les firmes qui adoptent une posture de meneur ignorent que leur concurrent ferait de même. Par conséquent, on dira qu'il n'y a pas d'équilibre au sens de Nash dans un duopole de Stackelberg-Bowley.

QUESTIONS D'ENTRAÎNEMENT

1. Quel est l'objectif de la théorie des jeux ? (3.1.)
2. Quel est le problème économique fondamental soulevé dans le dilemme du prisonnier ? (3.1.)
3. Etudiez le problème de la viabilité du cartel. (Encadré 1)
4. Quelles solutions peut-on envisager pour répondre au problème de la multiplicité des équilibres ? (3.4.)
5. La méthode de récurrence vers l'amont donne-t-elle des solutions toujours optimales dans les jeux non-coopératifs ? (3.5.)
6. Etudiez les duopoles de Cournot et de Stackelberg en mobilisant les différents éléments de la théorie des jeux. (Encadré 2)

LECTURES SUPPLÉMENTAIRES :

Binmore, K., (1999), *Jeux et théorie des jeux*, traduction française, De Boeck Université, Bruxelles.

Guerrien, B., (1995), *La théorie des jeux*, Économica.

Rasmusen, E., (2004), *Jeux et information. Introduction à la théorie des jeux*, De Boeck

Yıldızoglu, M., (2003), *Introduction à la théorie des jeux*, Dunod.

4

ASYMÉTRIE DE L'INFORMATION ET RELATIONS D'AGENCE : COORDINATION DÉCENTRALISÉE ET RATIONALITÉ DES ORGANISATIONS

SOMMAIRE

Après avoir souligné le problème général d'incertitude qui règne dans toute relation économique entre des parties séparées ayant des intérêts potentiellement divergents et conflictuels, nous limiterons notre analyse à des cas « simples » d'asymétrie de l'information, sans que ce choix ne nous permette d'affirmer que la prise de décision peut éviter l'effet de l'incertitude. L'asymétrie de l'information signifie que des agents économiques différents ne partagent pas le même ensemble informationnel lorsqu'ils entrent dans un rapport économique où ils doivent prendre des décisions simultanées ou successives. Dans ce cas, la relation établie entre les différentes parties subit une *incomplétude contractuelle* (Billand, 1998).

Nous considérerons le cas des relations d'agence, afin de montrer les difficultés d'établir des contrats optima à travers les négociations de marché. La définition d'une relation d'agence se réfère principalement aux travaux de Jensen et Meckling (1976). Il s'agit d'un rapport de délégation de pouvoir entre deux (ou plusieurs) parties qui ont des intérêts propres et non trivialement compatibles entre eux mais qui doivent entrer dans un rapport économique afin de réaliser une activité désirée.

Pour la représentation du problème d'établissement d'un contrat optimal entre deux parties, on considère un individu P qui délègue à un autre individu A la responsabilité d'une décision telle que le choix de la stratégie de A détermine le résultat de P. Ce dernier est appelé *le mandant* (dit aussi *le principal*) et A *le mandataire* (appelé aussi *l'agent*).

Une relation d'agence évolue dans un cadre d'asymétrie d'information tel que les parties contractantes ne disposent pas des mêmes informations et que la divulgation complète et parfaite des informations manquantes reste tributaire de conditions particulières.

Deux cas de figure génériques sont étudiés dans une relation d'agence ; celui de l'anti-sélection (*adverse selection*), qui concerne les problèmes d'information subis par certaines parties qui doivent acquérir un produit ou louer un service, mais qui en ignorent les caractéristiques (qualité, compétences, etc.) réelles, et celui de l'aléa moral, qui peut être envisagé lorsqu'une partie engage une autre partie pour la réalisation d'une action. L'aléa moral est souvent utilisé pour étudier les relations de délégation à l'intérieur des firmes, l'anti-sélection pour penser les relations entre les offreurs et les demandeurs, les derniers ne disposant pas de toute l'information nécessaire pour juger de la qualité d'un produit qu'ils souhaiteraient acquérir.

Dans la perspective de ces relations asymétriques, liées au problème de la coordination dans un environnement incertain, la rationalité des modalités d'organisation interne des firmes est étudiée à travers différents arguments, ce qui nous permettra d'entrevoir des possibilités d'ouverture de la théorie économique sur des problèmes rencontrés dans les relations potentiellement conflictuelles entre agents séparés. On pourra ainsi comprendre la logique des différentes formes hiérarchisées et contrôlées d'organisation qui échappent souvent à l'analyse statique des structures de marché, qui se réfère principalement aux conditions de la concurrence parfaite.

4.1 INFORMATION ET INCERTITUDE

Les décisions des agents économiques dépendent des informations qu'ils détiennent à un moment donné. Dans une économie décentralisée, les informations qui seraient nécessaires et suffisantes pour prendre des décisions judicieuses ne sont pas toujours disponibles, ou leur coût d'obtention peut être très élevé. Par conséquent, les choix des firmes sont en général imprégnés d'une grande dose d'incertitude.

Afin de montrer ce problème, considérons plusieurs niveaux d'incertitude dépendant de l'état de l'information dont dispose une firme.

1. Le cas le plus difficile à résoudre est celui dans lequel l'information qui serait nécessaire et suffisante n'est pas disponible car non encore produite dans l'état actuel des connaissances et expériences acquises. Il s'agit simplement d'un état inconnu pour la firme. La décision qui sera prise sera alors une décision au hasard à l'égard de l'information adéquate que la firme aurait dû acquérir (mais qu'elle ne peut, en aucun cas, déceler).
2. Le cas suivant correspond à une situation dans laquelle l'information requise est disponible, mais elle appartient à d'autres agents, qui ne voudraient la divulguer à aucun prix. C'est parce que l'information peut être utilisée comme une arme stratégique déterminante que, dans certains cas, les détenteurs refusent de la rendre disponible et cherchent à en tirer des bénéfices, souvent aux dépens des autres. Dans ce cas aussi, la décision de la firme tombera sous la coupe du hasard.
3. Le cas intermédiaire sera celui où l'information est disponible, quand elle est privée et vendue sur le marché. Lorsque le coût de cette information se trouve dans les possibilités (financières) d'acquisition de la firme, elle sera obtenue et utilisée, permettant ainsi à la firme de réduire le poids du hasard dans sa décision. Si, au contraire, ce coût dépasse les moyens financiers de la firme, elle ne sera pas acquise et la décision de la firme retombera sous la coupe du hasard.
4. Considérons maintenant le cas, en apparence le plus simple, où l'information est disponible, produite gratuitement par une agence publique et est divulguée sur le marché librement à tous les intervenants. Même dans ce cas, lorsque le nombre de variables et d'informations à traiter en vue d'effectuer des arbitrages optima entre plusieurs activités et stratégies possibles est élevé, et lorsque les compétences nécessaires pour utiliser ces informations sont nombreuses et variées, il devient difficile, pour une firme considérée individuellement, de bénéficier pleinement de ces informations, même lorsqu'elles sont données gratuitement. La firme prendra alors ses décisions en se contentant des informations qu'elle pourra effectivement acquérir étant données ses contraintes de temps, sa capacité à les traiter et ses possibilités de les utiliser. Ces décisions seront globalement incomplètes et/ou imparfaites.

Le seul cas où ces problèmes pourraient être entièrement évités est celui dans lequel une organisation centrale collecterait et diffuserait toutes les informations nécessaires et suffisantes sur les différents états et variables du monde et permettrait aux agents privés du marché de les utiliser sans coût ni compétences spécifiques et sans perte de temps, à travers, par exemple, un programme (un logiciel omniscient ?) d'arbitrage universel entre différentes options possibles. Mais dans ce cas, on revient à un modèle de concurrence parfaite dans lequel il n'y a pas de stratégie individuelle possible, chaque firme étant logée à la même enseigne et aucune différence de performance ne pouvant exister entre les agents.

En vue de pouvoir étudier ce problème général dans le processus de décision des firmes, il convient de préciser les notions d'incertitude et de risque. Pour ce faire, on synthétisera les définitions proposées par F.Knight (1921). L'incertitude concerne les situations non probabilisables *a priori* tandis que le risque correspond aux cas probabilisables. Dans leurs choix, les agents économiques, souvent devant l'incertitude, réduisent le problème à un calcul de risque ; le seul moyen de prendre des décisions effectives, mêmes imparfaites et/ou incomplètes. L'incertitude est alors implicitement considérée comme une version extrême du risque. Par exemple, lorsqu'il faut choisir entre pile ou face dans un jeu de lancée d'une pièce de monnaie à deux faces, la décision sera fondée sur le calcul de probabilité de survenance de chacune des faces connues. Lorsque le nombre de faces de la pièce augmente, le risque reste toujours calculable en probabilité mais la chance de gagner se réduit considérablement. Lorsque le nombre exact de faces n'est plus connu des joueurs, le calcul de probabilité devient impossible et la décision est prise dans un univers incertain. Ces différents degrés dépendent aussi de l'évaluation subjective de chaque joueur, lorsque la connaissance commune ne contient pas tous les cas envisageables ou lorsque la transformation d'Harsanyi n'est pas possible. L'équilibre bayésien ne constitue plus alors un mode de détection des issues possibles.

4.2 INCOMPLÉTUDE DES MARCHÉS

Le problème des marchés incomplets est étudié à travers le phénomène d'anti-sélection. Au sens général, l'anti-sélection apparaît lorsque le mandant ne possède pas toute l'information sur la qualité du bien à échanger ou de la personne à engager. Le mandataire peut alors utiliser ses informations cachées, afin d'augmenter son gain aux dépens du mandant. C'est *un problème d'information incomplète* sur une ou des qualités intrinsèques de l'objet du contrat, qui apparaît au moment d'établir le contrat (on dit alors qu'il est *ex ante* au contrat). Un tel problème apparaît lorsque, sur le marché, les rapports entre les individus ne s'effectuent pas sur la base d'informations complètes. Deux types de solutions peuvent être envisagés pour résoudre ce problème. La première solution est liée à des mesures répressives (réglementations) extra-marché, fondées sur les lois et stipulant l'obligation de contenu. Ces mesures peuvent, dans certains cas, assurer la révélation des informations sur les caractéristiques de l'objet d'échange et permettre de réduire l'anti-sélection. La deuxième solution est fondée sur des mécanismes de marché, qui consistent, pour certaines parties du contrat, à informer les parties qui subissent l'asymétrie de l'information. Il s'agit de diffuser les informations pertinentes par des signaux envoyés sur le marché. Dans ce cas, on parlera du *principe de révélation* des caractéristiques exactes de l'objet du contrat.

La présentation d'un marché subissant l'anti-sélection peut être donnée dans le cas des *biens d'expérience,* dont la qualité n'est connue qu'après l'achat et, donc, après l'essai du bien par les consommateurs [1]. Lorsque la relation de marché est une relation d'une période, les vendeurs ont intérêt à surestimer la qualité de leurs produits afin d'exiger un prix élevé, alors que les consommateurs, ne pouvant distinguer entre les produits de qualités différentes, sont dans l'impossibilité de faire confiance aux informations fournies sur le marché. L'exemple étudié par Akerlof (1970), portant sur le marché des voitures d'occasion, traduit le résultat non optimal des mécanismes de marché dans ce cas de figure.

On suppose que seuls les offreurs connaissent la qualité des voitures qu'ils proposent aux consommateurs. Les voitures sont de deux qualités, bonne (K) et mauvaise (N), non distinguables par les consommateurs. Pour simplifier, on fait aussi l'hypothèse que si l'information était complète, les bonnes voitures seraient vendues à un prix égal à 10 £ et les mauvaises voitures à un prix égal à 5 £. Comme les deux qualités de voitures sont confondues, il n'existe sur le marché qu'un seul prix, P, que les consommateurs devront payer. Supposons, pour simplifier, que les consommateurs attribuent des probabilités égales à ce qu'une voiture qu'ils acquièrent soit bonne ou mauvaise. Cette probabilité est égale à 1/2. Toutes choses étant égales par ailleurs, le prix maximal que les consommateurs accepteraient de payer pour avoir une voiture dont ils ignorent la qualité exacte est égal à P = 1/2 10 £ + 1/2 5 £ = 7,5 £. Mais à ce prix, les bonnes voitures ne seront pas offertes (car 7,5 £ < 10 £ qui est le prix d'équilibre en information complète) et les vendeurs de bonnes voitures sortent du marché. Sachant cela, les consommateurs paieront seulement 5 £ pour les voitures restantes, qui seront à coup sûr de mauvaises voitures. Sous ces hypothèses, seules les mauvaises voitures pourront être vendues alors qu'il existe une demande et une offre positives (au prix de 10 £) pour les bonnes voitures. Le marché a sélectionné à l'envers (anti-sélection) en ne permettant pas aux agents de réaliser tous les échanges potentiels. Si l'on intègre dans notre exemple des voitures dangereuses que les consommateurs refuseront d'acheter (avec un prix = 0), alors l'anti-sélection des mécanismes de marché incomplets interdira tout échange effectif, les voitures demandées sortant du marché au profit des seules voitures dangereuses. On dit alors que les mécanismes de marché ne fonctionnent pas dans la mesure où toute activité économique est empêchée par l'existence de l'asymétrie d'information.

---

1 Outre les biens d'expérience, on a aussi :

- les *biens de recherche,* qui sont les biens garantis. Mais comme le système de garantie n'est pas complet, ces biens subissent aussi les deux problèmes d'asymétrie de l'information. En effet, lorsque la garantie est limitée dans le temps, les consommateurs peuvent se retrouver avec un produit non durable une fois que la durée de la garantie est passée.
- les *biens de confiance,* dont certains aspects qualitatifs sont rarement appris même après la consommation. Ces biens nécessitent souvent l'intervention des pouvoirs publics.

Cette question peut être considérée dans toutes les relations économiques. Par exemple, en matière d'assurances, afin d'éviter l'éviction des clients à bas risque, les assureurs proposent des contrats distincts ; l'un avec une prime élevée et une franchise faible, pour les assurés à haut risque, l'autre avec une prime faible mais une franchise élevée, pour les assurés à bas risque. Il revient alors aux assurés de déterminer eux-mêmes leurs caractéristiques respectives à l'égard du risque, avant de choisir le contrat qui leur convient. Mais ceci suppose que les assurés connaissent avec précision leur degré de risque et que le résultat du contrat correspond exactement à leurs caractéristiques.

On peut considérer le même problème sur le marché du crédit, suivant Stiglitz et Weiss (1981). Lorsque les banques acceptent d'accorder des crédits de plus en plus importants avec la hausse des taux d'intérêt, les emprunteurs potentiels qui souhaiteraient prendre peu de risques et financer des projets plus sûrs sortiront du marché, en considérant le coût du crédit trop élevé par rapport à leur programme d'optimisation. Seuls resteront sur le marché des emprunteurs très risqués, qui se soucieraient peu du résultat puisqu'en cas de faillite, ils n'auraient pas à rembourser leur dette par définition. Par conséquent, un raisonnement qui implique que l'offre augmente avec le prix ne permet pas de trouver un équilibre optimal du marché lorsque l'information est incomplète. Mais là encore, ce raisonnement suppose que les emprunteurs connaissent avec exactitude leur propre degré de risque, qui dépend de multiples facteurs sur lesquels ils n'ont pas toujours le contrôle. De ce point de vue, les solutions évoquées ici ne sont que des conceptions très incomplètes d'un problème d'information qui porte sur l'ensemble des variables dont dépendent les comportements des offreurs et des demandeurs.

Remarquons que l'étude sur l'offre d'un produit de bonne qualité ou de mauvaise qualité présuppose une comparaison entre les producteurs d'un même marché bien défini. Dans la plupart des cas, il n'est pas possible d'établir une telle comparaison sur les marchés lorsque les structures sont affectées par des stratégies de différenciation des firmes. Chaque offre semble porter sur un produit particulier et les consommateurs ne sont pas en mesure de comparer objectivement les produits potentiellement concurrents. Nous analyserons cette question dans le chapitre 5 sur les stratégies des firmes.

ENCADRÉ 4.1

Marchés incomplets, achats répétés et équilibre révélateur

Malgré la complexité du problème sous-jacent à l'anti-sélection, on peut étudier les conditions pour envisager la possibilité d'établir une relation entre une offre et une demande sur un marché incomplet. Pour ce faire, nous allons considérer le cas des achats répétés sur un marché donné, et essayer de savoir si certains mécanismes de marché pourraient constituer des incitations pour que les offreurs préfèrent fournir des biens de qualité aux consommateurs.

Supposons qu'un offreur donné puisse proposer son produit à deux qualités différentes, une bonne qualité et une mauvaise qualité, et que les consommateurs obtiennent une satisfaction supérieure lorsqu'ils consomment le bien de qualité. Toutefois, les coûts de production des deux qualités sont différentes, le bien de qualité coûtant (Ck) plus que le bien de mauvaise qualité (Cn) : Ck > Cn.

À la lumière du cas d'Akerlof, dans une relation sur une seule période, le producteur a intérêt à offrir la mauvaise qualité et à bénéficier du différentiel de coûts. Son espérance de gain est alors augmentée de (Ck – Cn). Cette incitation à produire de la mauvaise qualité est appelée « *effet Schmalensee* ». En effet, Schmalensee (1978) montre qu'une demande donnée génère une différence de coût (Ck – Cn) en faveur du producteur de mauvaise qualité.

Pour sortir de ce dilemme, supposons une relation d'achats répétés dans le temps, telle que lorsque le bien offert est de qualité, les consommateurs renouvelleront leur achat aux périodes suivantes. Comme la qualité sera connue par les consommateurs à la première période, le producteur pourra espérer obtenir des profits supplémentaires aux périodes suivantes en vendant son produit au prix de la qualité, Pk. Il aura donc une incitation à produire de la qualité, afin de recevoir la prime de qualité (profits répétés dans le temps) auprès des consommateurs loyaux. Cette incitation est appelée *« effet Nelson »*. Nelson (1974) montre qu'un produit de bonne qualité engendre des achats répétés donnant un gain espéré égal à δ(Pk – Ck), où $\delta = 1/(1 + r)$ est le terme d'actualisation, r étant le taux d'intérêt.

Par conséquent, lorsque l'effet Nelson est supérieur à l'effet Schmalensee, le producteur préférera offrir de la qualité dans le temps. On dit alors qu'un *équilibre révélateur* (*équilibre séparateur*) existe. On voit que l'effet Nelson est lié à l'apparition d'une *réputation* dans le temps qui donne au producteur de qualité un profit inter-temporel égal à :

$$(Pk - Ck)(1 + \delta + \delta^2 + \dots) = (Pk - Ck)/(1 - \delta) = [(1 + r)/r](Pk - Ck).$$

Afin de préciser ces conditions, reconsidérons le cas d'Akerlof.

Pour que l'équilibre révélateur existe, il faut que le producteur de qualité puisse permettre aux consommateurs d'essayer son produit à la première période à un prix suffisamment faible, qu'ils seront prêts à payer. Ce prix doit aussi être tel que le producteur de mauvaise qualité n'ait aucun intérêt à imiter la stratégie du producteur de qualité à la première période.

Dans le cas contraire, les consommateurs, ne pouvant distinguer entre les deux qualités, ne renouvelleront pas leurs achats et l'effet Schmalensee l'emportera sur l'effet Nelson.

Le prix auquel le producteur devra proposer son offre à la première période (*prix promotionnel*) doit être égal à Cn, ce qui dissuadera le producteur de mauvaise qualité de se mélanger avec le producteur de qualité à la première période puisque son profit sera alors nul. Dans le cas contraire, l'issue finale correspondra à un *équilibre mélangeant* tel que le producteur de bonne qualité et le producteur de mauvaise qualité restent confondus, puisqu'il n'y a pas d'incitation pertinente qui pousserait un producteur donné à préférer une offre de qualité à un produit médiocre.

4.3 RELATIONS ÉCONOMIQUES SUR DES MARCHÉS IMPARFAITS

L'imperfection du marché peut être présentée à travers le phénomène d'aléa moral. Supposons qu'un individu P, le *mandant*, délègue à un autre individu A, *le mandataire*, la responsabilité d'accomplir une tâche. Le mandataire reçoit une rémunération pour cette tâche. Le résultat final de son intervention est le gain total qui, diminué de sa rémunération, donne le gain du mandant et est appelé *le gain résiduel.* Dans cette relation, le mandant n'a pas la possibilité de surveiller l'action réelle du mandataire qui peut faire ou non l'effort de contribuer à la réalisation du meilleur résultat final pour le mandant. Plus précisément, deux cas peuvent être rencontrés :

- soit il est impossible au mandant de connaître exactement l'action choisie par le mandataire. Il n'en connaît que le résultat ;
- soit il connaît l'action choisie mais il ne peut juger si cette action était la plus appropriée à l'égard des circonstances du moment (qu'il ignore). Le mandant observe effectivement le résultat final. Mais, comme ce résultat dépend aussi en partie des variables extérieures sur lesquelles il n'a pas d'informations précises, il n'est pas en mesure de juger de la responsabilité exacte du choix du mandataire dans la performance finale.

En reprenant les éléments de la théorie des jeux, on peut identifier ce problème comme un problème de jeu non coopératif à deux avec somme variable. C'est *un problème d'information imparfaite,* puisque les deux parties ont une information complète (elles partagent au départ le même ensemble informationnel), mais le mandant ne peut pas connaître les choix effectifs du mandataire après la signature du contrat (le problème se pose donc *ex post*).

L'imperfection apparaît lorsque les intérêts immédiats des parties contractantes sont diamétralement opposés. Par exemple, en remarquant que le pouvoir de décision et la propriété sont séparés dans le fonctionnement des grandes firmes, Berle et Means (1932) soulignent les conflits d'intérêts entre les dirigeants et les actionnaires, les premiers pouvant viser la pérennité de la firme au travers des investissements nécessitant une rétention des profits et un endettement accru, les seconds souhaitant des dividendes réguliers et élevés comme rendement de leur investissement dans les actions de la firme. Le problème du mandant est donc d'inciter le mandataire à suivre une stratégie qui augmente ses chances d'obtenir le résultat le plus élevé. Les primes dépendant des résultats, ajoutées à une rémunération de base, sont pensées dans ce cadre. Mais se pose, dans ce cas, la question de déterminer le bon objectif final, afin d'éviter des inefficacités ou des coûts supplémentaires qui seraient dus, par exemple, à une incitation exclusivement fondée sur des efforts quantitatifs, omettant le critère de qualité.

Lorsque les actionnaires, qui restent dans beaucoup de cas extérieurs à la firme et ne disposent pas d'une information régulière et exploitable sur l'évolution de leur firme, souhaitent obtenir des dividendes de plus en plus élevés, ils peuvent utiliser les systèmes de primes (comme les stock-options), afin d'inciter les dirigeants à agir dans ce sens. Le résultat d'une telle incitation peut se révéler désastreux lorsque les dirigeants privilégient, alors, des stratégies qui donnent des retours sur investissements de plus en plus élevés, sans se soucier des conséquences sur la pérennité de la firme sur ses marchés. Ce problème, souvent rencontré dans la gestion des grandes entreprises financées par des fonds d'investissement, sera reconsidéré au chapitre 8, dans les sections 8.6. et 8.7.

4.4 COORDINATION ET COALITIONS CONTRACTUELLES : CONTRÔLE ET DROITS DE PROPRIÉTÉ

Les difficultés rencontrées dans les relations soumises au problème d'aléa moral donnent naissance à l'étude des formes de coordination, qui visent à établir les conditions d'un fonctionnement cohérent de l'organisation des firmes. Dans cette perspective, de nombreux travaux appréhendent la firme comme une coalition d'intérêts et d'objectifs divergents (Alchian et Demsetz, 1972 ; Marschak et Radner, 1972 ; Simon, 1982). Par conséquent, les systèmes de coordination et de contrôle centralisés trouvent une logique économique visant à répondre à la nécessité d'orienter les comportements des composantes de la firme en cohérence avec la continuité de son activité. La firme est alors vue comme un lieu où chaque composante vise à concilier globalement ses intérêts, les intérêts des autres parties et l'intérêt de la firme en tant qu'entité spécifique. Dans cet environnement, la détermination d'objectifs communs joue le rôle de catalyseur, qui doit orienter les différentes parties dans la conception et l'application des stratégies fédératrices. La composition de la firme et ses objectifs sont le résultat de négociations ; chaque partie cherchant à mettre en avant ses propres exigences et les dirigeants visant à sélectionner un ensemble de conditions, sous lesquelles la coalition générera le coût de maintien le plus bas possible pour un rendement satisfaisant.

À ce niveau, Cyert et March (1963) parlent de « *slack* », défini comme la différence entre les ressources disponibles dans la firme et les coûts supportés pour maintenir la coalition en cohérence. Ce sont les différentes dépenses non liées directement à la rémunération des facteurs, mais plutôt à leur mise en position pacifique, comme les avantages divers explicites ou implicites fournis aux dirigeants, aux personnels et aux groupes d'intérêt particuliers, afin de les inciter à s'inscrire dans les stratégies envisagées de l'ensemble. Savall et Zardet (2001) parlent de *coûts cachés*, qui engendreraient des hémorragies internes, dues aux multiples dysfonctionnements retardant les actions stratégiques, et des hémorragies externes liées à ces problèmes. On est en présence de mécanismes qui visent à réduire les dysfonctionnements dus à l'imperfection des mécanismes de négociation.

L'institutionnalisation des engagements au sein de la firme par la définition du champ de contrôle établit des contraintes qui délimitent les termes de la coalition et de la résolution des conflits. À cette fin, un objectif supérieur peut être attribué au système en vue de servir comme médiateur dans le conflit : « Nous devons faire tel ou tel effort ou sacrifice pour que notre entreprise puisse réussir et faire face aux enjeux présents. » Afin d'éviter des affrontements directs entre intérêts particuliers, l'objectif ne doit pas paraître en contradiction avec les préférences particulières des composantes. Dans tous les cas, il s'agit d'atteindre une coalition d'intérêts à travers le compromis.

Suivant March (1991), il est possible d'envisager différentes étapes dans la conception et l'application des objectifs de la coalition. Une première étape est celle de la négociation sur les conditions générales de la coalition. Ensuite vient le processus de contrôle interne, à partir duquel les objectifs sont déterminés (capacités de la firme, particularités de ses composantes, de leurs attentes implicites et explicites, liens entre différents niveaux de décision). L'étape suivante correspond aux ajustements en fonction des évolutions dans l'environnement, soulignant la capacité d'adaptation de l'organisation aux contraintes observées. Les objectifs suivent des stratégies relativement aux questions financières, opérationnelles, de croissance et aux questions liées à la demande du marché.

Au sens général, les stratégies constituent l'ensemble des décisions et des actions ayant pour but d'assurer la cohérence du fonctionnement de la firme. Étant donné que toutes les situations futures ne sont pas prévisibles, la firme-coalition cherchera à développer des systèmes de contrôle réciproque à partir des engagements communs. En dehors du budget, qui est l'un des éléments stratégiques du contrôle, l'attribution de fonctions précises aux composantes est un moyen de contrôle qui joue non seulement un rôle technique et organisationnel évident mais aussi un rôle de réduction de l'aléa moral. Limiter le champ d'action de telle ou telle composante est aussi un outil dans l'obtention des résultats désirés sous un contrôle hiérarchisé. Ainsi, l'étude des firmes comme coalitions d'intérêts donne naissance à la théorie du contrôle qui considère les différentes strates organisationnelles formant la coalition.

La logique du contrôle est bien liée à l'imperfection des mécanismes de négociation volontaire. L'hétérogénéité des parties qui composent la firme et l'asymétrie des informations dont elles disposent débouchent sur des différences entre les préférences individuelles respectives. La divergence des intérêts pouvant engendrer l'apparition de comportements conflictuels, des formes de coordination plus centralisatrices, plus hiérarchisées sont pensées à travers la mise en place des structures de direction et de gestion intégrées. La coordination est alors principalement établie sur des mécanismes coercitifs (sanction-récompense), qui font appel à des systèmes de contrôle visant à vérifier les responsabilités des parties dans les résultats, mais aussi dans les éventuelles modifications jugées nécessaires.

Dans une relation d'agence, la séparation du pouvoir de décision, du pouvoir d'exécution et de la propriété empêche que le contrôle puisse être exclusivement fondé sur la propriété du capital. Par conséquent, des dispositifs visant à vérifier, à inciter et à évaluer les actions des parties sont requis. Ces dispositifs peuvent être organisés d'une façon externe (contrôle externe, orienté vers le contrôle de régularité) et/ou interne (contrôle interne ou contrôle de gestion, orienté vers le suivi des performances).

Le contrôle interne est défini comme l'ensemble des systèmes de sécurité ou des plans d'organisation coordonnés contribuant à la protection et à la sauvegarde du patrimoine et de la qualité de l'information et à la conduite efficace et cohérente des opérations de l'entreprise, en vue d'une performance satisfaisante (Bouquin, 1991, pp. 22-24). Le contrôle peut être réactif et effectué *ex post,* en utilisant les résultats observés en vue d'ajuster les objectifs et les moyens pour le futur. Il peut aussi prendre une forme proactive et intervenir *ex ante,* en anticipant les éventuels ajustements.

Mais, quelle que soit sa modalité, le contrôle ne peut être efficacement assuré que s'il existe un réseau d'information organisé et vérifiable. Les différents types d'audit [2], qui consistent à examiner et à évaluer le contrôle interne dans tous les domaines et à tous les niveaux, interviennent afin d'assurer la production de telles informations. L'audit assure aussi une fonction de conseil en contribuant à réduire l'incertitude dans laquelle se trouvent les différents niveaux de responsabilité. Sa mission est d'établir un diagnostic sur la qualité de fonctionnement de la firme, un pronostic pour alerter les responsables, et une thérapeutique visant l'efficacité des opérations et la compétitivité de la firme.

La conception et l'application efficaces des formes d'organisation et de contrôle sont intimement liées à la structure de propriété (Jensen et Meckling, 1976). À travers une approche contractuelle, la théorie des droits de propriété considère les relations entre agents économiques séparés comme une relation d'échange volontaire des droits de propriété sur les actifs (biens et services) (Hart et Moore, 1990). Alchian (1987) définit un droit de propriété comme un droit assigné à un individu sur un actif et aliénable par l'échange contre des droits similaires sur d'autres actifs (droit d'utiliser l'actif, droit d'en tirer un revenu et droit de le céder à des tiers). La possibilité de partitionner (diviser), de séparer (distinguer entre) et d'aliéner (se défaire de) les droits de propriété rend possible une parcellisation des tâches. Ceci permet, à son tour, d'affecter des responsabilités à des parties distinctes, ce qui rendrait possible la mise en place de systèmes de contrôle plus précis. Les droits de propriété bien définis et répartis détermineraient alors l'extension du pouvoir des individus à tirer un avantage pour eux-mêmes (ou pour les autres) des actifs dont ils sont propriétaires [3].

On retrouve ainsi les arguments fondateurs de la conception de la firme comme ensemble de contrats sur des droits de propriété individuels. La question qui se pose alors est de savoir comment distinguer, à travers la grille de lecture proposée par l'approche contractuelle des droits de propriété, la contribution de chaque partie impliquée dans une activité en équipe. En effet, Alchian et Demsetz (1972) présentent la firme comme un mode d'utilisation en équipe des inputs au moyen d'une position centralisée de certaines parties dans les engagements contractuels portant sur tous les autres inputs. Le problème du contrôle de l'équipe de production se pose donc avec acuité. La solution proposée par les auteurs passe par la mise en place d'une partie, appelée *le contrôleur (ou le moniteur)*, qui se spécialiserait dans le contrôle des membres de l'équipe.

Dans le problème de conflits d'intérêts entre décideurs et propriétaires, évoqué plus haut, afin d'éviter que le contrôleur (le dirigeant d'une firme, par exemple) puisse tirer des gains aux dépens des propriétaires (actionnaires de la firme) en utilisant sa supériorité informationnelle, Alchian et Demsetz, ainsi que Holmström (1996), propo-

2 Dont quelques-uns sont : l'audit financier (qualité des comptes), l'audit juridique (conformité des opérations de fusion aux normes juridiques), l'audit fiscal (choix entre options fiscales et régularité fiscale), l'audit social (conformité des pratiques aux obligations légales et conventionnelles, conditions de travail), l'audit de la qualité, l'audit des performances (productivité, rentabilité), etc.

3 Il est aussi supposé qu'avec des droits de propriété bien spécifiés, les externalités sont internalisées, ce qui est supposé augmenter l'efficacité du marché. Les externalités sont définies comme les effets des actions d'une partie subis par une autre partie qui n'est pas impliquée par un contrat dans ces actions.

sent d'attribuer au dirigeant un statut particulier, celui de *créancier résiduel*[4], en lui octroyant une partie des droits de propriété (sous la forme de stock-options, par exemple). La mise en commun de ces droits permettrait alors de résoudre le problème d'information imparfaite de la production en équipe. Les firmes se présentent ainsi à travers une structure de droits de propriété bien spécifiée, comme une relation contractuelle de marché (des *institutions de marché* spécialisées dans la collecte et le traitement des informations, Milgrom et Roberts, 1997).

Toutefois, cette proposition n'échappe pas au fait que les contrats restent soumis au problème d'information imparfaite et impliquent des coûts de négociation, d'organisation et de contrôle. À ce propos, K.Arrow souligne que : « [...] les organisations sont un moyen d'assurer les bénéfices d'une action collective dans des situations où le système de prix est défectueux. »[5]

En effet, comme Ülgen (2002, p. 102) le remarque : « L'organisation dans la firme n'est pas seulement un choix individuel en termes d'arbitrage entre différents coûts susceptibles d'émerger selon la modalité d'échange choisie. Elle est avant tout une obligation due au caractère décentralisé des décisions et des activités économiques individuelles, obligation qui découle d'un problème général de coordination. »

De ce point de vue, la théorie des droits de propriété, ne permet pas d'éviter les problèmes d'asymétrie qui apparaissent avec acuité dans les relations qu'entretiennent les composantes de la firme entre elles. La divergence des intérêts dans les relations contractuelles et la distribution asymétrique des informations entre différentes parties rendent les contrats imparfaits. Les détenteurs des capitaux, les dirigeants et les salariés suivent des logiques différentes. Les premiers adoptent généralement une logique financière fondée sur la rentabilité de leur placement. Les seconds suivent une logique de maximisation des performances, afin d'augmenter la rentabilité économique de l'activité de la firme tout en cherchant à garantir leur place et à élargir leur pouvoir. Pour leur part, les salariés préfèrent la sécurité de leurs emplois et salaires.

ENCADRÉ 4.2
Créancier résiduel et inefficacité des incitations contractuelles

On remarque que les évolutions observées dans les mécanismes d'incitation des dirigeants des grandes firmes durant la décennie 2000 remettent en question l'efficacité supposée de la solution d'Alchian et Demsetz, dans la mesure où la politique de rémunération en *stock-options* des dirigeants de grands groupes industriels et bancaires, qui ont fait faillite ou qui se sont trouvés dans une position financière fragile, est maintenant sévèrement critiquée par les actionnaires et les autorités.

D'une manière générale, concernant la situation de la trésorerie et de l'endettement, les activités hors bilan, les politiques d'acquisition et les rémunérations en stock-options des dirigeants des firmes, un groupe de travail, mandaté par le Medef et

4 Le créancier résiduel est la partie qui reçoit sa rémunération après la distribution des rémunérations des autres parties impliquées dans le contrat.

5 Cité dans Williamson et Masten (1995).

l'Afep, a été chargé, au printemps 2002, d'évaluer les pratiques de gouvernance d'entreprise en France et de proposer des mesures de transparence et de sécurité. Toutefois, dans ce type de recherche, les difficultés sont supposées provenir principalement d'un problème de « bonne gouvernance », alors qu'il ne s'agit pas seulement d'un problème de gestion mais, surtout et plus fondamentalement, d'une difficulté de coordination des activités privées selon un objectif commun.

La forme moderne de la propriété est le gouvernement d'entreprise dont le principe est la primauté de l'actionnaire sur le dirigeant. Le but recherché est de subordonner la gestion à l'intérêt de l'actionnaire, en utilisant comme critère principal la rentabilité financière qui est préférée à la rentabilité économique. La prépondérance de l'intérêt de l'actionnaire est aussi renforcée par les modalités actuelles de contrôle des fonds par des institutions spécialisées.

4.5 COÛTS DE TRANSACTION ET RATIONALITÉ DES ORGANISATIONS

Les différents problèmes étudiés dans les sections précédentes sous-tendent la rationalité de l'organisation interne des firmes qui consiste à établir des mécanismes de contrôle hiérarchisés en vue de réduire les effets de l'incertitude, qui dominent dans les relations contractuelles. La théorie des coûts de transaction trouve ses arguments dans cette perspective.

Dans la lignée des travaux pionniers de R. Coase (1937, 1960), la théorie des coûts de transaction est fondée sur la remarque suivante : alors que, dans le modèle de concurrence parfaite, les mécanismes de marché (des prix) suffisent à déterminer un niveau d'activité économique optimal, sans qu'il soit nécessaire de spécifier la façon dont ces activités sont imaginées, organisées et effectuées, on observe, dans la réalité économique, de nombreuses organisations, appelées firmes, qui semblent éviter les mécanismes anonymes et décentralisés de marché en réalisant la plupart de leurs activités d'une façon interne, hiérarchisée. La réponse proposée par Coase consiste à remarquer que le mécanisme des prix de marché engendre des coûts particuliers, qui peuvent être évités en coordonnant et en dirigeant les activités sous une autorité à l'intérieur des organisations. Il s'agit de l'*internalisation* des activités (effectuer une activité à l'intérieur d'une firme-organisation ordonnée, hiérarchisée et contrôlée. Il s'agit de faire soi-même), par opposition à l'*externalisation* (qui consiste à faire appel aux négociations de marché chaque fois que l'on a besoin d'un bien ou d'un service. Il s'agit de faire faire).

Toutefois, dans cette approche, on suppose que la firme-organisation et le marché décentralisé sont des méthodes alternatives d'allocation des ressources dont le choix « volontaire » effectif dépendra de la comparaison entre leurs coûts respectifs. La firme est ainsi considérée comme mode de coordination alternative lorsqu'elle permet d'économiser sur les coûts du marché. Il convient alors de préciser la signification précise des coûts de transaction, puisque toute activité économique nécessite des transactions, qui génèrent des coûts pour les parties contractantes.

C'est l'analyse d'O. Williamson [6] (1975, 1990, 1994) qui spécifiera plus précisément les coûts de transaction comme des coûts dus aux imperfections et incomplétudes du marché, à travers deux catégories d'arguments.

1) La première catégorie d'arguments porte sur les caractéristiques des comportements des individus et présente les notions de rationalité limité et d'opportunisme.

Le concept de rationalité limitée, proposée par H. Simon (1982), est fondé sur la critique de l'hypothèse de rationalité parfaite du modèle néoclassique. La *rationalité limitée* ou *procédurale* considère les objectifs et les moyens comme des objets de recherche dans le temps, suppose que la rationalité des agents économiques se forme dans le temps, à travers l'apprentissage, les essais et les erreurs et qu'elle ne constitue pas un « paquet » de savoirs et connaissances bien établis et préalablement donnés. Les agents prennent des décisions qu'ils jugent rationnelles (fondées), mais leur capacité de collecte, de traitement et d'utilisation de l'information est limitée (imparfaite et incomplète). Ce qui est décidé et qui paraît parfaitement rationnel à un moment donné peut se révéler erroné *ex post*. Les contrats de marché ne peuvent donc pas définir *ex ante* l'ensemble des obligations des parties ni tous les états possibles du monde. Il s'agit bien de problèmes de coordination entre individus séparés et de prise de décision dans l'incertain.

Par conséquent, l'incomplétude et l'imperfection des contrats et anticipations peuvent conduire à des comportements opportunistes qui peuvent prendre deux formes ; l'opportunisme *ex ante* (anti-sélection) et l'opportunisme *ex post* (aléa moral). La possibilité d'opportunisme augmente le coût des transactions à trois niveaux : a) coûts de collecte et de traitement des informations sur l'objet du contrat et sur le partenaire ; b) coûts de négociation et d'établissement des contrats ; c) coûts de supervision et de vérification des clauses du contrat. Ces coûts de transaction inciteraient donc certaines parties à internaliser certaines relations contractuelles en les soumettant au contrôle d'une organisation interne, justifiant l'apparition des firmes en alternative aux relations décentralisées de marché.

2) La deuxième catégorie d'arguments proposés par Williamson concerne les caractéristiques des actifs et des transactions et se décline en trois variables : la spécificité des actifs, l'incertitude et la fréquence des transactions.

Certains actifs peuvent être spécifiques à une utilisation/activité donnée. On parle alors d'investissements spécifiques qui ne sont pas redéployables sur une autre transaction. Lorsque, par exemple, pour une activité donnée, les agents ont besoin de disposer d'un actif ayant des caractéristiques propres, en quantité et en qualité particulières, il peut être peu judicieux de s'adresser aux marchés chaque fois qu'on en a besoin, dans la mesure où on n'a aucune garantie sur la disponibilité d'un tel actif sur le marché au moment voulu, en quantité et en qualité requises. Les engagements des firmes dans la création et le développement des actifs spécifiques (voir, au chapitre 5, la stratégie d'intégration verticale, par exemple) et les considérations relatives à la

6 Voir aussi B. Baudry (1999) pour une analyse de l'apport de Williamson à la théorie des organisations.

recherche d'un pouvoir de marché apparaissent alors liés à cet argument. On peut énumérer plusieurs types d'actifs spécifiques liés à la localisation, aux actifs humains, etc. Ces actifs affectent la forme de l'organisation mise en place.

Le deuxième argument est donné par l'incertitude, que nous avons déjà étudiée. L'incertitude caractérise l'environnement dans lequel les activités sont réalisées et porte à la fois sur les comportements des parties et sur l'évolution du monde. Williamson considère que les structures organisationnelles visent à répondre aux aléas en cherchant à réduire le poids de l'incertitude dans leur fonctionnement tandis que les relations de marché restent soumises à des décisions non contrôlables et évoluent en permanence dans l'incertain, en l'absence de mécanismes de contrôle centralisés.

Le troisième argument supportant la rationalité de l'internalisation est la fréquence, qui souligne que lorsqu'une transaction doit être répétée souvent, sa disponibilité (voir aussi le cas d'actifs spécifiques, plus haut) devient une question stratégique, aussi bien pour la stabilité de l'activité de la firme que pour sa rentabilité. Plus la fréquence d'une transaction est élevée, plus il est possible d'économiser sur les coûts de sa réalisation, en l'internalisant. À l'opposé, dans le cas d'une transaction unique, son internalisation n'est pas un choix pertinent, car le coût de l'organisation serait supérieur à ses avantages et il vaudrait mieux laisser au « hasard » du marché la réalisation éventuelle de cette transaction, en cas de besoin (ce qui ne signifie pas qu'elle sera effectivement assurée par le marché).

Ces arguments rationalisent l'analyse de H. Leibenstein sur l'importance de la structure organisationnelle (interne) des activités économiques dans les performances des firmes. En effet, Leibenstein (1976) observe que des firmes qui disposent de la même composition de main-d'œuvre et de la même technologie obtiennent des résultats divergents. L'explication qu'il en propose consiste à affirmer que ces différences sont dues à des structures d'organisation différentes, une variable qui n'apparaît pas dans l'approche néoclassique de marché concurrentiel (la variable inconnue, X). C'est la *théorie de l'Efficacité-X* (*X-Efficiency*) qui est aussi mise en avant par Aoki (1991) dans son étude comparée sur les structures internes de gestion-direction différentes des firmes américaines et japonaises. Les structures organisationnelles affectent aussi bien les performances présentes des firmes que leur capacité à accumuler des savoir-faire et des connaissances innovatrices dans le futur (Dosi, 1992). Les différents types d'organisation font appel à des structures hiérarchiques différentes, dépendant de la taille des firmes mais aussi des caractéristiques de leurs activités.

4.6 LA LOGIQUE HIÉRARCHIQUE ET LES FORMES D'ORGANISATION INTERNE

Une structure organisationnelle donnée doit renforcer la maîtrise de l'activité de la firme. Lorsque les activités s'inscrivent dans le temps, deviennent de plus en plus complexes, et que des liens entre les parties se renforcent, les engagements personnels et durables remplacent les relations anonymes et décentralisées du marché. Ces engagements s'organisent autour de normes qui se construisent progressivement et qui s'imposent à toutes les parties. On tend de plus en plus vers une relation de type administratif. La structure de gestion spécifique, organisant les relations entre les parties, devient une structure internalisée engendrant des structures hiérarchiques particulières.

Dans ce cadre, H. Mintzberg (2004) définit la structure d'une firme comme l'ensemble des moyens utilisés pour diviser le travail en tâches distinctes et pour assurer, ensuite, la nécessaire coordination entre elles. Cette coordination est donnée par une configuration hiérarchique particulière, qui varie avec le niveau du domaine délégué au contrôle d'une autorité. La gestion autoritaire vise à réduire, entre autres, les problèmes d'opportunisme en évaluant les performances selon des règles de sanction/récompense, dont on a rappelé les difficultés d'application efficace.

Toutefois, la logique d'internalisation des activités ne signifie pas que les firmes doivent augmenter leur taille indéfiniment ou qu'elles doivent mettre en place des systèmes de gestion et de contrôle totalement centralisés. Même si la rationalité de l'organisation l'emporte sur les mécanismes décentralisés de marché, les capacités des organisations à centraliser efficacement tout le processus d'information, de décision et d'exécution restent limitées devant le très grand nombre de variables à prendre en compte et de facteurs à vérifier et à contrôler dans les activités économiques.

Différentes structures hiérarchiques, correspondant à des systèmes de décision et de gestion (que l'on pourrait appeler des systèmes de gouvernance) différents peuvent être observées dans les organisations.

La structure la plus simple est *la forme unitaire*, dominante dans les entreprises individuelles ou de petite taille lorsque le propriétaire-gérant contrôle personnellement tout et prend toutes les décisions stratégiques. Le problème de la séparation des pouvoirs se pose très peu dans ce type d'organisation qui est structurée sur la base de lignes fonctionnelles (production, marketing, finance, etc.) sur lesquelles le bureau exécutif a un contrôle total.

Mais, lorsque la taille de l'entreprise augmente ou que ses activités deviennent nombreuses, la planification et le contrôle paraissent difficiles, du fait de la capacité limitée de la direction générale à collecter toutes les informations nécessaires, à prendre les décisions requises et à surveiller l'ensemble des opérations. Dans ce cas, la direction générale est accompagnée par un staff et la structure hiérarchique se transforme en une structure de *Staff and Line* (conseil (*staff*) et hiérarchie (*line*)). Toutefois, avec l'augmentation de la taille de l'entreprise, la ligne hiérarchique peut rencontrer des blocages informationnels et décisionnels.

En effet, lorsqu'une firme intervient sur de nombreux marchés (voir chapitre 5, la stratégie de diversification) ou sur des zones distinctes (firmes multinationales, par exemple), la gestion centralisée devient difficile. Dans ces cas de figure, on voit apparaître la structure hiérarchique multidivisionnelle, *la forme M*, qui correspond à une séparation entre les décisions stratégiques et les décisions opérationnelles (Chandler, 1982). Le contrôle est effectué sur une base opérationnelle. La direction générale détermine une stratégie de groupe en déterminant le cadre général des stratégies à suivre. Elle est aidée par un staff dont le principal rôle est un rôle d'audit sur les opérations des divisions opérationnelles qui correspondent à une répartition de l'activité par tâches ou par critères géographiques et qui déterminent des stratégies de segment. Ce sont des centres disposant d'une autonomie de décision dans les domaines opérationnels. Les subdivisions déterminent les stratégies de domaines, qui portent sur les cellules de base du système. Dans cette forme, la structure hiérarchique reste relativement verticale et adossée à des responsabilités individualisées.

Une autre forme hiérarchique, jugée alternative à la forme M, est étudiée dans le cas des firmes japonaises durant les années 1970-1980 (*la forme J* ou *le modèle japonais*) (Aoki, 1991 ; Coriat, 1991 ; Coriat et Weinstein, 1995), dans lesquelles la coordination des activités et les processus de décision et d'opération sont faiblement hiérarchisés, contrairement à la hiérarchie verticale de la forme M. Les systèmes de coordination et de contrôle intègrent à la fois les propriétaires, les gestionnaires et les employés. C. Ménard (2002) qualifie cette forme hiérarchique de *démocratie interne,* dont les résultats seraient supérieurs à ceux des mécanismes de rémunération incitative impliquant des contrôles et sanctions d'origine extérieure au groupe. Ce type de structure organisationnelle présente de fortes similitudes avec le système allemand de la même période. En effet, A. Orléan (1999) classe en deux groupes les différents systèmes hiérarchiques : le système ouvert comprenant les pays anglo-saxons et le système fermé correspondant à l'Allemagne et au Japon. Dans le deuxième type, la stabilité interne est un objectif central tandis que le système ouvert, qui domine de plus en plus aujourd'hui, tend vers un mode de gestion fondé sur le gouvernement d'entreprise. Ce dernier privilégie le retour sur investissement à court terme, visant à satisfaire les seuls actionnaires et les fonds d'investissement dont le principal objectif est une valorisation financière des titres qu'ils détiennent.

Entre les relations décentralisées de marché et l'internalisation totalement intégrée des activités au sein d'une firme hiérarchisée, il existe aussi une structure intermédiaire organisationnelle hybride sous forme de réseau qui est une *structure bilatérale de gouvernance* traduisant une modalité de coordination spécifique.

4.7 LE RÉSEAU COMME FORME D'ORGANISATION COORDONNÉE

Le terme de réseau peut être utilisé dans deux configurations différentes. Dans une première configuration, il s'agit de penser les industries de réseau qui nécessitent une intégration d'activités diverses au sein d'une même firme en raison de contraintes techniques et organisationnelles qui caractérisent une activité donnée. Ici, nous considérerons la deuxième configuration, qui correspond à une forme particulière d'organisation hiérarchique.

Le réseau se constitue à travers le regroupement de firmes distinctes qui demeurent, en principe, indépendantes les unes des autres mais qui établissent entre elles des relations durables, soutenues par des accords de coopération/coordination. Cette forme de coordination modifie les frontières classiques de la firme (Baudry, 2003). Comme on va le voir au chapitre 5, la coordination en réseau peut engendrer une concentration dans un secteur donné. L'objectif du réseau est de créer des synergies entre des firmes qui ont des activités semblables et/ou complémentaires par une coordination technique, financière et organisationnelle dans une perspective stratégique.

Le réseau peut correspondre à une coordination verticale lorsqu'il est fondé sur une hiérarchie entre les membres. Le réseau peut s'établir sous forme de relation de sous-traitance de capacité (l'entreprise donneuse d'ordre utilise une autre entreprise, la sous-traitante, afin de satisfaire certaines des activités annexes dont elle a besoin pour son activité de cœur) ou de sous-traitance de spécialité (faire appel à une firme spécialiste disposant d'actifs spécifiques capables de répondre aux besoins de l'entreprise donneuse d'ordre). Le réseau peut prendre une forme plus souple au travers d'alliances qui s'apparentent à des « clubs », dont les membres déterminent leurs stratégies autour de règles tacites à travers la reconnaissance des interdépendances mutuelles. Une notion de réseau plus générale peut être pensée lorsque l'on prend en compte la possibilité de changement des technologies et lorsque l'on porte attention à la complémentarité entre différentes firmes dans la génération et l'adoption de nouvelles technologies supérieures (Antonelli, 1995).

Le réseau s'appuie sur trois composantes interdépendantes :

- les acteurs, liés à l'exécution et au contrôle des activités et ressources ;
- les activités, dessinées en vue d'accroître l'efficacité d'utilisation des ressources communes ;
- les ressources, contrôlées par la coordination du réseau en vue d'une allocation optimale au regard de la stratégie suivie.

L'intérêt de la structure d'organisation en réseau est alors lié à deux avantages qu'il peut présenter ; l'un par rapport aux incomplétudes et imperfections des relations de marché, l'autre par rapport aux coûts d'une internalisation strictement intégrée.

En effet, dans un contexte d'incertitude, le réseau est destiné à éviter les mécanismes non coopératifs du marché décentralisé en vue d'une plus grande stabilité et visibilité des opérations nécessaires à l'activité de la firme. Le réseau peut aussi présenter des avantages par rapport à l'internalisation lorsque les firmes veulent éviter des engagements organisationnels et financiers lourds et coûteux, face à une évolution instable de leur marché. De ce point de vue, la formation des réseaux, comme les autres formes d'alliance, évite aux firmes le choix entre internalisation et externalisation. La recherche de complémentarité par une organisation coordonnée des processus productifs et par le co-développement des activités de spécialisation aboutit à une création de pouvoirs de marché sans supporter la rigidité d'une grande intégration. Jacquemin (1993) souligne ainsi que la R&D coordonnée peut être vue comme un moyen d'internaliser les externalités résultant de retombées significatives de la R&D tout en permettant d'assurer un partage plus efficace des informations entre les partenaires.

Lorsque l'évolution des marchés est considérée de moins en moins prévisible et implique des changements techniques et organisationnels en continu, les firmes cherchent à externaliser certaines activités soit parce que la fréquence de ces activités est réduite ou qu'elles demandent moins d'investissements en actifs spécifiques, soit parce que les coûts que leur intégration impliquerait deviennent trop élevés par rapport à l'horizon dans lequel l'offre s'inscrit. Il s'agit donc, en partie, d'une externalisation sous forme de transfert des activités vers des sociétés partenaires de sous-traitance. Les établissements lourds et de grande taille se transforment en des structures plus flexibles et plus adaptables, ce qui pourrait permettre d'orienter un ensemble de compétences disponibles ou planifiées vers des utilisations recentrées sur un métier de cœur. Les mouvements de concentration des grands groupes industriels ou financiers sont effectués autour des activités de base considérées comme stratégiques, les activités périphériques sont confiées à des accords productifs ou commerciaux entre plusieurs firmes qui deviennent des partenaires.

On peut, par exemple, envisager un réseau de firmes qui sont chacune des spécialistes dans un (ou plusieurs) domaine(s) particulier(s), se regroupant autour d'une *firme-pivot* (ou *firme-clé*) qui joue le rôle de coordonnateur. La firme-pivot peut prendre en charge une ou plusieurs activités ou bien n'être qu'un simple meneur qui a la tâche d'assurer l'articulation des différentes activités autour d'une stratégie commune. Dans ce sens, la constitution du réseau correspond aussi à l'apparition d'une ceinture de protection autour d'une activité centrale.

Delapierre, Milelli et Savoy (1998) montrent, par exemple, qu'Intel, sur le segment des microprocesseurs, constitue des barrières qui le protègent grâce à la création d'un espace de compatibilité logiciel autour de l'architecture de ses produits. En s'associant à IBM et en fournissant des licences à d'autres constructeurs, comme Advanced Micro Devices (AMD) ou Nippon Electric Co. (NEC), Intel favorise l'établissement de ses procédures comme standards du marché.

Ainsi, l'avantage du premier pas, étudié au chapitre 2, dans la détermination des caractéristiques techniques d'un produit innové, est renforcé par l'élargissement du champ de contrôle du marché au travers de partenariats en réseau. Dans cette structure organisationnelle, les firmes ne sont pas obligées de supporter seules l'ensemble des coûts des activités en amont et en aval. Les investissements spécifiques ne requièrent pas d'internalisation, puisqu'ils sont assurés par des firmes spécialisées dans leur domaine respectif. Les organisations sont moins lourdes et plus flexibles tandis que certaines décisions opérationnelles sont plus décentralisées. La production de savoirs stratégiques est réalisée grâce à la mise en commun des compétences et des capitaux respectifs des firmes membres (Buckley, 1994).

QUESTIONS D'ENTRAÎNEMENT

1. Quels sont les différents problèmes liés à l'incertitude dans la collecte et le traitement des informations requises pour prendre des décisions rationnelles ? (4.1.)
2. Quelle est la question économique soulignée dans l'exemple étudié par Akerlof ? (4.2.)
3. Étudiez la rationalité des mécanismes de contrôle interne dans les firmes en utilisant les hypothèses de la théorie des droits de propriété. (4.4.)
4. Étude des arguments développés dans la théorie des coûts de transaction. (4.5.)
5. Quelle est la rationalité des formes d'organisation hiérarchisée ? (4.6.)
6. Comment peut-on situer le réseau par rapport à une structure d'organisation intégrée et par rapport aux relations de marché ? (4.7.)

LECTURES SUPPLÉMENTAIRES :

Baudry, B., (2003), *Économie de la firme*, La Découverte.

Coriat, B. et Weinstein, O., (1995), *Les nouvelles théories de l'entreprise,* Le Livre de Poche.

Ménard, C., (2002), *L'économie des organisations,* La Découverte.

Milgrom, P. et Roberts, J., (1997), *Économie, organisation et management,* traduction française, PUG-De Boeck.

Ülgen, F., (2002), *Théories de la firme et stratégies anticoncurrentielles. Firme et marché,* L'Harmattan.

5

STRATÉGIES DE MARCHÉ

SOMMAIRE

La conception active et fondamentalement anticoncurrentielle des firmes dans une économie de marché décentralisée permet de considérer les comportements des offreurs en termes stratégiques. Dans un monde incertain, l'objectif de réaliser des performances maximales ou satisfaisantes à la fois pour la survie des firmes et pour l'expansion de leur pouvoir de marché, requiert la conception et l'application de stratégies particulières. Dans ce chapitre, nous présentons les différentes stratégies génériques étudiées en économie industrielle. Toutefois, bien que cette présentation cherche à mettre en avant la rationalité des stratégies par rapport à la logique de performance, on remarquera qu'il n'existe pas de stratégie unique qui dominerait toutes les autres possibilités et qui donnerait aux firmes des résultats certains. Chaque firme, prise individuellement, a des caractéristiques propres (forces et faiblesses spécifiques) et chaque cas correspond à des particularités déterminées dans le temps, dans l'espace et selon des circonstances distinctes. On peut observer, sur le même marché et à un moment donné, deux firmes, en apparence identiques et symétriques, suivre des stratégies différentes, parfois, divergentes et obtenir des performances semblables.

5.1 LA STRATÉGIE

Du point de vue conceptuel, il n'existe pas de définition communément admise de la stratégie. La stratégie peut être vue comme l'art de combiner des opérations ou comme un plan global d'actions sur le long terme pour atteindre un objectif. Les études sur la stratégie sont principalement réalisées dans le domaine de la gestion, l'économie industrielle s'intéressant davantage à l'analyse économique des stratégies de marché des firmes. Dans ce chapitre, nous nous intéressons aux modèles qui présentent la logique des stratégies de marché des firmes qui visent à répondre aux contraintes structurelles observées dans leur secteur en vue de les affecter en leur faveur pour une croissance plus soutenue et plus prévisible de leurs pouvoirs de marché. Toutefois, avant de considérer les différentes stratégies de marché génériques, arrêtons-nous un instant sur les différentes définitions de la stratégie données dans les travaux en management.

Différents auteurs mettent en avant différents éléments pour définir la stratégie et le comportement stratégique. En fonction des sensibilités, on parle de stratégie de marketing, de matrice ou outil de stratégie, d'engagement stratégique, etc.

M. Marchesnay (2004) identifie quatre variables qui concourent à une définition générale :

- une stratégie repose sur la définition des objectifs de long terme et des moyens pour les atteindre ;
- une stratégie correspond à une planification de la collecte et de l'utilisation des ressources sur un horizon donné ;
- une stratégie est l'ensemble des décisions qui visent à rendre l'entreprise compétitive à long terme en renforçant sa position dans un environnement identifié (le marché) ;

- une stratégie est un ensemble de décisions qui provoquent des changements structurels dans la gestion de la firme.

Par exemple, H. Mintzberg (1992) met en avant une lecture en termes de « 5 P » pour définir la stratégie. Les « 5 P » sont interdépendants et se situent les uns par rapport aux autres :

- Plan : l'action mise en œuvre est élaborée au travers d'une planification qui s'inscrit dans un cadre et une durée ;
- Pattern : l'action est formalisée, modélisée, traduisant une structure spécifique ;
- Ploy : l'action est un ensemble de modalités, d'opérations visant l'atteinte d'un objectif ;
- Position : l'action est localisée dans un environnement spécifié ;
- Perspective : l'action s'inscrit dans un horizon spécifié.

Quant à R. Kaplan et D. Norton (2008), ils définissent les cinq phases de la conception et de l'application de la stratégie comme suit :

- Développement de la stratégie en mettant en valeur une vision qui doit déterminer les missions et comportements correspondants ;
- Précision de la stratégie en fixant les objectifs et mesures communiqués aux composantes de la firme ;
- Planification des opérations, afin d'identifier les facteurs clés qui sont susceptibles d'affecter les résultats comme la préparation du budget, la planification des ventes, l'identification et l'organisation des capacités, etc. ;
- Orientation et apprentissage au travers de consultations entre les différentes composantes en vue d'analyser les évolutions et de détecter les éventuels blocages ;
- Vérification et ajustement de la stratégie en fonction des observations.

Dans la même perspective, M. Porter (2008), présente les cinq forces de la concurrence qui structurent la compétition sur un secteur donné et qui interviennent dans la conception de la stratégie.

Cette présentation peut donner lieu à une approche en termes de « 5 C » :

- Compagnie (société) : considérations sur la définition du produit, l'image de la firme, sa technologie, ses objectifs ;
- Clients : prise en compte de la taille du marché et de son évolution, des différents segments du marché, des comportements des clients ;
- Concurrents : étude des caractéristiques de la concurrence ;
- Collaborateurs : identification des fournisseurs, des distributeurs ;
- Contexte : analyse des caractéristiques de l'environnement, de la conjoncture en général.

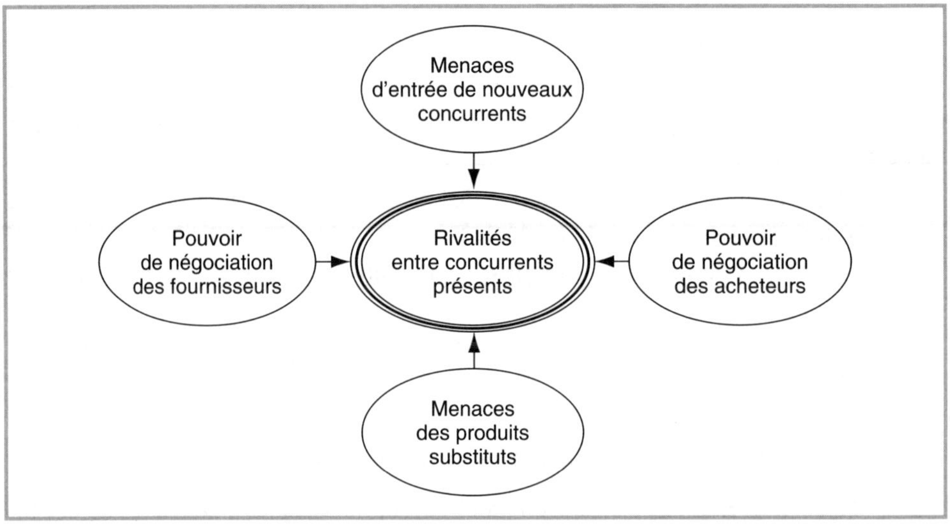

En développement de ces différents aspects qui interviennent dans les stratégies en marketing, il est souvent supposé que, lorsqu'une firme veut mettre en place une stratégie de marché, elle doit considérer cinq variables. Cette approche, connue sous le nom de « 5 P » du marketing [1], prend en compte le prix (élasticité-prix d'une demande à identifier), le produit (quelles doivent être les caractéristiques du produit que la firme voudrait offrir sur son marché), la place (identification géographique du marché), le pas (*pace*, rythme, allure à laquelle l'activité et le produit doivent être réalisés), et la promotion (modalités d'information des marchés sur les activités et produits de la firme).

L'ensemble de ces propositions considèrent la stratégie dans un cadre concurrentiel tel que les décisions des firmes doivent viser à faire face à une compétition présente ou potentielle de la part des firmes rivales. W. Chan Kim et R. Mauborgne (2004) proposent une autre approche stratégique, appelée « stratégie océan bleu », qui consiste à envisager la stratégie de la firme dans l'objectif d'éviter la confrontation avec ses concurrents. Si l'on considère que la stratégie d'affrontement conflictuel est une *stratégie d'océan rouge*, la *stratégie d'océan bleu* a comme domaine d'application la découverte de marchés sur lesquels la concurrence ne dominerait pas encore. Un moyen d'appliquer une telle stratégie est de « créer le marché » (et la demande) à travers, par exemple, la différenciation ou l'innovation. Toutefois, il est évident que la création d'un marché nouveau ne permettra à la firme de se mettre à l'abri d'une concurrence frontale que pour une durée plus ou moins longue (ou courte) et que l'existence d'opportunités de profit sur un tel marché attirerait immanquablement de nouveaux concurrents. En effet, la stratégie d'océan bleu ne peut pas assurer un marché paisible et pérenne à la firme mais un avantage de premier pas et se présente comme une approche qui peut servir à

1 Le nombre de variables considérées peut varier, allant de 4 à 7 dans les différentes études dans ce domaine.

comprendre la rationalité des stratégies d'innovation anticoncurrentielle, rationalité que nous développerons particulièrement au chapitre 6.

5.2 STRATÉGIE ET AVANTAGE CONCURRENTIEL

Les firmes cherchent à acquérir, en utilisant divers éléments distinctifs, des positions de force qui leur permettent d'asseoir leur pouvoir de marché en se démarquant de leurs concurrents. Ces éléments distinctifs constituent leur avantage concurrentiel. Ce dernier concept a été beaucoup développé par M. Porter (2003) qui cherche à montrer que la façon dont l'organisation élabore sa stratégie affecte ses performances (résultats). L'avantage concurrentiel évolue au travers des actions offensives ou défensives visant à créer une position cohérente dans une industrie et à faire face aux forces de la concurrence pour rendre possible un niveau jugé satisfaisant de rendement sur les investissements.

L'avantage concurrentiel peut être lié :

- *au produit* (innovation créant une image de marque, par exemple) ;
- *au marché* (entrer sur un marché porteur, créer un nouveau marché peu concurrentiel) ;
- *à la technologie* (avance technologique permettant d'innover en produit, en processus).

Les déterminants de la profitabilité de la firme sont alors analysés en fonction des interdépendances entre la firme et le marché. Le premier déterminant de la profitabilité est l'attractivité de l'industrie (le marché) dans laquelle la firme opère. Le deuxième déterminant est sa position sur son marché. Même lorsqu'une industrie donnée présente une profitabilité moyenne faible, une firme qui se positionne d'une façon optimale sur son marché peut générer des rendements supérieurs. Bien entendu, cet avantage disparaît lorsque des concurrents plus performants apparaissent, lorsque le marché entre en phase de déclin ou lorsque la technologie est déclassée, ce qui oblige les firmes à anticiper les évolutions des différentes variables et à entreprendre des politiques de développement stratégique [2].

L'analyse de Porter présente, parallèlement aux cinq forces de la concurrence, trois *stratégies génériques* :

1. Position dominante en coûts (*cost leadership*) ;

2 Au niveau des définitions, il convient de rappeler que :

- une *corporate strategy* est une stratégie totale qui détermine les grandes lignes du cadre à l'intérieur duquel les décisions spécifiques doivent se placer. Elle est donnée par la direction générale ;
- une *core strategy* est une stratégie de segment déterminée par les divisions. Ces dernières sont des unités chargées de répondre aux besoins des différents marchés. Elles correspondent à une répartition de l'activité globale par produits ou selon un critère géographique ;
- une *business strategy* est une stratégie de domaine, définie par les subdivisions et portant sur les cellules de base du système.

2. Différenciation ;
3. Stratégie de segment/niche (de cœur).

Considérons chacune de ces stratégies qui seront développées dans les sections suivantes.

1. *La stratégie de domination par les coûts* vise à produire à moindre coût dans le secteur. Le champ d'action envisagé peut être large et viser simultanément différents segments, généralement avec un produit standard, faisant abstraction des éléments tels que l'emballage, le design, la publicité, etc. Les sources des gains de coûts sont généralement les économies d'échelle, le savoir-faire, les synergies commerciales ou technologiques, la localisation, la facilité d'accès aux facteurs productifs et à la clientèle.

   Dans cette stratégie, la firme doit pouvoir se positionner sur le marché comme un producteur de bas coût pour un niveau donné de qualité. En vendant au prix moyen du marché, la firme peut réaliser un profit supérieur à ceux de ses rivales. Elle peut aussi choisir de vendre en dessous du prix moyen du marché et obtenir des parts de marché plus importantes. Dans l'éventualité d'une guerre des prix, la firme conservera un niveau de profit satisfaisant alors que ses concurrentes subiront des pertes.

   La firme obtient cet avantage en améliorant l'efficacité de ses processus de production (voir l'importance des innovations dans ce domaine au chapitre 6), en bénéficiant d'un accès privilégié à des matières premières ou à des biens de consommation intermédiaires à bas coûts, en procédant à une externalisation (ou outsourcing) optimale ou à une intégration verticale, etc. Le succès d'une telle stratégie est lié à des facteurs spécifiques qui constituent les forces internes de la firme. Ces facteurs sont, en général :

   – L'accès aux financements requis dans de bonnes conditions (disponibilité du crédit, des fonds propres) en vue d'effectuer les investissements nécessaires ;
   – Les compétences (et talents) dans la conception de produits pour une production efficace et un haut niveau d'expertise dans les processus et ingénieries de production ;
   – la possession de canaux de distribution efficaces.

2. *La stratégie de différenciation* signifie que la firme cherche à devenir unique sur son marché en ce qui concerne certains domaines de produits/services recherchés par la demande. Le champ d'action porte sur les caractéristiques du produit (type, design, délai de livraison, garanties, conditions de paiement, image, diversité et qualité des services associés, proximité par rapport aux clients). Cette stratégie permet à la firme de faire intervenir des critères autres que le seul prix dans le choix des consommateurs.

Comme nous allons l'analyser ci-dessous, la différenciation montre que sur les marchés, les décisions et stratégies sont largement dépendantes de la définition des besoins et des préférences des agents. Les besoins et préférences étant nombreux, divers et aléatoires, la différenciation vise à affecter, voire à déterminer les décisions des consommateurs plutôt que d'attendre qu'une demande se présente sur le marché. La différenciation est le développement d'un produit/service qui offre (ou qui semble offrir) des attributs spécifiques, uniques aux yeux des consommateurs, ce qui permet, dans certaines limites, de distinguer le produit considéré de ceux des concurrents, qui contiennent pourtant des attributs proches. Cette idée d'une valeur ajoutée supplémentaire offerte par le produit différencié peut permettre à la firme d'appliquer un prix plus élevé que ceux des concurrents (prime de différenciation) devant couvrir les coûts éventuels supplémentaires dus à la différenciation.

Les firmes qui réussissent dans cette stratégie présentent les forces suivantes :

- Accès à une R&D de pointe ;
- Équipe compétente de création/développement de produit et équipe de vente capable d'informer la clientèle sur les attraits du produit différencié ;
- Réputation pour la qualité et l'innovation.

3. *La stratégie de segment (stratégie de niche)* consiste à chercher à obtenir un avantage compétitif sur un segment, une niche (ou un groupe de segments) du marché visé, excluant souvent les autres segments. Il s'agit donc d'une concentration sur un segment étroit du marché. Cette stratégie peut être déclinée par le ciblage de niches de coûts (quand la firme cherche un avantage de coûts sur le segment ciblé) ou de niches de différenciation (quand la firme cherche la différenciation sur le segment ciblé).

   Dans cette stratégie, la question de base est la sélection de segments spécifiques de marché, où l'offre existante ne semble pas satisfaire de manière efficace la demande. Une firme qui suit cette stratégie bénéficie en général d'une grande fidélité des consommateurs. Toutefois, les firmes concentrées sur un segment réduit travaillent sur des volumes faibles et ont un pouvoir de négociation réduit. Mais, en cas de différenciation, la firme peut refléter ses coûts sur ses prix, étant donné le caractère unique de son produit.

   Cette classification cherche à rationaliser la façon dont les firmes interprètent les signaux du marché et agissent dans le but de prévoir, mais aussi d'influencer, l'évolution de la structure du marché en vue de renforcer la profitabilité des activités. Mais les différentes stratégies ne sont pas nécessairement compatibles entre elles. Par exemple, si une firme différencie en offrant des produits haut de gamme, elle ne peut pas facilement envisager une stratégie de baisse des coûts. Pour cette raison, Porter pense que le succès de la firme dans le temps nécessite le choix d'une seule stratégie générique devant éviter de se retrouver engagé dans des stratégies incompatibles. En contrepartie, on peut penser que lorsque les consommateurs visent une satisfaction multidimensionnelle (comme une combinaison de qualité, style, commodité et prix), suivre une seule stratégie peut pénaliser les firmes, avec l'entrée de concurrents nouveaux offrant des produits orientés vers plusieurs stratégies.

ENCADRÉ 5.1
Forces concurrentielles et stratégies génériques

Forces concurrentielles du marché	Stratégies génériques		
	Coûts	***Différenciation***	***Segment/Niche***
Dissuasion contre la menace d'entrée de nouveaux concurrents	Avantage de coût	Fidélisation/loyauté de la clientèle Unicité/spécificités de l'offre	Compétences ciblées et pointues
Protection contre le pouvoir des fournisseurs	Capacité de maîtrise de coût	Capacité à intégrer les coûts dans le prix de vente	Capacité à intégrer les coûts dans le prix de vente
Protection contre le pouvoir des acheteurs	Offre à prix bas	Unicité/spécificités de l'offre	Unicité/spécificités de l'offre (peu d'alternatives)
Répondre aux produits substituables	Offre à prix bas comme argument de vente	Fidélisation de la clientèle Unicité/spécificités de l'offre	Unicité/spécificités de l'offre (peu d'alternatives)
Faire face à la rivalité des firmes présentes	Capacité de concurrence par les prix	Fidélisation de la clientèle Unicité/spécificités de l'offre	Unicité/spécificités de l'offre (peu d'alternatives)

5.3 BARRIÈRES À L'ENTRÉE ET ASYMÉTRIE DE COÛT

Contrairement aux cas de la concurrence parfaite et du monopole que nous avons présentés au chapitre 2, sur les marchés oligopolistiques, il existe de fortes *interactions stratégiques* qui viennent des engagements asymétriques des firmes débouchant sur la constitution de barrières à l'entrée. En effet, l'un des critères déterminants dans les stratégies de marché des firmes est donné par les conditions d'entrée sur le marché. Les différentes asymétries entre les firmes constituent des barrières à l'entrée qui permettent à certaines firmes de se protéger contre des concurrents potentiels.

Toutefois, il existe une forte ambiguïté sur la définition des barrières à l'entrée que les autorités de la concurrence doivent établir afin d'évaluer les différentes stratégies anticoncurrentielles des firmes.

Par exemple, Stigler (1968) définit une barrière à l'entrée comme un coût de production qui doit être supporté par les firmes qui cherchent à entrer sur un marché mais qui n'est pas subi par les firmes déjà en place. Dans cette définition, lorsque les firmes ont un accès identique à la technologie, les investissements nécessaires (les coûts irrécupérables) que les firmes entrantes doivent réaliser ne constituent pas des barrières à l'entrée, puisque ces coûts ont déjà été supportés aussi par les firmes en place (McAfee, Mialon et Williams, 2004).

En contrepartie, Bain (1956) définit une barrière à l'entrée comme un avantage des firmes en place sur les entrants potentiels qui leur permettrait de maintenir un prix assez élevé. La définition devient ainsi celle des coûts irrécupérables que nous avons étudiés dans le modèle de marchés contestables. Ces coûts, provenant d'investissements spécifiques, ne font pas partie du coût d'alternative de la firme car ils n'ont pas d'autre utilisation que celle à laquelle ils sont destinés. L'asymétrie entre les firmes vient donc du fait que, pour la firme déjà installée, cette fraction de son investissement ne fait plus partie de ses coûts alors que l'entrant potentiel doit la subir dans ses investissements. Ces coûts comprennent aussi bien ceux qui sont requis pour l'établissement d'une réputation de l'entrant (dépenses publicitaires pour une nouvelle marque, par exemple) que ceux destinés à acquérir une technologie spécifique et un savoir-faire. De même, des caractéristiques bien connues du capital (matériel ou immatériel) accentuent le caractère irrécupérable des coûts : une importante spécificité au niveau du produit, de la technologie ou de la firme, une longue durabilité, etc. De ce fait, on peut considérer que dans de nombreuses situations, les économies d'échelle et les coûts irrécupérables sont étroitement liés. La nécessité de supporter d'importants coûts fixes en établissant de grandes unités de production correspond à des investissements partiellement irréversibles, de longue durée dont la valeur de revente est généralement faible.

McAfee, Mialon et Williams (2004) précisent alors que d'une part, la définition des barrières doit être liée à la durée de l'avantage des conditions de production en faveur des firmes en place et, d'autre part, aux incertitudes du marché qui rendraient l'existence des coûts irrécupérables substantiels assez dissuasifs pour les firmes qui voudraient entrer sur le marché.

Selon la définition de l'OCDE (2007), une barrière à l'entrée est tout élément qui, seul ou en combinaison avec d'autres, affaiblit ou tend à affaiblir de manière persistante la contestabilité d'un marché donné. Les barrières à l'entrée peuvent être de nature réglementaire, structurelle ou stratégique (Jacobson et Andréosso-O'Callaghan, 1996) :

1. *Les barrières réglementaires (barrières de second ordre)* correspondent aux restrictions, essentiellement d'ordre institutionnel [3], qui empêchent ou qui rendent difficiles les conditions d'entrée de nouvelles firmes sur les marchés. Elles comprennent les tarifs, les restrictions quantitatives et les barrières non tarifaires (standards technologiques, sanitaires, etc.). On trouve :

3 À la différence des barrières structurelles et stratégiques à l'entrée, les barrières réglementaires procèdent de la législation. Elles correspondent aux obstacles administratifs à l'accès au marché, aux droits exclusifs et agréments, licences et autres permis que les agents économiques doivent obtenir pour exercer leur activité.

- les *barrières physiques* qui sont celles qui engendrent des délais d'attente pour formalités administratives[4] ;
- les *barrières techniques* qui relèvent des différences de spécifications administratives techniques des produits autorisés dans différents pays. Elles peuvent provenir des différences de normes sur les biens, notamment alimentaires, mais aussi des régulations portant sur la qualification des travailleurs. Le principe de reconnaissance réciproque, établi par la Cour de justice européenne en 1978, à la suite du cas du Cassis de Dijon, autorisé par la Cour à être vendu dans tous les pays de l'Union sans restriction, vise à supprimer ce type de barrières en Europe ;
- les *barrières fiscales* qui sont dues aux différences législatives dans le domaine fiscal. Les taux d'imposition sur le revenu ou l'impôt indirect constituent des conditions d'activité différentes pour les firmes selon les marchés sur lesquels elles désirent être présentes.

L'existence de secteurs réservés aux entreprises publiques constitue aussi une barrière réglementaire pour les firmes qui envisageraient d'entrer sur des marchés jusqu'alors réservés aux établissements publics ou sous le contrôle de l'État (établissements d'utilité publique sous contrats spécifiques).

2. *Les barrières structurelles* proviennent de la situation de base d'un marché, elles sont liées aux conditions d'ensemble qui prévalent dans le secteur d'activité considéré, telles que les caractéristiques des conditions techniques de production, le niveau de la demande, etc. Des facteurs comme les économies d'échelle et les effets de réseau peuvent expliquer l'existence de telles barrières. Dans certains cas, il est possible d'évaluer ce type de barrières lorsque l'on connaît d'avance le coût de construction d'une installation efficace ou celui des facteurs de production nécessaires.

3. *Les barrières stratégiques*, en revanche, sont créées ou renforcées délibérément par les entreprises en place sur le marché. Il s'agit des barrières qui incluent la différenciation des produits, les stratégies d'entente et de concentration, les fusions, les coentreprises (*joint-ventures*), etc. Nous appellerons ces barrières les *barrières de premier ordre*. Ce sont ces barrières qui sont l'objet d'étude privilégiée de la théorie économique. On peut présenter la logique économique de ce type de barrière à partir de l'existence d'un différentiel de coût irrécupérable qui permettrait aux firmes installées d'empêcher l'entrée de nouveaux concurrents tout en réalisant un surprofit à l'équilibre. L'expérience et l'apprentissage, antérieurs à l'entrée des concurrents, constituent, pour les firmes installées, un avantage dans la baisse des coûts. Soit par l'amélioration du procédé de production soit par la standardisation du produit, les firmes installées peuvent atteindre une

---

4 Afin de réduire l'importance de ces barrières, les membres de l'Union européenne ont adopté en janvier 1988 le *Document administratif unique* régissant les conditions d'exportation et d'importation des biens dans l'Union européenne.

taille critique avec des coûts plus réduits que ceux des concurrents potentiels, ce qui leur permet d'appliquer une politique de prix défensive ou offensive.

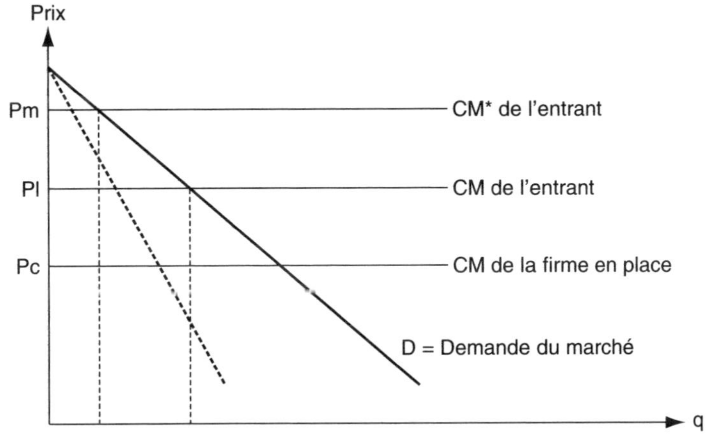

Par exemple, la firme en place empêche toute entrée en renonçant à appliquer le prix de monopole Pm et en adoptant un *prix-limite*, Pl, égal au coût moyen de l'entrant pour une demande donnée, D. Si le coût moyen des entrants, CM*, se situe au niveau du prix du monopole, Pm, *l'entrée* est dite *totalement bloquée* et le monopoleur peut exploiter sans gêne sa position, sans être obligé de baisser son prix.

Il est aussi possible de considérer des cas où la firme installée peut exploiter sa position de monopole en laissant pénétrer des entrants. L'arbitrage entre ces deux décisions : baisser son prix de Pm à Pl et appliquer ainsi un prix-limite pour empêcher toute entrée, ou maintenir son prix à Pm et admettre de nouvelles entrées, dépend du choix entre une politique de profits élevés à court terme avec une part de marché faible à long terme (partage), et une politique de profits limités à court terme et une part de marché importante à long terme.

La firme qui se lance dans une politique de prix stratégique doit assurer sa crédibilité aux yeux des concurrents potentiels de façon à pouvoir contraindre ceux-ci par sa politique. La firme installée doit aussi assurer sa rentabilité puisque les dépenses supplémentaires qu'elle supporte doivent être compensées par une augmentation des recettes subséquentes.

Afin d'étudier les conditions sous lesquelles une telle stratégie peut être envisageable, considérons un jeu successif d'entrée sur un marché en opposant deux firmes, F1 qui est déjà installée sur le marché, et F2, un entrant potentiel qui évalue ses chances de réaliser des profits sur un nouveau marché (Jacquemin (1985) ; Gaffard (1990) ; Glais (1992) ; Rainelli (1998)). Dans cet exemple, les engagements de la firme installée (investissements impliquant des coûts élevés) constituent une barrière à l'entrée s'ils présentent une menace crédible telle que l'entrant potentiel considère que la firme en place n'accepterait pas le partage du marché et se lancerait dans une guerre des prix érodant tout profit possible. Par conséquent, l'entrée ne paraît pas profitable pour la nouvelle firme.

Différentes stratégies s'offrent *a priori* à la firme installée, F1. En effet, elle peut suivre une *stratégie d'engagement* en effectuant des investissements qui lui permettraient d'acquérir des processus de production plus efficaces et d'obtenir un avantage concurrentiel en coût face à une éventuelle nouvelle entrée, dans la mesure où l'on suppose ici que l'entrant potentiel devra supporter davantage de coûts d'investissement pour pouvoir être présent sur ce nouveau marché. F1 peut aussi préférer rester sur sa position établie et ne pas chercher à constituer des barrières à l'entrée face au concurrent potentiel. Toutefois, on verra que cette deuxième option n'est pas recevable sous les hypothèses que nous supposerons vérifiées. Suite à la décision prise par F1, l'entrant potentiel, F2, décide d'entrer ou non sur le marché. Le jeu se déroule en étapes successives, F1 décide en premier et est suivi de la stratégie de F2. Ensuite, F1 réagit à la décision de F2 et on observe les issues correspondantes.

Afin de visualiser les enchaînements possibles, utilisons la forme extensive, un *arbre de décision,* qui contient la connaissance commune pour les deux joueurs :

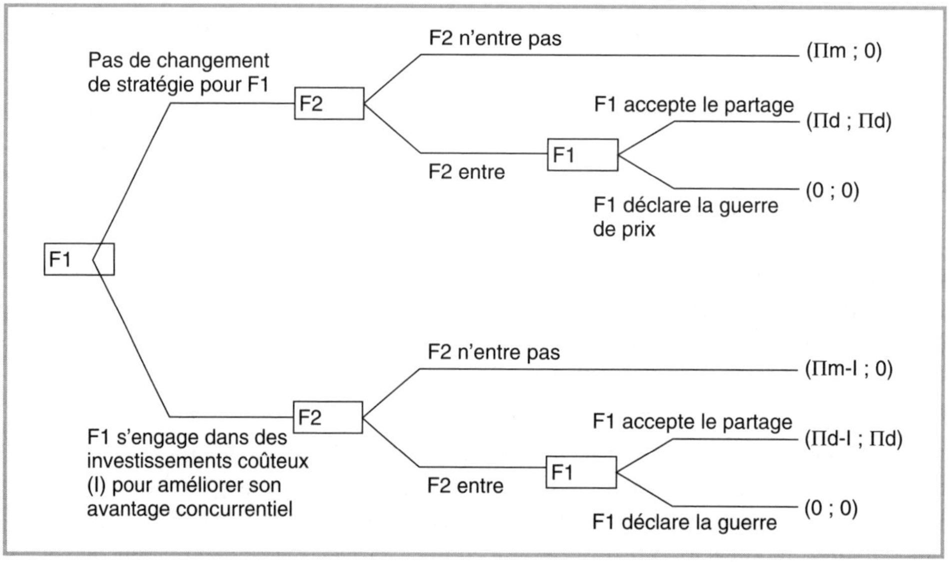

Dans ce jeu non coopératif, à la première étape, lorsque F1 ne s'engage pas, F2 peut décider d'entrer ou de ne pas entrer sur le marché. Si elle n'entre pas, elle n'a aucun profit et F1 conserve son profit de monopole, πm. Si F2 entre, F1 a le choix entre : réagir à l'entrée en déclarant une guerre des prix, ce qui se traduirait par l'annulation de tout profit positif pour les deux firmes et les obligerait à abandonner le marché, et accepter de partager le marché avec le nouveau concurrent sous forme de duopole, ce qui permet aux deux firmes d'obtenir des profits égaux de duopole, πd. En supposant que $\pi d > 0$, il existe pour F1 une stratégie dominante qui est d'accepter le partage du marché en étant obligée, de fait, de renoncer à sa situation de monopole. C'est une *stratégie conciliante*. Sachant que la menace d'une guerre des prix de la part de F1 n'est pas crédible, une stratégie dominante de F2 apparaît, qui est d'entrer. Par conséquent, dans cette première branche de l'arbre, l'issue du jeu est un équilibre de Nash qui est : (entrer pour F2 et partager pour F1). Elle donne (πd ; πd) comme gains. Dans ce cas, aucune firme ne souhaite modifier (ne peut modifier) sa stratégie, étant donnée celle de son concurrent.

Supposons, maintenant, que F1 décide d'une stratégie d'engagement en effectuant des investissements coûteux irréversibles (en créant des coûts irrécupérables), I, pour renforcer son avantage concurrentiel. Pour que cette position constitue une menace crédible, il faut que F2 soit persuadée que si elle entre, F1 réagira sans ambiguïté en déclarant une guerre des prix et en annulant tout espoir de profit pour F2. Mais quelles sont les conditions pour qu'une telle menace puisse être rationnellement envisagée ?

La première condition évidente est que dans la stratégie d'engagement, F1 obtienne un gain supérieur si elle peut empêcher l'entrée de F2 (ce gain est égal à πm – I), par rapport au résultat de la stratégie conciliante du statu quo (donné par πd), c'est-à-dire qu'il faut que πm – I > πd, ce qui permet l'arbitrage de F1 en faveur de la stratégie d'engagement.

La deuxième condition stipule que lorsque F1 est engagée et que F2 entre sur le marché, il faut que le gain que F1 recevra en étant conciliante, πd – I, soit inférieur au gain découlant de la guerre des prix, 0. On doit donc avoir πd – I < 0, ce qui signifie que le niveau des engagements doit être tel que : I > πd.

Bien sûr, on suppose que la condition d'acceptabilité est remplie, c'est-à-dire : πm > πd et πm > I.

Sous ces conditions, la stratégie dominante de F1 est l'engagement et celle de F2 est de ne pas entrer dans ce cas. L'entrée est alors empêchée et l'existence d'une barrière à l'entrée résulte de l'engagement irréversible de F1, qui constitue une menace crédible. L'équilibre ainsi atteint est un équilibre parfait en sous-jeu, puisque l'on peut réduire l'arbre à la forme simple suivante :

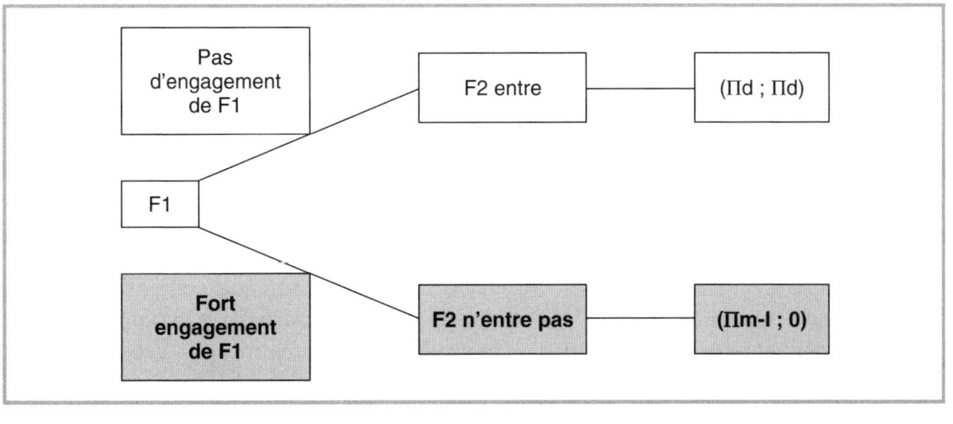

Dans ce cas, la solution du jeu est donnée par la branche :

engagement de F1 → F2 n'entre pas → (πm-I ; 0).

5.4 STRATÉGIE DE DOMINATION PAR LES COÛTS ET LES VOLUMES

La stratégie de domination par les coûts et les volumes est fondée sur l'hypothèse que l'entreprise la plus compétitive est celle qui possède les coûts les plus bas. Plusieurs facteurs influencent le niveau des coûts de la production d'une entreprise. Un premier facteur, souligné par la notion d'*effet d'expérience* formalisée dans les années 1960 par le *Boston Consulting Group*, suppose que le coût unitaire d'un produit décroît avec l'augmentation de la production. Plus précisément, lorsque le volume de production double, le coût est supposé décroître de 20 à 30 % :

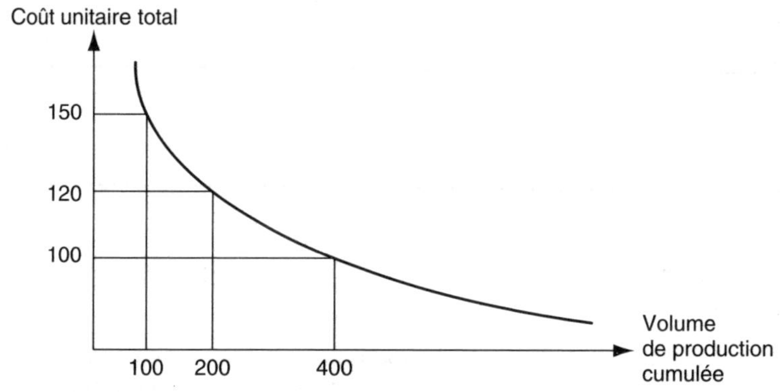

La pente de la courbe traduit l'intensité de l'effet d'expérience. Toutefois, on remarquera que l'augmentation de la production cumulée est plus rapide en début de processus que vers la fin, dans la mesure où l'effet d'expérience est plus significatif lors des premières étapes du cycle de vie du produit, lorsque la croissance de l'activité est forte. Cet effet d'expérience combine plusieurs facteurs.

On a d'abord les économies d'échelle qui découlent de l'*effet de volume* et de la répartition des coûts fixes sur de grandes séries. Aussi, les volumes croissants permettent une utilisation plus efficace des installations lorsque celles-ci sont indivisibles. L'obtention du volume ou de la taille critique fait alors appel à des stratégies de croissance interne ou de croissance externe par acquisition de concurrents. Ce point sera étudié à la section 5.7.

Nous retrouvons ensuite l'*effet d'apprentissage*, réalisé par les composantes de l'établissement et par l'accroissement de la productivité qui en résulte. Avec l'usage, il y a une meilleure maîtrise des technologies, de l'organisation et aussi des marchés (réseau de distribution efficace, relations avec les fournisseurs et les clients, c'est-à-dire avec les *stakeholders,* durables, moins incertaines et moins volatiles, etc.).

Dans la même lignée, la standardisation du produit, simplifiant le processus ou le produit, permet à la firme de mieux maîtriser ses coûts et de les réduire significativement. Dans cette logique, la stratégie de réduction des coûts n'est pas très compatible avec la segmentation du marché et une stratégie d'innovation dynamique, mais correspond davantage à des activités standards, à la simplification des modèles s'adressant à un consommateur moyen, au grand public [5]. Cette stratégie, qui nécessite des investissements importants pour le volume de production rentable requis, connaît rapidement des limites lorsque les marchés se prêtent à une évolution forte en termes d'innovation et de changement de procédé ou de produit.

5.5 LES FONDEMENTS DE LA STRATÉGIE DE DIFFÉRENCIATION

La différenciation est une stratégie qui s'oppose en principe à la stratégie précédente de standardisation, puisque sa logique consiste à créer un sous-marché particulier répondant à ou provoquant une demande particulière qui est adressée quasi exclusivement à une firme distinguée. De ce point de vue, la différenciation est un obstacle majeur à la concurrence et est souvent nourrie d'une asymétrie d'information que subissent les consommateurs en faveur de l'offreur. En effet, les choix des consommateurs sont affectés davantage par des variables et facteurs hors prix, portant sur les diverses caractéristiques réelles et/ou supposées des produits semblables offerts sur un marché donné. La différenciation constitue, par conséquent, la dynamique des marchés de concurrence monopolistique (voir chapitre 2).

Au sens général, la différenciation provient de l'ensemble des services associés à un produit donné, ce qui fait qu'un produit est défini dans sa globalité, comme une collection de services demandés par les consommateurs (Chamberlin, 1933 ; Lancaster, 1966). Ces services sont appelés les *caractéristiques* (ou *attributs*) d'un produit. Par exemple, dans le cas d'un vêtement, produit simple qui n'est, à la base, qu'un moyen de se couvrir selon des conventions culturelles, des lois et un environnement climatique donnés, on aura comme attributs : le style, la mode, la classe (le prix élevé lié à une marque prestigieuse, supposée donner un statut social, sexuel, etc.), etc., qui constituent des variables de décision fondamentales, au-delà de la fonction de base du vêtement.

Des produits différenciés sont donc des produits possédant certaines caractéristiques de base identiques ou similaires, mais qui sont distingués par d'autres attributs, dont le poids dans les décisions des consommateurs peut varier d'un moment à l'autre, d'un lieu à un autre, d'une façon de présenter à une autre. Ici, on se rappellera avec force de la discussion présentée au chapitre 1 sur la définition d'un marché pertinent. C'est

5 On peut considérer, par exemple, le cas de Texas Instruments avec ses calculatrices dans lesquelles les éléments électroniques sont passés du nombre de 128 à 12 entre 1975 et 1979, réduisant le prix de 225 $ à 40 $.

sur ces éléments qu'interviennent les offreurs afin de se différencier les uns des autres au-delà du simple différentiel de prix. Les produits des différentes firmes sur un même marché sont alors dits imparfaitement substituables en raison de leurs caractéristiques particulières respectives plus ou moins explicites.

Deux types de différenciation sont à distinguer, la différenciation objective et la différenciation subjective, et on établira nos définitions en supposant la comparaison entre produits au *même prix* sur le même marché. Ceci est nécessaire pour éviter toute ambiguïté pouvant provenir des différences réelles de qualité entre les produits, différences qui justifieraient que les produits soient considérés comme appartenant à des marchés différents.

1. La *différenciation objective* est fondée sur des différences de caractéristiques réellement observables entre les produits potentiellement concurrents. Elle peut prendre la forme d'une *différenciation horizontale* lorsque les produits différenciés sont demandés en raison d'une différenciation entre les consommateurs telle que ces derniers classent les produits selon leurs préférences hétérogènes. À prix égal, différents consommateurs choisissent différents produits. Dans la suite de notre exemple, on peut considérer le choix entre deux chemises en pur coton et de la même couleur, l'une ayant une coupe décontractée, l'autre plus habillée. Différents consommateurs choisissent différentes coupes selon leurs préférences individuelles spécifiques sans que ces choix nous permettent de classer ces produits dans un ordre commun à tous les consommateurs. La différenciation objective peut prendre aussi une forme *verticale* lorsque tous les consommateurs ont des préférences homogènes telles qu'ils préféreraient tous un produit à un autre, si les deux produits étaient offerts au même prix. Mais il se peut que, en raison de différences de revenus, tous les consommateurs n'achètent pas le même produit dans le cas où ces produits sont vendus à des prix différents. Pour le cas de la différenciation verticale, on peut donner l'exemple du choix entre une chemise coupée à la mode et une chemise d'un style démodé, en supposant que cette différence dénote une réelle distinction entre les deux produits, qui pousse tous les consommateurs (ou presque) à préférer la première à la deuxième.
2. La *différenciation subjective* provient des différences dans les perceptions individuelles des consommateurs, qui ne sont pas nécessairement fondées sur des distinctions objectives. Les croyances, les habitudes, mais aussi les informations procurées par la publicité constituent les bases de cette différenciation. Se sentir rajeuni en utilisant tel ou tel produit cosmétique, se sentir appartenir à telle ou telle catégorie d'individus en ne portant qu'une marque réputée (en supposant qu'au fond, la différence de marque n'inclut pas de différences objectivement perceptibles), etc., sont les manifestations de ces croyances et sentiments personnels. On peut penser ici au problème d'asymétrie d'information qui débouche sur l'anti-sélection, les consommateurs ne pouvant pas *a priori* objectivement distinguer entre les différents produits proposés. La force

d'information des offreurs, à travers la publicité ou des arguments agissant sur des éléments culturels, politiques, etc., joue un rôle crucial dans leur capacité à faire admettre aux consommateurs la différenciation de leur produit par rapport aux offres potentiellement substituables.

Bien entendu, ces différents types de différenciation sont difficiles à distinguer, chaque élément contenu dans l'une ou dans l'autre pouvant se transformer ou être interprété comme un élément justifiant d'un choix objectif ou subjectif de la part des consommateurs, ce qui rend cette stratégie encore plus intéressante pour les firmes.

En effet, on est bien devant un problème de définition du marché et pour l'offre et pour la demande. Les marchés (et donc les produits) se différencient selon le lieu, le temps et la façon, ces trois éléments concourant à différencier les attributs des produits. Les informations disponibles ou à collecter deviennent ambiguës. Par exemple, l'apparition de différences dans l'imagination (ou l'imaginaire) des consommateurs, soutenue par des arguments en apparence objectifs (couleur, coupe, marque, signification sociale, politique, religieuse, etc.) constitue un élément déterminant des stratégies de marché.

En reprenant un exemple présenté par J.-L. Gaffard (1990), on peut illustrer cette difficulté par un cas de figure simple. Après que le marché des communications américain a été ouvert à la concurrence, de nouvelles firmes sont entrées sur ce marché, auparavant dominé par ATT. Mais, alors que les nouvelles firmes proposaient des prix de 20 % inférieurs aux tarifs d'ATT, cette dernière a longtemps conservé une part de marché significativement importante (75 % en 1988). Ses dépenses de publicité et de marketing lui ont permis de conserver son image de confiance d'opérateur historique auprès des consommateurs. Cette observation montre l'importance des informations et de leur interprétation par les consommateurs, puisque ces derniers sélectionnent les produits plus chers en raison d'un manque d'information vérifiable (ce qui demande un certain temps) sur les nouveaux produits, qui paraissent identiques, mais moins chers.

5.6 RATIONALITÉ ET AVANTAGES DES STRATÉGIES DE DIVERSIFICATION/INTÉGRATION VERTICALE ET FORMES CONGLOMÉRALES

Pour acquérir des avantages concurrentiels, les firmes peuvent chercher à être présentes sur plusieurs marchés et à diversifier leurs activités. La diversification peut être effectuée à travers une relation de *coentreprise* (*joint-venture*), lorsque deux firmes entrent en partenariat pour s'engager sur un nouveau marché en mobilisant leurs savoir-faire et en créant des synergies [6]. La diversification peut aussi être intégrée lorsqu'elle est placée sous l'autorité d'une hiérarchie existante.

6 Par exemple, en 2002, l'équipementier de télécoms Alcatel, l'opérateur de satellites SES Global et le spécialiste des technologies de micro-stations terriennes Gilat ont formé une coentreprise dans le domaine des satellites destinée à fournir le marché européen des services de communication.

La diversification peut être suivie en amont ou en aval d'une activité de base donnée et impliquer une intégration verticale. Elle peut concerner la base productive si elle porte sur le marché des matières premières et de la technologie de production. Elle est liée à la base commerciale si elle porte sur le réseau de commercialisation, les clients, la distribution, etc. Lorsque les nouvelles activités sont au voisinage des activités existantes, elle est qualifiée de *concentrique*.

Lorsqu'une firme suit une stratégie de diversification/intégration verticale, elle étend son activité le long de la filière économique, pouvant aller du contrôle des fournisseurs au contrôle des distributeurs. L'intégration en amont est destinée à maîtriser les sources d'approvisionnement, surtout lorsque la qualité ou le coût d'un produit est fortement lié aux caractéristiques des matières premières ou des biens de consommations intermédiaires. Dans la même logique, l'intégration en aval vise à contrôler les débouchés en maîtrisant le réseau de distribution, le service après-vente, les canaux de publicité, etc., afin d'améliorer la distribution ou de fiabiliser l'image du produit.

Dans cet objectif, l'intégration peut prendre plusieurs formes juridiques. Lorsque l'intégration est fondée sur un contrôle financier, organisationnel, économique et non juridique, des fournisseurs ou distributeurs, elle est appelée *quasi-intégration.* À la manière des avantages des réseaux, cette forme permet à la firme de bénéficier des avantages d'une coordination renforcée sans supporter les coûts d'une internalisation forte. En effet, dans le cas de l'intégration totale, les coûts fixes d'organisation, ainsi que les risques de marché et les risques techniques (nécessité de maîtriser plusieurs métiers en amont et en aval) sont accrus. C'est pourquoi, dans de nombreux cas, les firmes procèdent à des intégrations partielles en réseau en confiant les activités périphériques à des firmes partenaires (*outsourcing*).

Quelle que soit la forme qu'elle puisse prendre, la rationalité de l'intégration est liée à ce qu'elle permet à la firme de réduire les coûts d'information, de négociation et de contrôle, en évitant les relations décentralisées de marché. Aussi, elle constitue un avantage anticoncurrentiel de poids puisqu'elle accroît le pouvoir de marché des firmes en restreignant l'accès des concurrents à certaines matières premières ou à certains réseaux de distribution. Par conséquent, elle peut aussi contribuer à ériger des barrières à l'entrée, afin de limiter l'entrée de nouveaux concurrents sur le marché.

La diversification peut aussi être horizontale lorsqu'elle porte sur de nouvelles activités sans lien avec l'activité de base. La diversification est d'autant plus importante que l'activité nouvelle est éloignée de l'activité de base (productive ou commerciale). La diversification horizontale débouche alors sur la constitution de *conglomérats,* qui sont des firmes ou groupes de firmes présents sur plusieurs marchés distincts. Hormis l'objectif d'accroître la présence des firmes sur de nombreux marchés, le but de la diversification horizontale est d'exploiter des opportunités d'investissement intéressantes en vue d'équilibrer des activités traditionnelles (marchés arrivés à maturité ou dont l'évolution devient incertaine). La multiplication des domaines d'intervention permet d'anticiper la fin du cycle de vie des produits déjà offerts et de se couvrir contre des retournements de tendance sur les marchés.

On remarque de nombreux avantages qui justifieraient cette stratégie. Nous en distinguerons ici trois principaux, qui sont liés aux coûts, aux risques et à la stratégie commerciale.

1. *Réductions des coûts fixes et/ou d'opportunité*

   Souvent, de nombreux facteurs (indivisibilité des investissements, engagements massifs erronés, évolution des marchés) engendrent des capacités inutilisées qui constituent des coûts fixes supplémentaires pour les firmes. La diversification peut permettre d'exploiter ces capacités et d'utiliser plus efficacement le potentiel de production ou organisationnel existant. L'utilisation de matières premières disponibles, mais non affectées ou le redéploiement d'une technologie ou d'un savoir-faire devenu excédentaire par rapport aux besoins d'un marché à un moment donné vers des opportunités nouvelles constituent des avantages. Sur un plan plus direct, lorsqu'une firme peut utiliser une partie de ses disponibilités pour la production d'un nouveau produit sans être obligée de réaliser de nouveaux investissements, elle peut bénéficier des économies de *production jointe* et des économies d'*envergure* (*economies of scope*). L'efficacité de l'allocation des ressources s'en trouve considérablement accrue. Ces avantages sont liés non seulement à la réduction des coûts fixes mais aussi à l'existence des coûts d'opportunité qui peuvent être observés à un moment donné de la technologie ou de la forme organisationnelle adoptée.

2. *Répartition des risques*

   Les firmes diversifient aussi leurs activités afin de se couvrir contre les évolutions de la demande sur les marchés. Ces évolutions peuvent être dues aux modifications de l'environnement, de la mode, des habitudes (baisse de la demande) ou à l'apparition de nouveaux concurrents (réduisant la profitabilité du marché), ce qui nécessiterait le remplacement d'une activité traditionnelle par de nouvelles activités. À la manière de la diversification des portefeuilles financiers, la diversification des activités industrielles peut permettre à la firme de compenser ses pertes subies sur une activité vieillissante par les gains obtenus sur de nouveaux marchés porteurs. Le cas de General Motors est une bonne illustration de ce phénomène. Premier constructeur automobile mondial, General Motors a enregistré en 2001 un résultat net positif alors que son métier de base (automobile) engendrait des pertes. Le résultat positif du groupe a été en grande partie possible grâce aux bénéfices record de sa branche financière, *GMAC*, qui, outre ses activités classiques de banque et d'intermédiaire financier, s'est engagée dans des campagnes de financement à taux zéro auprès des consommateurs qui achetaient les voitures de sa maison mère.

   On voit aujourd'hui de plus en plus d'entreprises qui, autrefois spécialisées dans des domaines particuliers et cloisonnés les uns par rapport aux autres, entrent sur des marchés totalement différents de leur activité d'origine. Ainsi, les grands groupes de grande distribution entrent sur le marché du crédit par des filiales bancaires, les grands groupes bancaires entrent sur le marché des assurances ou de la téléphonie mobile, etc.

3. *Avantages commerciaux*

   Lorsque la firme dispose d'un réseau de distribution et de commercialisation bien maîtrisé, étendu et efficace, elle peut l'utiliser pour entrer sur un nouveau marché. Dans ce cas, la diversification relèvera de la même base commerciale. Avec la reconnaissance de sa marque, la firme peut offrir de nouveaux produits et bénéficier d'une demande supplémentaire qui lui permettrait d'exploiter une rente de réputation sur différents marchés.

   La diversification peut intervenir en période de crise économique dans un souci de restructuration des activités et de répartition des risques, mais elle peut aussi être suivie en période de forte croissance, en vue d'élargir le champ des opportunités envisageables.

ENCADRÉ 5.2
Un projet de fusion-absorption/intégration verticale

Xstrata, groupe minier suisse et Glencore, autre groupe suisse et l'un des leaders mondiaux dans le domaine du négoce des matières premières, ont annoncé, en février 2012, leur désir de fusion à travers un échange d'actions de 90 milliards de dollars.

Si ces deux entreprises reçoivent les autorisations administratives nécessaires de la part des autorités de réglementation et si leurs assemblées générales d'actionnaires respectives approuvent la fusion au début du mois de juillet 2012, l'opération devrait être finalisée au troisième trimestre 2012 et donner lieu à la plus importante fusion jamais réalisée dans le secteur des matières premières.

La nouvelle entité, Glencore Xstrata International, donnera alors naissance à un géant générant un chiffre d'affaires d'à peu près 210 milliards de dollars, combinant tous les domaines allant de l'exploration des sources de matières premières à la commercialisation de produits finaux et devenant le premier exportateur de charbon pour centrales électriques et un leader du cuivre.

Glencore a trois segments d'affaires, les métaux et minéraux, les matières premières énergétiques et les matières premières agricoles, et emploie environ 55000 personnes dans 13 pays. Le groupe est présent dans l'exploration, les mines, la production, l'industrialisation et le raffinage.

Xstrata est un important producteur de cuivre, de charbon, de chrome ferreux, de vanadium et de zinc. Elle produit aussi, mais à plus petite échelle, de l'or, du plomb et de l'argent et opère dans neuf pays, employant plus de 26000 personnes. Le groupe est surtout spécialisé dans la logistique, le marketing et la commercialisation.

Un exemple souvent évoqué pour ce type d'opération spectaculaire est celui de la fusion, en février 1907, entre la *Royal Dutch Petroleum Company*, qui détenait d'importants gisements de pétrole (en Indonésie actuelle), et la *Shell Transport and Trading Company*, qui était présente dans le segment de transport de produits pétroliers.

5.7 LA CONCENTRATION VERSUS LA STRATÉGIE DE NICHE

À la différence de la diversification conglomérale, les firmes peuvent préférer augmenter leur poids sur leur marché afin de devenir le meneur (voire le monopole) et de réduire ou d'éviter la pression de leurs concurrents. Dans ce cas, elles suivent une stratégie de concentration, qui débouche en général sur l'augmentation du pouvoir de marché. La concentration du marché correspond à l'apparition de firmes dominantes qui augmentent leur possibilité d'imposer leur prix ou leur niveau de production aux firmes plus petites en se positionnant comme la firme référence sur le marché. Cette structure de marché peut alors correspondre à un oligopole asymétrique de Stackelberg. Cette structure peut aussi comprendre des niches marginales que les petites firmes pourraient exploiter en offrant des produits différenciés sans gêner le niveau de rendement espéré des grandes firmes. Mais la marge de manœuvre reste néanmoins assez restreinte.

Les firmes peuvent procéder à la concentration d'une façon interne en augmentant leurs investissements de capacité dans leurs unités de production existantes. La concentration peut aussi être fondée sur l'acquisition d'établissements existants appartenant à des firmes concurrentes. Ce type de concentration externe réduit directement le nombre ou le poids des firmes rivales sur le marché.

La concentration peut être réalisée à travers trois modalités.

La première modalité est donnée par le transfert d'actifs passant par une opération de *fusion* (lorsque deux firmes fusionnent pour former une nouvelle firme), ou par une *absorption*-acquisition (lorsqu'une firme rachète une autre firme concurrente), ou encore par une *scission* (lorsqu'une firme se scinde en plusieurs sociétés distinctes).

La deuxième modalité est observée lorsque des firmes nouent des relations capitalistiques entre elles par participation financière. Lorsqu'une firme contrôle une autre firme en rachetant une partie de ses titres, soit directement (en détenant la majorité des actions et en devenant la maison mère de l'autre, appelée alors la filiale), soit indirectement (en détenant une minorité des actions d'une firme — participation minoritaire, mais en ayant la possibilité d'intervenir activement dans ses décisions stratégiques).

La concentration peut aussi passer par l'établissement de liaisons personnelles ou contractuelles entre les firmes. Dans ce cas, il n'y a pas forcément de concentration juridique du capital, mais une concentration stratégique entre firmes partenaires qui contrôlent, par stratégies communes coordonnées, une part importante de leur marché. *Les alliances stratégiques* entre grandes firmes ou les réseaux de sous-traitance appartiennent à cette modalité de concentration.

La concentration est qualifiée de *technique* lorsqu'elle concerne le processus de production. Elle est dite *économique* lorsqu'elle affecte l'évolution des parts de marché des firmes (Morvan, 1991). Elle est *financière* lorsqu'elle porte sur la concentration du capital à travers la polarisation financière autour des grands groupes bancaires ou industriels qui créent des réseaux de relations financières stables au travers de contrats à long terme. Il est possible de regrouper ces différentes formes sous deux types de concentration : *la concentration horizontale* et *la concentration verticale*. La concentration horizontale est liée à la croissance au niveau des mêmes filières d'activité. Elle peut être homogène lorsque les unités existantes et les unités ajoutées offrent le même type de produit. Quant à la concentration verticale, elle débouche sur *l'intégration,* que nous avons déjà présentée.

Toutes choses étant égales par ailleurs, la concentration correspond à une *croissance* des firmes dans une branche d'activité donnée. Cependant, le lien entre la croissance et la concentration n'est pas trivial et dépend de la taille du marché. Lorsque cette dernière augmente en même temps que celle des firmes, la croissance n'impliquera pas de concentration accrue du marché. Par exemple avec l'ouverture des frontières nationales ou l'apparition de nouveaux espaces économiques et géographiques, les opérations de croissance n'impliqueront pas nécessairement une concentration plus élevée du secteur. Depuis trente ans, la mondialisation des marchés oblige les firmes à croître en vue d'atteindre des tailles adaptées à la nouvelle concurrence. Les nouveaux espaces commerciaux sont créés par les regroupements régionaux comme l'Union européenne, l'Accord de libre échange d'Amérique du Nord entre les États-Unis, le Canada et le Mexique, le Mercosur en Amérique latine, l'espace de libre échange des pays du Golfe arabique, etc. Sous l'impulsion de l'Organisation mondiale du commerce et de politiques de libéralisation commerciale et financière, les investissements directs à l'étranger (IDE) et les mouvements de capitaux s'accentuent et donnent naissance à de grandes firmes multinationales et transnationales.

Les firmes industrielles et bancaires accroissent leur taille, s'intègrent et se restructurent en renforçant, dans certains cas, le degré de concentration sur leurs marchés. Amel *et al.* (2002) rapportent que dans les principales économies avancées [7], la concentration dans le secteur financier a connu une intensification remarquable sur la période 1990-2001. Ainsi, les montants des opérations de fusion et d'acquisition dans le secteur étaient de 398,2 milliards de dollars (sur 1390,2 milliards de fusions et acquisitions, tous secteurs confondus, représentant 1,3 % du PIB) sur la période 1990-1995, équivalant à 86 % des opérations au niveau mondial. Sur la période 1996-2001, ces mêmes opérations étaient évaluées à 1974,9 milliards (sur un total de 8135,5 milliards, soit 6,1 % du PIB), équivalant à 88,5 % de la valeur mondiale.

Dans d'autres cas, les opérations d'intégration restent en dessous de la taille mondialisée des nouveaux marchés ouverts à la concurrence internationale. Comme la concentration est un indicateur sectoriel, qui permet de calculer, par exemple, la part des firmes leaders dans un marché donné, lorsque la taille du secteur augmente plus que l'augmentation de la taille des firmes intégrées [8], le rapport (firme croissante/secteur

7 Ces économies sont l'Allemagne, l'Australie, la Belgique, le Canada, l'Espagne, les États-Unis, la France, l'Italie, le Japon, les Pays-Bas, le Royaume-Uni, la Suède et la Suisse.

8 Entre de multiples indicateurs de concentration, le plus simple est celui qui rapporte le chiffre d'affaires total des trois, cinq, huit firmes les plus grandes d'un secteur donné au chiffre d'affaires total du secteur entier. Exprimé en pourcentage, cet indicateur traduit le degré de concentration du secteur. Pour diverses mesures utilisées, voir par exemple Lecaillon, 1988 et Morvan, 1991.

considéré) ne changera pas. Nous rencontrons, encore une fois, le problème de la détermination du marché pertinent.

Comme précédemment, selon l'identification (la définition) et la dimension du marché considéré et selon la technologie requise, la grande taille peut présenter des avantages en termes de coût avec les économies d'échelle réalisées ou les économies d'envergure. De tels avantages accroissent à la fois la compétitivité des firmes et leur position dominante sur le marché. À côté de la recherche d'efficacité technique des unités de production ou de la diminution des coûts de production, la logique financière, qui consiste à maîtriser une masse croissante de capital et qui donne aux firmes un poids plus accru sur le marché, les pousse aussi à se concentrer.

Toutefois, sous certaines hypothèses et pour certaines firmes, la stratégie de croissance et d'intégration ne constitue pas la panacée. Lorsque le contexte économique est caractérisé par une très grande incertitude quant à l'évolution des marchés, les entreprises ont souvent une faible visibilité du marché. Lorsque la demande baisse, les décisions des entreprises sont essentiellement orientées vers la réduction des coûts fixes, la restructuration, la réduction des capacités, etc. Cette adaptation de l'organisation et des structures nécessite, dans certains cas, une politique d'optimisation des performances en se concentrant sur les savoir-faire les plus performants autour d'un métier de cœur. Apparaît alors *le processus de segmentation des marchés*, appelé aussi *l'approche par les marchés de niche*.

L'approche par les marchés de niche consiste à décomposer d'une façon fine les différents sous-segments, les niches, d'un marché donné. Sur une niche, le marché est de petite taille et, suivant les hypothèses de Porter (voir le début du chapitre), la pression concurrentielle y est moindre. Non seulement le marché-niche présente un volume très réduit d'offre (peu attractif pour de multiples nouvelles entrées), mais encore il nécessite aussi une spécialisation forte et pointue qui peut accentuer la différenciation et constituer de véritables barrières à l'entrée en termes du savoir-faire requis, de la maîtrise technologique et de l'engagement rigide. Par conséquent, les avantages attendus d'une telle stratégie peuvent être identifiés comme suit :

- Réduction des risques de marchés due à un positionnement plus précis par rapport à la taille (réduite et connue), aux informations nécessaires sur la demande (moins anonyme et plus communicative) et aux techniques à utiliser (spécification du produit plus précise). Aussi, les besoins financiers à moyen terme sont plus facilement identifiables, du fait des requis plus explicites du processus de production, d'organisation et de distribution du produit.
- Démarche en termes de création de valeur moins ambiguë, dans la mesure où les interdépendances entre les différentes étapes de production et de livraison du produit sont plus explicites et relativement maîtrisables.
- Une gestion plus simplifiée et plus stabilisée étant donné que ce type de stratégie est souvent suivi par des entreprises de petite taille, à caractère familial.

Bien que ce dernier point constitue en même temps la portée de cette stratégie relativement à l'ensemble de l'économie, l'approche par les marchés de niche peut être aussi utilisée par des entreprises de taille moyenne qui, identifiant à un moment donné les niches (et donc une demande potentielle spécifique) sur lesquelles elles sont susceptibles de présenter des compétences particulières, peuvent acquérir des avantages concurrentiels à moyen terme. Il est aussi possible qu'un marché correspondant à une niche délimitée à un moment donné puisse devenir un marché plus élargi dans le futur avec l'évolution des goûts et des réglementations mais aussi avec le changement des techniques de production et des habitudes de consommation. L'utilisation des énergies renouvelables en constitue un exemple actuel.

ENCADRÉ 5.3
Exemples de stratégie de niche

1. La chaîne de supermarchés finnoise K-citymarket a récemment mis à la disposition de ses clients des caisses spéciales, appelées « files de groupe lent », adressées non seulement à des personnes handicapées ou âgées, en difficulté de mouvement rapide, mais aussi à toutes les personnes qui souhaiteraient ne pas être bousculées par la rapidité des gestes des gens pressés dans les files d'attente des caisses de supermarché.

Ainsi, les clients qui utilisent ces caisses peuvent, s'ils le souhaitent, prendre leur temps pour discuter entre eux, voire s'installer dans des fauteuils le temps de l'attente. Ce projet pilote fait en même temps partie d'une étude menée par l'université d'Aalto.

2. Une banque bien connue en Équateur, Banco Pichincha, a ouvert en 2010 des filiales en Espagne, dans une période où les difficultés monétaires et financières des grands groupes bancaires multinationaux et de certains pays de la zone euro commençaient à dominer les stratégies des établissements sur le marché bancaire, en les poussant à réduire leurs activités de financement de leur clientèle de petite et moyenne tailles.

La stratégie suivie par la Banco Pichincha consiste à s'installer dans un pays, l'Espagne, où se trouvent 540 000 immigrés équatoriens. Le principal atout différenciant cette banque est de répondre au besoin de proximité de sa clientèle d'origine équatorienne. Il ne s'agit pas, pour cette firme, de concurrencer les grands groupes bancaires espagnols ou européens, mais de se spécialiser sur une niche particulière, en offrant à ses clients la possibilité de constituer des épargnes en lien avec leurs proches résidant en Équateur, de permettre aux immigrés équatoriens d'envoyer des fonds à leurs familles avec des commissions bancaires réduites et de trouver un sentiment de sécurité et d'appartenance nationale dans un environnement international où le métier de banquier est de plus en plus entaché de scandales et de suspicions.

L'exploitation d'un marché spécifique en temps (période de crise bancaire et financière en Europe), en espace (Espagne avec 540 000 immigrés d'origine équatorienne) et en façon (proximité, nationalité, commissions réduites), semble donner raison, pour l'instant, à ce choix de segmentation.

QUESTIONS D'ENTRAÎNEMENT

1. Comment peut-on définir la stratégie ? (5.1.)
2. Étudiez les liens entre les formes concurrentielles et les stratégies génériques. (Encadré 1)
3. En quoi une asymétrie de coûts entre différentes firmes concurrentes peut-elle constituer des barrières à l'entrée sur un marché ? (5.3.)
4. À partir de quels arguments pourrait-on envisager la stratégie de différenciation comme une orientation anticoncurrentielle ? (5.5.)
5. Quels sont les avantages attendus de la stratégie de diversification horizontale ? (5.6.)
6. Comment peut-on situer la rationalité de l'approche par les marchés de niche face aux stratégies de croissance et d'intégration ? (5.7.)

LECTURES SUPPLÉMENTAIRES :

Besanko, D., Dranove, D., Schaefer, S. et Shanley, M., (2011), *Principes économiques de stratégie*, traduction française, De Boeck.

Carlton, D. et Perloff, J., (2008) *Économie industrielle*, traduction française, De Bœck.

Gervais, M., (2005), *Stratégie de l'entreprise,* Economica.

Marchesnay, M., (2004), *Management stratégique*, Les Éditions de l'ADREC.

Porter, M.-E., (2003), *L'avantage concurrentiel*, traduction française, Dunod.

6

ÉCONOMIE DE L'INNOVATION

SOMMAIRE

L'innovation est un mouvement fondamental qui constitue la source de la dynamique économique. En économie industrielle, sa prise en compte permet de penser l'évolution des structures de marché et les changements de stratégies des firmes d'une façon dynamique et sous des hypothèses variées. Toutefois, l'enrichissement analytique est en même temps accompagné d'une complexification des études dans la mesure où l'innovation, bien qu'observable en permanence sous des formes et avec une ampleur différentes, n'est un phénomène ni continu ni linéaire.

Dans la théorie économique, l'innovation est présente dans toutes les approches fondamentales soit à travers la prise en compte de la division du travail (chez Adam Smith) ou de l'impact des variations dans l'intensité capitalistique des processus productifs sur le travail (machinisme chez David Ricardo et chez Karl Marx), soit à travers le progrès technique dans les modèles néoclassiques de croissance exogène (chez Robert Solow) et de croissance endogène, plus récents (chez Paul Romer). Néanmoins, le thème de l'innovation ne constitue un véritable objet de recherche en théorie économique qu'à partir des travaux de Joseph Schumpeter, dans la mesure où Schumpeter développe sa théorie de l'évolution économique principalement à partir de l'apparition et de l'utilisation des innovations dans une économie capitaliste. Dans cette lignée, de nombreux auteurs du courant évolutionniste (Nelson et Winter, 1982) considèrent l'économie en termes de mécanismes d'évolution dynamiques, non établis sur des relations d'équilibre *a priori*.

En économie industrielle, l'étude des innovations est davantage centrée sur les conditions dans lesquelles les activités d'innovation des firmes sont réalisées. Bien sûr, parallèlement au secteur privé, les centres de recherche publics constituent aussi une source cruciale dans la production des connaissances qui sont souvent à l'origine des innovations dans les entreprises privées. Les infrastructures publiques, comme le système éducatif, les universités et les centres de recherche qui leur sont liés ou qui sont des instituts autonomes sont des structures qui s'insèrent dans une stratégie collective de production des savoirs fondamentaux et/ou des savoirs appliqués.

Dans ce chapitre, nous nous interrogerons sur les raisons et les modalités des stratégies dynamiques de changement. Ces stratégies sont en général étudiées à partir des innovations technologiques, mais elles concernent aussi les modifications organisationnelles.

6.1 INNOVATIONS : DÉFINITIONS ET FORMES

Pour concevoir la particularité des innovations et leur rôle dans l'économie de marché, il convient de rappeler les origines schumpeteriennes du concept.

Joseph Schumpeter, figure inévitable et inéluctable des analyses sur les innovations, est appelé par McCraw (2010) *le Prophète de l'innovation*. En effet, l'analyse de l'économie capitaliste que Schumpeter présente dans ses nombreux travaux [1] est fondée sur un principe simple mais fort : l'évolution économique est le fruit d'incessants efforts

1 Voir, par exemple, Schumpeter, 1935.

des entrepreneurs, qui sont mus par le désir d'aller au-delà des structures établies, de changer les choses existantes. Ce processus est appelé par Schumpeter la *destruction créatrice*.

Contrairement au modèle statique de concurrence parfaite, Schumpeter veut mettre en avant, par cette affirmation, l'hypothèse que le capitalisme n'est pas un état donné d'équilibre mais un processus d'évolution dans lequel les éléments anciens sont détruits et remplacés par de nouveaux éléments et ce grâce à la dynamique entrepreneuriale ; l'entrepreneur étant alors défini comme l'innovateur, distinct du capitaliste et des rentiers. C'est l'image du capitaine d'industrie, du visionnaire enthousiaste qui est mise en avant. De ce fait, la dynamique économique est considérée comme une dynamique entrepreneuriale, en mouvement permanent et non équilibré. Par la suite, Schumpeter modifiera ce schéma en mettant en avant la stratégie des grands groupes qui innovent en vue d'accroître leur pouvoir de marché et, donc, leur position de monopole. L'image de la dynamique du visionnaire se transforme alors en un monde dominé par des oligopoles avides de pouvoirs supplémentaires, mais l'origine du changement économique reste la même : les innovations.

Dans la voie ouverte par Schumpeter, il est coutume de distinguer entre invention et innovation, entre recherche fondamentale et recherche appliquée, entre production de savoirs scientifiques et production de nouveautés à visée marchande.

L'invention est définie comme un nouveau savoir, technologique ou plus général, dont l'apparition dépend des changements (avancées) scientifiques qui affectent ainsi notre façon de vivre. La dynamique fondamentale de l'invention serait donc la curiosité, la soif de savoir, qui n'est pas nécessairement intéressée.

L'innovation correspond, en revanche, à l'apparition de nouveautés suite à des efforts, de la part des entreprises, de réaliser des gains positifs à travers une utilisation commerciale. De ce point de vue, le moteur de l'innovation serait principalement la recherche de valorisation marchande. On peut alors considérer l'innovation comme un terme générique pour toute activité qui se situerait dans la perspective d'un changement technique, organisationnel, économique et/ou financier visant un profit. L'innovation serait alors la transformation, l'utilisation ou l'application marchande d'inventions réalisées dans un esprit plus scientifique et philosophique.

Toutefois, cette distinction devient de plus en plus ambiguë aujourd'hui avec le changement dans les modalités et objectifs de l'existence des humains. Des groupes de chercheurs, scientifiques à l'origine, se mettent à leur propre compte (start-up), ou utilisent les structures publiques (dépôt de brevet, etc.) en vue d'effectuer des recherches à valoriser d'une façon marchande. Il s'agit bien, à l'origine, d'une recherche fondamentale, mais la visée est celle des innovations entrepreneuriales.

Afin de synthétiser les différentes modalités d'innovation dans un nombre réduit mais généralisable de cas, nous considérons trois types principaux d'innovation :

1. *Innovation de procédé (ou de processus)*

   Lorsque le procédé de production est modifié à travers l'utilisation d'une nouvelle technologie ou la disposition différente de la technologie existante, on parle d'innovation de procédé. Il s'agit, par exemple, de modifier les méthodes de fabrication. Le résultat attendu est de réduire les coûts, d'offrir de meilleurs produits, de créer une différenciation par le couple qualité/marque, entre autres. La modification des économies d'échelle et l'accroissement du degré d'intégration verticale et de concentration peuvent en découler comme conséquences stratégiques.

2. *Innovation de produit*

   Lorsque la firme modifie un produit existant ou offre un nouveau produit, elle affecte la demande présente sur le marché ou crée une nouvelle demande spécifique en redéfinissant les besoins et les préférences des consommateurs. On peut alors s'attendre à une nouvelle différenciation qui permettrait d'élargir le marché ou d'augmenter la fidélité de la clientèle. Cette forme peut aussi déboucher sur la concentration du marché, en augmentant la part de marché de la firme innovatrice, et sur une croissance subséquente.

3. *Innovation commerciale*

   Lorsque la stratégie de la firme porte sur la modification des modalités de commercialisation, de distribution, de publicité, à travers, par exemple, la création de réseaux spécifiques, l'innovation est qualifiée de commerciale. Comme précédemment, ce type d'innovation peut permettre de créer une différenciation, d'élargir et/ou de créer une nouvelle la demande, de réduire les coûts de distribution et de commercialisation.

Il est possible d'ajouter un quatrième type d'innovation, organisationnelle qui porterait sur les modalités d'organisation des activités de la firme tant en interne qu'en externe. Toutefois, comme toute innovation implique, en général, des modifications dans les modalités ou formes d'organisation des activités des firmes, on peut penser que l'innovation organisationnelle est implicite dans toute innovation, qu'elle soit de procédé, de produit ou commerciale.

On remarquera aussi que ces différentes innovations sont souvent interdépendantes puisque, par exemple, une innovation de procédé peut permettre à la firme d'offrir de nouveaux produits ou des produits différenciés qui apparaitront aux yeux des consommateurs comme de produits nouveaux. On peut, par exemple, considérer, dans cette perspective, le passage de la téléphonie fixe à la téléphonie mobile et, ensuite, le passage de la téléphonie mobile à la technologie des téléphones portables avec images (smartphones). Les firmes peuvent alors utiliser leur base productive, technique ou commerciale pour créer de nouveaux marchés sans être toujours obligées de supporter des coûts très élevés pour élargir leur base d'activité.

Par conséquent, la qualité des activités d'innovation est un facteur qui doit être pris en compte, parallèlement à la qualité de la structure organisationnelle des firmes, dans la détermination de leur avantage concurrentiel. En effet, dans le schéma schumpeterien, l'innovation est une variable endogène qui dépend des stratégies des firmes. Elle n'est pas une variable totalement exogène qui serait donnée aux firmes (comme dans un modèle de concurrence parfaite, où le producteur maximise son profit étant donnés les techniques de production et les prix de marché). On peut alors appeler le facteur innovation *l'Efficacité-I,* à côté de l'*Efficacité-X* de Leibenstein, dans la mesure où les différences entre firmes semblables proviennent non seulement des différences dans leurs organisations respectives mais aussi de leur capacité d'évolution par le biais des innovations.

Les effets des innovations dans l'économie dépendront de leur importance à l'égard des critères qui définissent les contours du marché, des préférences des consommateurs, des modes et des habitudes d'existence des individus. Les innovations peuvent être radicales lorsqu'elles affectent en profondeur ces critères. Elles ne peuvent, au contraire, être que « cosmétiques » ou incrémentales lorsqu'elles n'ont qu'un effet secondaire sur le marché :

Innovation incrémentale	Changements mineurs au niveau du marché
Innovation radicale	Changements majeurs au niveau du marché
Changement dans le système technologique	Nouvelle industrie ou changements au niveau intersectoriel (liens entre différents marchés)
Changement dans le paradigme techno-économique	Nouvelle industrie ou changements au niveau intersectoriel avec des conséquences majeures sur la structure socio-économique

ENCADRÉ 6.1
Schéma d'innovations

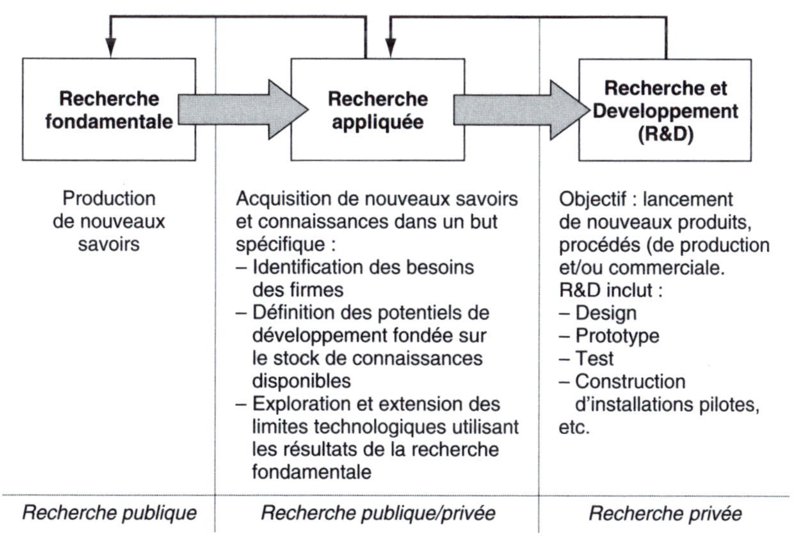

6.2 LES FACTEURS À L'ORIGINE DES INNOVATIONS

Plusieurs facteurs déterminent l'incitation à innover des firmes. Ici, nous en présentons six.

1. L'activité d'innovation peut être occasionnée (poussée) par la technologie qui apparaît à un moment donné dans la société. Suivant un niveau et la disponibilité de la technologie sur le marché, les firmes cherchent à exploiter différentes opportunités, afin de valoriser une utilisation de la technologie. Ceci modifiera bien entendu l'évolution des différentes activités, certaines apparaissant plus profitables que d'autres avec l'évolution technologique, d'autres, autrefois très coûteuses et peu attractives étant donnée la demande correspondante, pouvant devenir plus rentables. Par exemple, aujourd'hui l'évolution de la biotechnologie rend possible la production et la commercialisation de nouveaux produits et processus très rentables par rapport à des produits liés à des industries manufacturières plus classiques, autrefois moteurs de la croissance économique.
2. Il apparaît par conséquent que la capacité des firmes à utiliser les nouvelles technologies disponibles, mais aussi leur capacité à organiser d'une manière efficace des activités de R&D et la disponibilité d'une main-d'œuvre et d'autres ressources adéquates sont requises pour réaliser effectivement des innovations.
3. L'activité d'innovation peut aussi répondre à de nouvelles opportunités liées à des modifications dans la demande du marché. Elle sera alors tirée par la demande. En fonction de l'évolution des besoins, les firmes détectent de nouveaux marchés et procèdent à des activités de R&D afin de satisfaire de nouveaux clients. Par exemple, lorsque certaines maladies apparaissent (variétés de virus qui se répandent) ou que les modes changent (la minceur devenant à la mode, les firmes développent des produits diététiques et amaigrissants), les firmes ouvrent de nouvelles activités s'inscrivant dans de nouvelles perspectives rentabilisables.
4. D'une façon générale, le facteur profitabilité est un déterminant crucial pour tout projet d'innovation. Mais c'est là qu'apparaît l'un des problèmes posés par la réalisation des innovations, qui est lié aux caractéristiques des connaissances qui sont à la base de l'activité de recherche et de l'innovation. En effet, la connaissance n'est pas un bien normal, dont la production et la commercialisation pourraient être confiées aux mécanismes des marchés concurrentiels. Elle peut être définie comme un bien non rival, dans la mesure où une connaissance donnée peut être utilisée de nombreuses fois, par de nombreux individus simultanément et sans se détériorer. Aussi, elle n'est que partiellement exclusive puisque son producteur ne peut pas exclure entièrement les autres individus de son usage (le problème de la portée des droits de propriété intellectuelle dans la défense des innovateurs contre les imitateurs).

   Par exemple, une innovation commerciale ou organisationnelle est difficile à protéger puisqu'elle échappe facilement à son créateur. Une fois que l'innovation a fait ses preuves et démontré sa rentabilité, les concurrents peuvent s'en inspirer pour offrir des produits ou suivre des modalités semblables sensiblement de même efficacité sans en supporter les coûts de conception, de R&D et d'essai. L'existence de systèmes de protection des droits de propriété intellectuelle, de brevets, de sanctions contre l'imitation, etc. est alors considérée comme une prérogative pour toute activité d'innovation, même si ces mécanismes ne sont pas en mesure d'assurer à la production privée des connaissances une protection totale.

5. Les conditions de financement des activités d'innovation jouent un rôle déterminant dans leur réalisation. Toute innovation, comme n'importe quelle autre activité économique, doit être financée. Les innovations ont cependant une caractéristique particulière par rapport aux activités routinières : elles correspondent à un degré de risque (voir d'incertitude) plus élevé que les autres activités car elles impliquent des engagements dans un futur inconnu. Comme on va le souligner ci-dessous, leur production et leur application peuvent engendrer des coûts très élevés et, donc, une forte immobilisation des capitaux. La disponibilité du financement interne et/ou les conditions d'accès aux crédits bancaires peuvent alors constituer des avantages ou des désavantages pour les firmes en quête d'innovations.
6. L'échelle et l'envergure de production affectent aussi la possibilité, pour les firmes, d'entreprendre avec profit des activités d'innovation. Lorsque le niveau de production est faible, que le marché anticipé est étroit et que les possibilités d'élargir le champ d'application des résultats des innovations sont réduites, les investissements nécessaires et les modifications organisationnelles requises peuvent paraître excessivement coûteux par rapport à l'horizon de rentabilité. Ce point renvoie plus particulièrement à la question de la taille des firmes dans les activités d'innovation.

La question fondamentale qui se pose à ce niveau d'analyse est de déterminer les caractéristiques des firmes qui sont capables de procéder à des innovations et les conséquences des innovations sur la structure du marché.

6.3 STRUCTURE DES MARCHÉS INNOVANTS ET TAILLE DES FIRMES

Sur les caractéristiques des marchés innovants, l'hypothèse schumpeterienne habituelle est que l'innovation croît avec la concentration du marché, lorsque l'on considère que le processus d'intégration débouche souvent sur la concentration. L'interprétation de cette hypothèse est en partie liée aux imperfections des marchés. Les coûts d'information, de négociation et de contrôle peuvent être réduits avec l'intégration des activités d'innovation au sein d'une firme, ce qui requiert une intégration verticale des activités en amont et en aval, ou horizontale des activités liées ou non, bénéficiant des résultats et retombées des innovations.

Mais, à côté de ces arguments, il existe aussi d'autres arguments sur lesquels la rationalité des structures d'organisation intégrée pour les firmes innovantes peut être établie. Sur des marchés concentrés, dominés par des grandes firmes intégrées, la disponibilité des capitaux, mais aussi une plus grande possibilité de financer les activités d'innovation coûteuses par le crédit, grâce aux conditions d'accès au financement bancaire plus avantageuses, confèrent aux grandes firmes une place déterminante dans le processus d'innovation. Ces firmes peuvent présenter un niveau accru de sécurité à l'égard des projets de R&D, dans la mesure où elles disposent d'une base productive et commerciale plus étendue et mieux organisée. Par exemple, l'apparition de produits nouveaux crée un problème de diffusion qui rend nécessaire la mise en place d'un réseau de distribution étendu et varié. Cela implique à son tour des coûts supplémentaires liés aux innovations. L'existence de complémentarités entre les activités d'innovation et des activités comme le marketing et la planification financière donne des avantages aux grandes firmes dans la réalisation des innovations.

Les grandes firmes disposent aussi d'un savoir-faire et d'une expérience importants dans les processus d'innovation, allant de pair avec les avantages des rendements d'échelle, d'envergure et de gamme. D'autant plus que l'on peut supposer que, généralement, le rendement des activités de R&D est plus élevé lorsque l'innovateur a un volume de production et de vente important, ce qui assure plus aisément l'amortissement des coûts fixes élevés des technologies de R&D.

Il est évident que l'activité d'innovation est souvent un processus d'exploration dans l'inconnu qui implique de nombreux risques. Les marchés concentrés ou monopolisés offrent aux firmes un plus grand contrôle du marché ; les modalités de financement un plus grand soutien dans le processus d'attente des résultats des innovations, et la clientèle élargie et plus fidèle une plus grande assurance quant aux possibilités d'amortissement des coûts engagés. L'arbitrage entre les coûts et les rendements des activités de R&D constitue un obstacle économique déterminant pour les firmes de petite taille, qui doivent alors fonder leurs stratégies sur un positionnement par rapport aux grandes firmes meneurs sur leur marché, dans une relation de sous-traitance ou à travers une stratégie de niche libre.

Dans cette lignée, de nombreux travaux cherchent à évaluer les liens entre la taille des firmes, la structure de marché et l'intensité des innovations dans l'économie. Par exemple, Pavitt (1999) observe certaines tendances dans ce domaine. Il apparaît que le comportement technologique des firmes est fonction de leurs expériences et savoir-faire. Aussi, l'intégration des compétences en matière d'innovation domine davantage dans les secteurs où la concurrence entre firmes et leurs performances sont fortement dépendantes du développement technologique et de la différenciation des produits.

D'une façon générale, ce sont surtout les secteurs à forte intensité capitalistique dans lesquels le montant des capitaux nécessaires aux activités d'innovation est très élevé [2], qui développent des innovations technologiques (R&D, conception, ingénierie)

2 Les industries à processus continu comme la sidérurgie et les secteurs à production de masse, comme l'automobile, par exemple.

en interne. Par conséquent, Acs et Audretsch (1987) indiquent que les liens entre les innovations et la taille des firmes dépendent des caractéristiques du marché considéré. Les firmes de petite taille ou de taille moyenne se révèlent davantage innovantes sur des marchés jeunes, relativement contestables, peu concentrés et à coefficient de capital faible.

Mais, quelles que soient les observations dans ce domaine, les innovations modifient la configuration des marchés et constituent un vecteur stratégique anticoncurrentiel : « La firme innovante remet en cause les lieux de la concurrence, elle déplace en permanence les frontières des activités en créant de nouveaux espaces de lutte autour de nouveaux produits. » (Morvan, 1991, p. 350)

Avec l'évolution des économies et les changements dans les modalités économiques, financières, techniques et organisationnelles des activités qui dominent à un moment donné sur les marchés, les pratiques changent, les liens entre les petites et les grandes firmes sont repensés et restructurés et les stratégies sont redéfinies. L'apparition de nouveaux paradigmes, comme l'innovation ouverte, détermine de nouveaux horizons stratégiques.

6.4 INNOVATION OUVERTE : UN NOUVEAU PARADIGME

L'innovation ouverte est un nouveau paradigme dans le processus d'amélioration de l'exploitation des investissements des entreprises et de la société dans la recherche. Ce paradigme est fondé sur le rôle croissant des sources externes d'innovation par opposition aux ressources internes, et notamment aux capacités internes de R&D des firmes. Il met également en évidence certains avantages pour les firmes : rentabiliser les capacités de R&D internes en réduisant le coût, en accélérant le processus d'innovation, en réussissant des innovations de rupture, etc. Ces avantages ne se limitent pas aux seules entreprises. Les sociétés dans leur ensemble en bénéficient aussi, car l'innovation ouverte leur permet de valoriser les investissements en recherche par une plus large diffusion des connaissances, d'une part entre les institutions académiques et les entreprises, et d'autre part, entre les entreprises elles-mêmes.

Les instruments utilisés par les entreprises en innovation ouverte varient selon l'étape de progression vers le marché : nouer des partenariats de recherche pour accéder à des compétences extérieures le long de la chaîne de l'innovation, partager les coûts, acheter des licences, investir en capital-risque, intégrer les *jeunes pousses* (*start-up*) si l'intérêt que représente la jeune entreprise est confirmé, ou bien acheter une entreprise déjà établie. Suivant les schémas d'interdépendances établis dans les travaux d'auteurs comme Chesbrough (2003) et Sachwald (2008), on peut représenter le phénomène d'entonnoir (*funneling*) dans la réalisation des innovations dans une perspective d'innovation ouverte. Les apports extérieurs se font sous forme d'alliances stratégiques et de coopérations, d'octroi de licences, de création de projets ou d'entreprises et d'acquisitions. Les sorties sont les services de R&D, les brevets et licences, les cessions :

ENCADRÉ 6.2
Les instruments de l'innovation ouverte le long de la chaîne de l'innovation

Le modèle de l'entonnoir

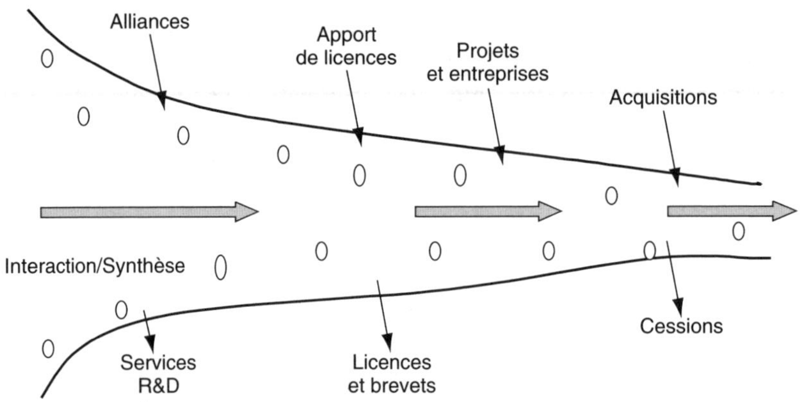

Source : auteurs, à partir de Sachwald, 2008.

L'entonnoir d'innovation illustre comment les objectifs, les activités, les équipes et les résultats liés à l'innovation interagissent entre eux et conduisent vers le changement dans l'organisation des activités productives (Penin, Hussler et Burger-Helmchen, 2011). Dans ce processus, le marché du capital-risque se révèle crucial pour les petites et moyennes entreprises (PME) qui adoptent aussi des stratégies d'innovation ouverte : « Ce marché actif a généré un stock perpétuellement renouvelé de jeunes pousses disponibles à l'achat, dont l'existence même a influencé la manière dont les grandes entreprises envisagent leur propre renouvellement technologique et leur entrée sur de nouveaux marchés. » (Sachwald, 2008, p. 14) Sur le schéma suivant (Sachwald, 2008, p. 15) sont représentés les choix de modalités de développement et d'innovation en fonction des connaissances des entreprises :

Connaissance des marchés				
	Marché inconnu	Coentreprise Accord de coopération	Capital-risque Acquisition de start-up	Capital-risque Acquisition de start-up Accord avec la recherche académique
	Marché nouveau mais connu	R&D interne Acquisition Coentreprise	Incubation interne Acquisition Licence	Capital-risque Acquisition de start-up Accord avec la recherche académique
	Marché d'origine	R&D interne Acquisition	R&D interne Acquisition Licence	Coentreprise Accord de coopération Accord avec la recherche académique
		Cœur de métier	*Domaine nouveau/ connu*	*Domaine entièrement nouveau*
		Connaissances technologiques		

Source : Sachwald, 2008, p. 15

L'enquête de l'OCDE (2008), menée auprès de 60 entreprises, montre que 80 % d'entre elles externalisent moins de 20 % de leurs dépenses de R&D. Moins d'un tiers allouent plus de 10 % de leur budget R&D à des dépenses externes dénotant une tendance à l'augmentation du taux d'externalisation. Les chiffres supposent que certaines conditions préalables soient satisfaites, comme la qualité des partenaires, l'ouverture de l'entreprise sur l'extérieur (voir schémas ci-dessus), une organisation interne adaptée à l'interaction avec les partenaires et l'absorption des apports extérieurs.

Par exemple, la firme Philips, depuis 2000, promeut un processus d'innovation ouverte et le partage des technologies. Le *High Technology Campus* d'Eindhoven est un modèle d'innovation ouverte. Outre le département *Philips Research*, la firme rassemble plus de 7 000 chercheurs des secteurs privé et public, qui partagent les équipements et coopèrent sur différents projets en suivant, par ailleurs, une approche directe de recherche de solution pour le client et un objectif de croissance et de financement du type capital-risque pour des start-up internes.

De même, la firme Procter&Gamble qui se situe dans un secteur très concurrentiel, où l'innovation et la marque sont des facteurs de compétitivité, avait lancé une stratégie dite *Connect and Develop* en 1999. La firme était alors présente dans 150 domaines scientifiques et comptait 7 500 personnels de R&D. Elle a estimé à 1,5 million le nombre de chercheurs experts dans le monde concernant ses domaines d'intérêt. La stratégie *Connect and Develop* consistait à s'appuyer sur cette expertise extérieure pour aboutir à 50 % d'innovation en partenariat.

France Télécom est l'une des firmes françaises qui, en 2005, ont complètement réorganisé leur département R&D, afin de stimuler l'innovation ouverte et de la focaliser sur les besoins du marché. Le département du marketing stratégique gère désormais les activités de R&D. Il s'agit d'un pilotage de l'innovation pour anticiper l'évolution du marché, selon une logique d'innovation ouverte aux différents partenaires et laboratoires étrangers. Les meilleures idées sont transmises à l'*Explocentre*, l'incubateur pour projets innovants qui emploie des méthodes de co-création avec les clients et les partenaires de l'entreprise. Les projets de l'*Explocentre* sont comme des start-up internes. Le comité de marketing stratégique décide des projets qui seront financés par le *Technocentre* (créé en 2006), dont la vocation est d'industrialiser le lancement de services innovants, en accélérant leur progression vers le marché. Pour favoriser l'innovation, France Télécom a encouragé la coopération entre le département marketing et celui de la recherche, tâche difficile à cause de certaines barrières culturelles.

ENCADRÉ 6.3
Biotechnologies et innovation ouverte

Le modèle de l'innovation ouverte s'applique parfaitement aux stratégies d'adaptation des grands laboratoires pharmaceutiques qui cherchent des partenariats de recherche avec de petits laboratoires indépendants de biotechnologies. Ces partenariats permettent aux grandes firmes d'avoir accès aux nouvelles technologies développées par les start-up en biotechnologies et aux nouveaux marchés, mais également d'accroître leur flexibilité face à des débouchés incertains. Les petites entreprises de biotechnologies, souvent issues de laboratoires de recherche publique en tant que « jeunes pousses », sont à la recherche de financements pour les longues phases de tests cliniques et d'expérience en termes de valorisation de la recherche, de mise sur le marché et de stratégies de commercialisation et marketing pharmaceutique. Ces deux positions rendent les deux types de structure complémentaires.

La R&D bio-pharmaceutique est organisée actuellement sur le modèle de l'innovation ouverte, les laboratoires coopèrent tout au long du processus d'innovation. Les grandes firmes pharmaceutiques financent et mettent sur le marché les molécules, alors que les phases de développement des molécules et de tests cliniques sont effectuées par les petites biotech. La concurrence dans le secteur est devenue une course aux meilleurs partenariats, avec des contrats exclusifs qui visent à enfermer dans une relation privilégiée les meilleurs candidats. Une nouvelle division du travail a lieu dans la recherche.

Dans ce contexte, la confiance joue un rôle essentiel. Les partenariats sont fondés sur une définition très précise de la propriété intellectuelle. *Les structures hiérarchiques intra-firme sont remplacées par des projets inter-firmes.*

Ce type d'alliance stratégique fondée sur l'innovation ouverte peut être illustré par les partenariats de l'entreprise pharmaceutique suisse Novartis. Son premier partenariat de recherche a été établi pour développer le médicament Evoscreen avec la biotech allemande Evotec Biosystems, à la fin des années 1990. En échange du financement de la recherche qu'il a assuré dans sa phase initiale, Novartis a bénéficié d'une technologie jointe avec une biotech très dynamique. La seconde alliance a été faite entre Novartis et la biotech américaine Vertex Pharmaceuticals en 2000. Cette alliance a créé un nouveau modèle d'innovation ouverte : celui d'une combinaison entre la découverte parallèle et intégrée de médicaments par Vertex et le système de gestion de portefeuilles de médicaments par Novartis (ce système consiste en l'optimisation des phases initiales de développement de nouvelles molécules et la promotion des molécules sélectionnées vers un développement clinique accéléré). Novartis a accepté de payer à Vertex 600 millions de dollars de fonds de recherche.

Source : Bobulescu et Soulas, 2007

6.5 LES APPROCHES SYSTÉMIQUES ET LA LOCALISATION DE L'INNOVATION

Les agglomérations régionales d'activités économiques sont considérées aujourd'hui comme les sources les plus importantes de croissance économique. Cela explique la multiplication et la diffusion des *clusters* et de la concentration géographique. Parallèlement, la véritable nature des activités et des processus innovants n'est pas l'isolation des firmes et des entrepreneurs. Loin des approches linéaires, les firmes, les instituts privés et publics de recherche innovent de manière interdépendante et collaborative.

L'innovation est un processus qui évolue dans le temps et dans l'espace, influencé par les firmes et les autres organisations qui peuvent soutenir ou, au contraire, freiner les efforts innovants. Cette perspective complexe de la nature de l'innovation est née et s'est imposée sous le nom de *système d'innovation* (SI) afin d'expliquer la « boîte noire » de l'innovation. En effet, elle permet de comprendre empiriquement et théoriquement la structure de la création, de la commercialisation et de la diffusion de l'information et de la connaissance. Elle englobe les PME, les grandes firmes et les multinationales qui coopèrent, forment des réseaux et se font concurrence d'une manière très complexe. Ces SI sont des imbrications d'institutions formelles et informelles. Dans ce contexte, l'innovation systémique correspond à la théorie évolutionniste héritière de la théorie de Schumpeter. Plusieurs niveaux de lecture sont néanmoins possibles pour étudier l'innovation à travers cette approche systémique.

Le *système national d'innovation* (SNI) est un réseau d'institutions dans le secteur privé et public dont les activités et les interactions indiquent, importent et diffusent les nouvelles technologies. À première vue, les limites d'un SNI sont indiquées par les frontières de l'État. Cependant, certains auteurs comme Lundvall (2007) adoptent une approche plus flexible des SNI. On peut aussi décliner un SNI à des niveaux plus fins d'analyse.

On peut, par exemple, considérer un raisonnement en termes de *système technologique et sectoriel d'innovation*, parallèlement au concept de SNI, trop large. De même, les *systèmes sectoriels d'innovation* (SSI) sont des combinaisons uniques de connaissances et de technologies (Breschi et Malerba, 1997) qui se différencient par les acteurs, les réseaux et les institutions à un niveau plus fin par rapport au SNI.

Le *système régional d'innovation* (SRI) se définit comme un réseau localisé d'acteurs et d'institutions dans le secteur public et privé, dont les activités et interactions génèrent, importent, modifient et diffusent les nouvelles technologies à l'intérieur et à l'extérieur de la région. Il est caractérisé par cinq concepts clés (Cooke, 2001) : région, innovation, réseau, apprentissage et interaction. Son périmètre est défini sur une base géographique, ce qui implique une coopération d'approches théoriques diverses comme l'économie géographique, les districts industriels, la proximité. Il est aussi appelé *cluster de clusters* ou *supra-cluster*.

La performance d'un SNI et son unicité sont dans une large mesure déterminées par des éléments institutionnels. Le phénomène de « dépendance de sentier », qui s'appuie sur le rôle de l'histoire, l'irréversibilité des trajectoires et les spécificités institutionnelles, rend les comparaisons entre pays et les politiques d'imitation sujets à discussion. D'autant plus que, lorsque l'on raisonne en termes de SSI et non de SNI, on remarquera avec Malerba (2005), que dans un SSI, les frontières locales, nationales et mondiales coexistent ; mondial pour l'interaction des connaissances ; local pour le marché du travail, et national pour certaines institutions importantes. Les flux de connaissances circulent entre les secteurs. Les SSI sont des systèmes dans lesquels les firmes en particulier et les organisations en général coévoluent dans des secteurs spécifiques et sont des sources de nouvelles technologies et d'innovation. On peut considérer à cet effet l'exemple de la biopharmacie, avec la coévolution entre laboratoires pharmaceutiques et sociétés de biotechnologies (Bobulescu et Soulas, 2007). Les acteurs, réseaux et institutions coévoluent dans la durée et induisent des processus de changement et de transformation selon l'approche évolutionniste. Selon le sujet, les sous-secteurs, les industries ou les secteurs plus larges présentent un intérêt fondamental dans cette approche. En sus, la dynamique et le processus dépendants du sentier sont spécifiques à chaque secteur.

Concernant les SRI, le postulat de base est que les liens institutionnels et organisationnels entre les firmes locales ou régionales diffèrent des liens nationaux et surtout, diffèrent d'une région à une autre. Les particularités régionales sont accrues avec la mondialisation (Scott et Storper, 2003). Pour Braczyk *et al.* (1998), les stratégies de mondialisation peuvent être comprises comme des efforts visant à utiliser les différences locales et régionales dans un contexte international. Cela exige l'adaptation des objectifs, des possibilités et des stratégies à des contextes locaux déterminés.

Les SNI et SRI sont complémentaires. Les SRI se situent au niveau « mezzo » (intermédiaire) entre les firmes et l'économie nationale. Ils mettent en évidence l'importance des collectivités locales, selon le niveau de décentralisation des activités économiques. Les SNI et SRI permettent d'articuler l'orientation nationale avec l'orientation régionale de la politique industrielle, de recherche et de formation. Cependant, des contradictions sont possibles entre l'aménagement du territoire et les politiques industrielles qui favorisent une structure du type centre-périphérie.

Suivant Asheim et Gertler (2005), on peut établir une typologie à travers la distinction entre trois types de SRI :

1. Les SRI encastrés dans leur territoire sont composés de PME qui coopèrent, partagent leurs savoirs et bénéficient d'une proximité forte, comme dans le cas des districts italiens (Emilie-Romagne, Lombardie, Piémont) ;

2. Les réseaux régionaux d'innovation regroupent les firmes et les organisations d'une région spécifique. À la différence de la première catégorie, ces firmes coopèrent également avec des instituts de recherche ; ce sont des clusters régionaux soutenus par un environnement très dynamique en matière de R&D (Midi-Pyrénées, Californie, Singapour, clusters nordiques) ;

3. Les SI régionalisés se caractérisent par une forte impulsion et un soutien de l'État. Ils sont en partie ou en totalité intégrés dans les SNI. Ainsi, les activités d'innovation sont le produit de la coopération avec des acteurs de l'extérieur. Cette catégorie comprend les concentrations ayant de nombreuses coopérations tout au long de la chaîne d'innovation et des interactions avec des acteurs nationaux ou internationaux (voir, plus loin, les pôles de compétitivité français).

Toutefois, de nombreux débats ont lieu autour de la nature locale et implicite des connaissances. Les contours des SI sont très vagues et imprécis. L'explication proposée par Lundvall (2007) est qu'il existe une différence majeure entre firmes, secteurs, SRI et SNI, et que cette différence est liée au rôle joué par les connaissances implicites et explicites dans le processus d'innovation. Trois hypothèses fondamentales fondent cette argumentation :

1. La difficulté à échanger des connaissances sur les longues distances ;
2. Une nature spécifique, dépendante du contexte, qui a besoin de déterminants sociaux, organisationnels et institutionnels communs ;
3. La nécessité d'organiser les processus d'apprentissage implique le besoin de proximité géographique et technologique pour activer les interactions économiques des agents. Les savoirs et contacts implicites et les relations peuvent expliquer l'agglomération économique et la géographie de l'innovation.

Le postulat de base est la diffusion locale des connaissances. Autrement dit, la propension de l'activité innovante à se concentrer dans l'espace sera plus grande dans les industries où le savoir implicite joue un rôle important. Le savoir implicite, à l'opposé de l'information, ne peut se transmettre autrement que de manière informelle et il demande des contacts directs et répétés (Audretsch, 1998).

Dans le contexte actuel de globalisation, dans lequel le savoir explicite est facile à obtenir (canaux d'information), le savoir implicite (produit à l'intérieur de la firme) devient crucial pour l'avantage comparatif des firmes. Car ce type de concurrence ne peut être échangé ou codifié, il ne se produit que par la pratique. D'où son importance aujourd'hui avec l'internationalisation des marchés (Malmberg et Maskell, 1999, p. 172). Le processus d'apprentissage collectif local et la création localisée de savoirs, fondée essentiellement sur les connaissances implicites, peuvent constituer une prémisse importante de la compétitivité et de l'attractivité des régions.

6.6 POLITIQUES PUBLIQUES D'ATTRACTIVITÉ ET PÔLES DE COMPÉTITIVITÉ

Depuis les années 1990, les approches en termes de SNI ont largement influencé les politiques industrielles. Cette influence s'est traduite en pratique par la promotion des pôles de recherche et d'innovation dans une perspective d'articulation de la concentration territoriale avec une innovation ouverte sur le monde, des pôles mondiaux et la constitution de réseaux d'excellence. La pratique de l'innovation ouverte est l'apprentissage, par les acteurs locaux et les entreprises, des méthodes de développement de réseaux par la recherche des partenaires les plus pertinents dans les domaines ciblés.

En innovation ouverte, le moteur du changement est l'ouverture du processus d'innovation aux opérateurs de la recherche universitaire. La recherche est source d'externalités positives pour l'ensemble de l'économie, ce qui peut signifier une plus faible incitation des entreprises à investir dans la R&D. C'est alors le soutien des politiques publiques qui va contribuer à soutenir les investissements privés en R&D.

La politique de soutien de la R&D se traduit, en France, par la labellisation de pôles de compétitivité. Ces pôles reçoivent le soutien financier de l'État et constituent également une politique prioritaire au niveau local. Les pôles concernent un secteur d'activité et des acteurs très divers : entreprises, universités, acteurs publics. La coopération entre ces acteurs vise à engendrer une dynamique positive de création de valeur à travers l'innovation. C'est un incubateur d'idées et d'initiatives de recherche, couplé à des moyens de mise en œuvre.

Les principes de labellisation d'un pôle sont :

- création de richesses nouvelles à forte valeur ajoutée et d'emplois qualifiés ;
- positionnement sur les marchés mondiaux à fort potentiel de croissance, visibilité internationale ;
- un partenariat approfondi et une gouvernance structurée ;
- des objectifs et les moyens d'une stratégie efficace de développement économique et d'innovation.

Sachwald (2008) signale que : « le CIADT du 12 juillet 2005 a défini les principes, le processus de sélection et donné la liste des pôles labélisés. Il y a aujourd'hui 71 pôles de compétitivité en France regroupant 9000 chercheurs travaillant sur 1 000 projets labélisés. Un milliard d'euros publics ont été investis depuis leur lancement en 2005, sur une enveloppe globale de 1,5 milliard prévue en 2008. 50 % des ressources sont concentrées sur sept pôles principaux, dits « mondiaux ». » Ces sept pôles de compétitivité mondiaux sont :

- Aerospace Valley : aéronautique, espace, systèmes embarqués (Aquitaine/Midi-Pyrénées) ;
- Finance Innovation : banques et entreprises d'investissement (Ile-de-France) ;
- Lyon Biopôle : santé, médicaments thérapie génique… (Ile-de-France) ;
- Minalogic : microélectronique, micro-nano, logiciels embarqués (Rhône-Alpes) ;
- Solutions Communicantes Sécurisées : TIC (Provence-Alpes-Côte-d'Azur) :
- System@tic Paris Région : systèmes complexes dans les télécoms, l'automobile et les transports, la sécurité-défense.

ENCADRÉ 6.4

Exemple de pôle mondial : Minalogic de Grenoble

L'infiniment petit, l'infiniment utile …

MINALOGIC

DOMAINE D'ACTIVITES : *Micro-nanotechnologies et Logiciel embarqué*

Microélectronique	Composants électroniques semi-conducteurs	CAO	Infrastructure logicielle pour systèmes embarqués

ADHÉRENTS : 182

PME : **108** Collectivités et acteurs institutionnels : **26**	Groupes : **30** Centres de recherche et de formation : **15**

Actions prioritaires et ambitions :
– Construire le premier centre européen et l'un des trois plus grands centres au niveau mondial **pour les puces miniaturisées intelligentes** ;
– Valoriser ces avancées technologiques dans les filières industrielles qui peuvent en **tirer un avantage compétitif**.
Gouvernance : le conseil d'administration est composé de six membres élus : Schneider Electric, STMicroelectronics, INPG, CEA, Tronics et le Conseil général de l'Isère.

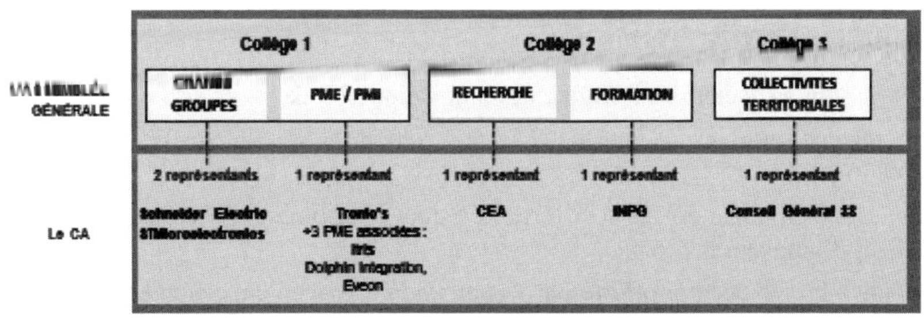

L'équipe d'animation, composée de huit membres permanents, met en œuvre les décisions prises par le CA relatives au fonctionnement quotidien de Minalogic.

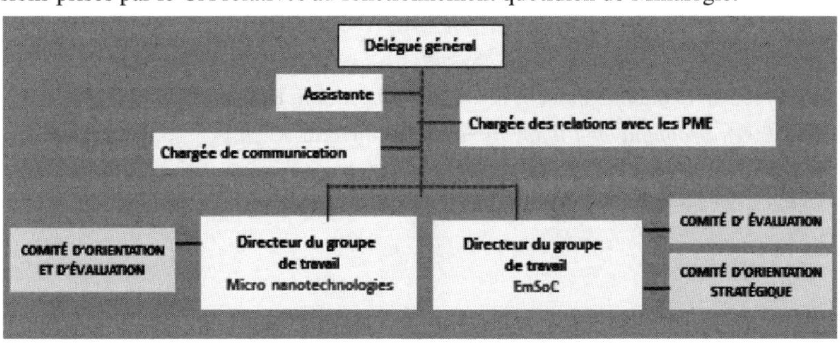

Une masse critique de plus de 38 700 personnes au sein de l'écosystème grenoblois en innovation :

MICRO-NANOTECHNOLOGIES & ELECTRONIQUE	
Recherche	3 000 emplois
Entreprises	21 700 emplois
TOTAL	24 700 emplois
Enseignement supérieur	1 200 diplômés/an

INFORMATIQUE & LOGICIEL	
Recherche	2 000 emplois
Entreprises	12 000 emplois
TOTAL	14 000 emplois
Enseignement supérieur	2 200 diplômés/an

Source : L. Calamel, « Gestion des ressources humaines et collaboration en pôle de compétitivité : une relation dialogique. Le cas de la région Rhône-Alpes », 2012, thèse soutenue le 22 juin à l'IAE de Grenoble

QUESTIONS D'ENTRAÎNEMENT

1. Quels sont les facteurs à l'origine des innovations ? (6.2.)
2. De quelles variables les liens entre les innovations et la taille des firmes dépendent-ils ? (6.3.)
3. Qu'est-ce qu'une innovation ouverte ? En quoi se distingue-t-elle des processus classiques d'innovation ? (6.4.)
4. Étudiez la perspective offerte par l'approche en termes de systèmes d'innovation. (6.5.)

LECTURES SUPPLÉMENTAIRES :

Gaffard, J.-L., (1990), *Économie industrielle et de l'innovation*, Dalloz.

Guellec, D., (2009), *Économie de l'innovation*, La Découverte, Repères.

Tidd, J., Bessant, J. et Pavitt, K., (2006), *Management de l'innovation. Intégration du changement technologique, commercial et organisationnel*, traduction française, De Boeck.

7

LA TAILLE DES ENTREPRISES, LES PME ET LA PROXIMITÉ

SOMMAIRE

Tant en ce qui concerne l'aptitude des firmes à réaliser des innovations que les conditions de leur accès aux moyens de financement et au soutien des pouvoirs publics, la taille des entreprises peut être considérée comme un déterminant crucial dans leur compétitivité sectorielle mais aussi dans les avantages concurrentiels des économies nationales ou régionales.

Il existe un lien très important entre la taille des entreprises et leur forme d'organisation. Toute augmentation de la taille de l'entreprise va modifier son organisation dans la mesure où :

- une taille plus importante nécessite une structure plus complexe, une meilleure définition des postes dans l'entreprise, une plus grande spécialisation et une structure administrative plus élaborée. La division du travail est plus aisée et des unités spécialisées vont naître dans une grande entreprise ;
- une taille plus importante entraîne également une formalisation accrue dans la mesure où la communication devient plus formelle, elle est régulée et ordonnée par des procédures spécifiques, par des règles définies.

La taille de l'entreprise correspond donc à une forme organisationnelle qui lui est propre. Par conséquent, les méthodes de gestion ne sont pas transposables d'une structure à l'autre. Toute modification de taille entraîne un changement de fond de la nature de l'organisation (Torrès-Blay, 2010). Toutefois, au-delà de la taille d'une entreprise donnée, dont les effets sont souvent étudiés sous forme d'économies d'échelle en faveur des entreprises de grande taille, il existe aussi des économies d'agglomération qui peuvent permettre aux entreprises de taille réduite de bénéficier des externalités positives d'un environnement donné. À partir de là, il devient possible d'envisager la constitution de systèmes productifs nationaux ou de clusters qui sont des moyens de créer ou de renforcer les avantages concurrentiels d'une région en incluant la dynamique des entreprises de petite taille. Un raisonnement en termes de proximité conduit alors à une lecture des systèmes productifs à partir des schémas de coopération spécifique entre différentes entreprises et institutions. La proximité géographique et organisationnelle des diverses opérations constitue un domaine d'étude intéressant dans la dynamique d'évolution des marchés et des firmes.

7.1 ÉCONOMIES D'ÉCHELLE, EXTERNALITÉS ET TAILLE DES ENTREPRISES

A. Marshall (1961 [1890]) distingue deux sortes d'économies liées à la hausse de l'échelle de production : les économies d'échelle internes dépendent des ressources et de l'organisation de chaque firme considérée, tandis que les économies d'échelle externes dépendent de l'évolution générale de l'industrie. La définition marshallienne de l'industrie est fondée sur un même produit, avec les mêmes caractéristiques et la même fonction de production.

Les économies internes à la firme, dues à une subdivision accrue du travail, dépendent de la taille du marché et des caractéristiques du produit. C'est à ce niveau que la taille de l'entreprise intervient. Une grande entreprise a les moyens d'expérimenter de nouveaux produits et de nouvelles techniques de production. Marshall envisageait le fait que la grande firme occupe une position de monopole sur son marché au fur et à mesure de l'augmentation de sa taille et de sa production, sous l'effet des économies d'échelle internes. Selon lui, les profits seront versés à la recherche et à l'expérimentation des innovations. Certes, la capacité à innover confère à la firme une avance temporaire par rapport à ses concurrents et lui permet d'obtenir une position de monopole, mais à long terme, la concurrence tend à annuler cette avance.

Les économies d'échelle externes à la firme résultent de l'augmentation de l'échelle de production de l'industrie dans son ensemble et des autres industries. Les avantages économiques obtenus sont une meilleure organisation et de meilleures méthodes de production. La forme définitive de ces économies est celle d'une prolifération de firmes à l'amont de l'organisation industrielle, qui « partagent » les avantages en termes de coût avec les autres firmes. Dans ce type d'industrie, les avantages économiques se transmettent de manière non quantifiable.

Si les économies internes s'épuisent une fois que l'échelle optimale est atteinte, il est possible que des économies externes se manifestent. Il y a quatre grandes causes d'économies externes marshalliennes :

1. Les améliorations des méthodes de production, les progrès du machinisme et des moyens de transport qui deviennent accessibles à l'industrie dans son ensemble ;
2. Les avantages économiques de la localisation des industries. Les firmes concentrées dans une certaine zone géographique accèdent plus facilement aux moyens de communication et de transport comme la navigation à vapeur, le télégraphe ou la presse imprimée (journaux et publications techniques) ;
3. La concentration des travailleurs hautement qualifiés. À travers la localisation, les entreprises recherchent les avantages liés à la présence d'une main-d'œuvre qualifiée dans une ville manufacturière ou un « district industriel » ;
4. L'offre accrue (donc meilleur marché) d'intrants et de services spécifiques.

Ces causes expliquent l'existence de « districts industriels fortement peuplés » regroupant, le plus souvent, des entreprises de petite taille. C'est le cas des 130 districts italiens, localisés avec prédominance en Vénétie, en Émilie-Romagne, dans les Marches et en Toscane et produisant du textile, de la maroquinerie, de la mécanique et de l'électronique, de l'ameublement, de la céramique et des jouets.

Précisons que ces externalités sont de type « technologique », hors-marché, car elles sont par définition confinées à l'intérieur d'une industrie donnée. Cependant, un autre type d'externalités peut apparaître suite aux interdépendances de marché. Ce sont les externalités pécuniaires, résultant du fait que les firmes paient moins cher les facteurs de production qui sont produits avec des économies d'échelle. Dans ce cas, les effets externes positifs se propagent d'une industrie à l'autre et entraînent la croissance économique. Néanmoins, ces effets peuvent être négatifs, sous forme de nuisances, de pollution, d'engorgement, de ralentissement du trafic. Il est difficile en réalité de séparer ces effets négatifs ou positifs, internes ou externes.

Il est possible d'identifier trois sources d'externalités positives à partir de la « nouvelle géographie économique », une approche économique nouvelle, née dans les années 1990, notamment sous l'impulsion de Paul Krugman :

1. La première source d'externalité se situe dans la tradition marshallienne. Une industrie d'une taille plus importante peut bénéficier d'un marché de facteurs plus diversifié par rapport à la qualification. En augmentant sa production, l'industrie peut réduire ses coûts grâce à l'accès facile au travail qualifié, lui procurant des gains de productivité importants. Dans cette industrie, un grand nombre de firmes de petite taille se partagent ce marché de la main-d'œuvre ;
2. Une autre possibilité est de remplacer les firmes de l'industrie par une seule grande firme. Mais même dans ce cas, avec une industrie monopolisée par une firme, la concurrence potentielle par la menace d'entrée devrait inciter le monopoleur à fixer un prix proche du coût moyen. Cette proposition s'appuie sur la théorie des marchés contestables, la menace concurrentielle garantissant un niveau de prix optimal dans l'industrie ;
3. Dans la troisième catégorie, il y a les économies externes qui résultent de l'incapacité des firmes à s'approprier complètement les connaissances, en supposant une rapide diffusion des résultats de la R&D d'une firme à l'autre (« reverse engineering » ou « technical spillovers »).

Selon Krugman (1991), ces externalités sont cumulatives. L'histoire joue un rôle décisif dans leur développement. Les cas les plus connus sont aux États-Unis, dans la Silicon Valley, la Route 128 ou dans le Triangle de Caroline du Nord. Leur point commun est d'avoir été créés par des initiatives locales, publiques et privées. LaSilicon Valley a été créée à l'initiative de Fred Terman, le vice-président de l'université de Stanford, en coopération avec l'entreprise informatique Hewlett Packard, qui est devenue le noyau dur de la vallée. C'est l'université qui a initié le fameux parc industriel du campus de Stanford, sur lequel HP et, plus tard, les autres firmes ont commencé leur activité. Cette émulation correspond à un processus cumulatif, car les revenus de la recherche ont aidé Stanford à financer sa croissance en tant que centre scientifique et technique de prestige mondial. Ce succès a attiré de nouvelles entreprises sur le campus de recherche. Le cas de Route 128 est légèrement différent. Le président du MIT, Karl Compton, a encouragé les enseignants à devenir des entrepreneurs. Le Triangle de Recherche de la Caroline du Nord a été créé par l'État d'après les modèles de la Silicon Valley et de Route 128.

7.2 LES PME ET LES ÉCONOMIES D'AGGLOMÉRATION

Le tissu économique français est essentiellement composé d'entreprises de taille réduite qui représentent plus de 97 % des entreprises françaises. Les entreprises ayant moins de 250 salariés sont au nombre de 2,6 millions. Les entreprises ayant plus de 250 salariés sont minoritaires, leur nombre s'élève à 5 100 (Lecointre, 2009).

Le classement par taille des entreprises peut être effectué comme suit :

- les **micro-entreprises :** celles qui ont moins de 9 salariés ;
- les **TPE** (très petites entreprises) : celles qui ont moins de 19 salariés ;
- les **PME** (petites et moyennes entreprises) : celles qui ont moins de 250 salariés ;
- les **ETI** (entreprises à taille intermédiaire) : celles qui ont de 250 à 5000 salariés.

Les spécificités des PME sont de nature environnementale, organisationnelle, décisionnelle et psychosociologique (Raymond et Blibi, 2005).

La spécificité environnementale résulte de la vulnérabilité concurrentielle des petites entreprises. Celles-ci sont désavantagées par rapport aux grandes entreprises qui bénéficient d'économies d'échelle et du renouvellement technologique lié aux investissements massifs en R&D. Les économies d'échelle internes sont très faibles dans les PME.

Les spécificités organisationnelles sont la faible formalisation et diversification, les moyens financiers et humains réduits. Beaucoup de services spécialisés n'existent pas dans les PME.

La spécificité décisionnelle est liée aux processus courts, fondés sur l'expérience, sur l'intuition plutôt que sur des processus formalisés comme dans les grandes entreprises. Les flux informationnels sont moins importants que les flux physiques.

Enfin, la spécificité psychosociale est liée au rôle prédominant de l'entrepreneur, du dirigeant de la PME. Celui-ci n'est que peu enclin à partager l'information avec ses salariés, il délègue difficilement, surtout la prise de décision. Son rôle est celui d'un visionnaire, sa personnalité incarne celle de « son » entreprise, la stratégie de l'entreprise est en grande partie « sa » propre stratégie.

En raison de leurs spécificités, pour faire face à la pression concurrentielle, les entreprises de taille réduite (TPE et PME) trouvent des avantages à se regrouper sur un même territoire et à coopérer, pour former ce que l'on appelle communément des clusters ou districts industriels. Cette forme d'organisation donne lieu à des *économies d'agglomération* qui se caractérisent par des avantages en termes de réduction des coûts et d'amélioration de la performance des entreprises ayant une même localisation. L'agglomération des activités similaires ou complémentaires permet la mutualisation des ressources (humaines, infrastructures, recherche). Les synergies et la coopération sont facilitées par la proximité géographique des entreprises. Ces avantages se traduisent par deux types d'externalités (Torrès-Blay, 2010) :

- les *externalités d'urbanisation* (clusters de type Jacobs), externes à l'entreprise et à l'industrie. La diversité des industries localisées dans une métropole bénéficie à chaque entreprise, qui y trouve un réseau de transport, des infrastructures, de la main-d'œuvre, un marché important.
- les *externalités marshaliennes liées à la concentration d'activités industrielles* (districts industriels de type MAR pour Marshall-Arrow-Romer) qui sont externes à la firme mais internes à l'industrie. Elles sont caractérisées par la similarité des entreprises qui appartiennent au même secteur d'activité. Marshall expliquait la présence d'externalités positives liées à la diffusion des savoirs et technologies, ce qu'il appelait l'« atmosphère industrielle ».

Spécialiste de l'économie des agglomérations, Markusen (1996) a proposé une typologie détaillée des espaces industriels ou agglomérations :

1. Les districts marshalliens, avec leur variante italienne, formés de petites entreprises locales et caractérisés par des externalités marshalliennes. Les économies d'échelle sont assez faibles. La coopération reste locale et à long terme, la main-d'œuvre et les décisions d'investissement sont spécifiques au district ;
2. Les agglomérations de type « noyau et rayons » (« hub and spokes ») dans lesquels l'activité est dominée par une ou deux grosses entreprises (firmes pivot) intégrées verticalement et entourées par un grand nombre de petits fournisseurs. Les entreprises principales ont des liens extérieurs avec des fournisseurs et des concurrents. Les économies d'échelle sont très importantes, les décisions stratégiques font partie de la stratégie globale des firmes dominantes, qui assurent également les financements, les contrats de recherche et accords locaux de long terme. L'offre d'infrastructure est publique et le marché du travail local est peu flexible ;
3. Les « plates-formes industrielles satellites » sont dominées par quelques grandes firmes dont le siège et le capital se trouvent à l'extérieur et qui réalisent d'importantes économies d'échelle. Les décisions d'investissement se prennent à l'extérieur de la plate-forme et on note l'absence de petites entreprises locales ;
4. Les « districts industriels à ancrage public » sont dominés par quelques grandes structures publiques comme les bases militaires ou les centres de recherche publics. Autour de ces structures gravitent les fournisseurs et les clients. Dans ce cas, plusieurs petites entreprises locales peuvent exister et bénéficier d'aides publiques substantielles. C'est le cas, par exemple, d'Airbus près de Toulouse, ou d'Areva, à Saclay, dans la région parisienne.

ENCADRÉ 7.1
Les trois premiers types d'agglomération de Markusen

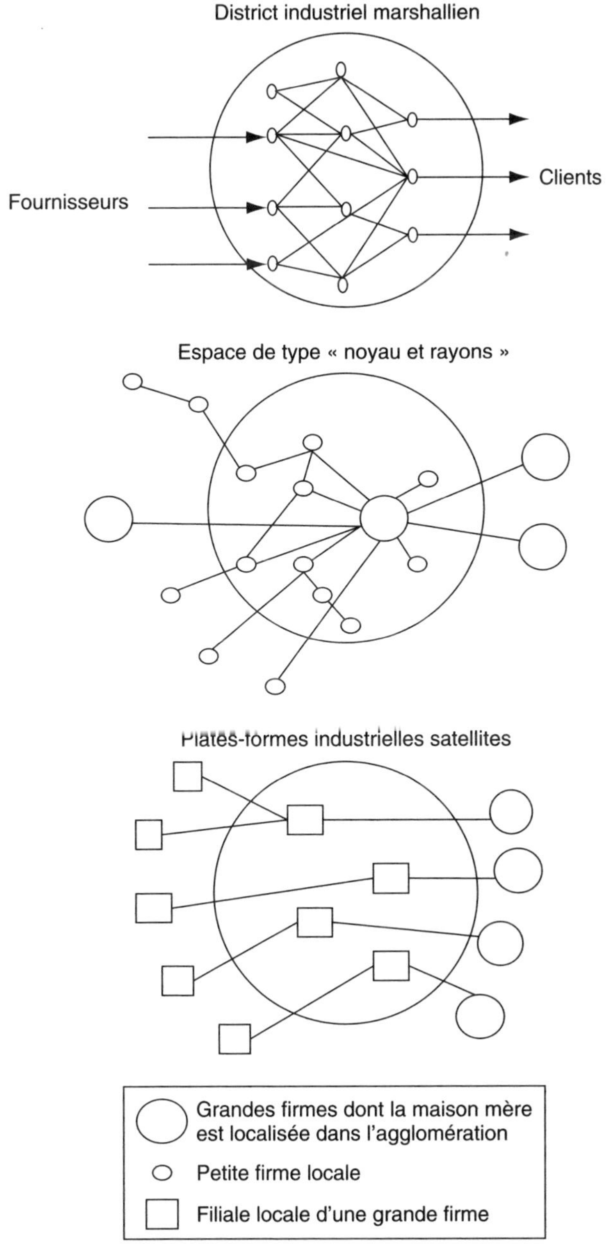

Source : Adapté d'après Markusen, 1996, p. 297

7.3 LES SPL : SYSTÈMES PRODUCTIFS LOCAUX OU CLUSTERS

Le soutien au regroupement des PME et TPE régionales fait référence au concept de système productif local (SPL), défini comme « le groupement d'entreprises et d'institutions géographiquement proches et qui collaborent dans un même secteur d'activité » (Délégation à l'aménagement du territoire et à l'action régionale, DATAR, 2001). L'analyse des SPL — clusters (grappes) suivant la terminologie anglo-saxonne, districts industriels en Italie — se fonde sur un corpus théorique assez connu et très diversifié, au sein duquel s'inscrivent des sociologues, des économistes ou des géographes [1].

La DATAR, devenue la Délégation interministérielle à l'aménagement et à la compétitivité du territoire (DIACT) aujourd'hui, a fait du concept de SPL le socle d'une stratégie territorialisée de développement et redéploiement industriels et a lancé à la fin des années 1990 un dispositif de labellisation et de soutien financier appliqué à quelques 96 SPL en France métropolitaine. Ce premier dispositif a été complété, par la suite, ou étendu par d'autres mesures, telles que le soutien à la constitution de pôles d'excellence ruraux (PER) ou de pôles de compétitivité.

Dans son analyse des facteurs explicatifs de la création de clusters [2], Porter montre que le rôle principal dans le choix de la localisation revient à la *proximité spatiale* avec les facteurs de production, donc à l'existence d'une offre locale de main-d'œuvre qualifiée. Le domaine de définition de la proximité est un espace physique qui intègre l'espace géographique et l'espace relationnel. Il existe une proximité géographique (Pecqueur et Zimmerman, 2004) et une proximité « organisée » (Rallet et Torre, 2004) pour faire interagir les membres du cluster. Cette capacité d'interaction provient en partie des institutions, ensemble de règles et routines auxquelles s'ajoutent les croyances et savoirs partagés dans un espace déterminé.

Cette double dimension est essentielle à notre propos, car elle montre que l'espace géographique n'est pas suffisant pour appréhender le cluster. La dimension organisée de la filière interagit avec la proximité géographique, tout en révélant les effets positifs ou négatifs de cette dernière (Torre et Filippi, 2005). On peut identifier des contraintes et des potentiels, sous formes d'externalités négatives ou positives. Les potentiels facilitent les coordinations, qui commencent à être ponctuelles et qui deviennent ensuite plus régulières et plus intenses. Il y a, de l'autre côté, des contraintes qui sont des limites spatiales et culturelles à la coopération des agents. Selon Rallet et Torre (2004), *la proximité géographique* est dominée par la proximité organisée, étant le produit de l'organisation humaine et du contexte institutionnel. Ces auteurs ont saisi le caractère dual de la proximité. Des firmes voisines peuvent être en conflit et d'autres situées à distance peuvent très bien coopérer. La proximité géographique n'est pas automatiquement générée par la localisation des firmes. Leur analyse dépasse la théorie

1 Pour un compte rendu des différents travaux dans ce domaine, voir Depret et Hamdouch (2009) et Largier *et al.* (2008).

2 *Cluster Meta Study Institute for Strategy and Competitiveness*, Harvard Business School, 2003.

standard pour laquelle la localisation est source d'externalités positives, en tenant compte de l'encastrement des relations économiques dans les relations interindividuelles.

Pecqueur et Zimmermann (2004) insistent sur les interactions entre les agents, alors que Gilly et Lung (2004) utilisent explicitement une approche institutionnaliste, en supposant que la proximité organisée a deux dimensions : institutionnelle et organisationnelle. La *proximité organisationnelle* renvoie à la logique d'appartenance de la proximité organisée qui facilite les interactions entre les agents à travers les règles et routines de comportement. Pour Gilly et Lung (2004, p. 4), « La *proximité organisationnelle* renvoie aux *ressources complémentaires* détenues par des acteurs potentiellement aptes à participer à une même activité finalisée de type méso-économique, au sein d'une même organisation (grand groupe...) ou d'un ensemble d'organisations (réseau de coopérations, secteur d'activité, système productif local...). »

La *proximité institutionnelle* traduit une logique de similitude de la proximité organisée, à travers un système commun de représentations. Gilly et Lung (2004, p. 5) mettent pourtant en garde sur le fait que « cette proximité institutionnelle n'est cependant pas univoque dans le sens où elle renverrait à une adhésion pérenne de tous les acteurs à des règles communes. Elle est, au contraire, le résultat de compromis toujours provisoires entre des acteurs aux intérêts divergents, et parfois contradictoires (entre employeurs et employés : le rapport salarial capitaliste), entre firmes (concurrence vs coopération), entre acteurs privés et acteurs publics (logique de profit vs logique de bien public).... » De ce point de vue, la proximité se situe bien dans la problématique centrale étudiée dans ce livre : considérer les possibilités de fonctionnement d'une économie de marché, composée de parties séparées, ayant des intérêts qui peuvent être divergents, voire conflictuels, mais qui doivent en même temps, trouver des points d'entente pour bénéficier des synergies positives et éviter toute guerre concurrentielle collectivement destructrice.

Le cas d'un SPL ou d'un cluster est situé au croisement entre proximité géographique et proximité organisée. Cette articulation des deux types de proximité est essentielle, car la seule localisation n'est pas suffisante pour créer la proximité, à travers la coopération des acteurs au niveau local. La logique territoriale, déterminée en partie par la ressource, est un enjeu de développement local. Mais elle peut être ressentie par les acteurs comme une proximité subie, une contrainte — sorte de *lock in* spatial. Dans ce cas, la proximité géographique devient source de tensions. C'est la proximité organisée qui pourra résoudre ces tensions. Les deux logiques — l'appartenance et la similitude — sont mobilisées pour enclencher le processus de négociation, débouchant à terme sur la coopération des agents.

Les organisations du type cluster ou SPL sont des formes endogènes d'institutions. On peut remarquer le fait que la rencontre entre l'institutionnalisme et l'école de la proximité est fondée sur la reconnaissance du caractère social de l'individu et de l'importance des échanges non marchands dans l'analyse économique.

Externalités SPL et Loire 42

Externalités positives (les potentiels)	Externalités négatives (les contraintes)
– Nombre réduit d'entreprises dans le SPL ou cluster ;	– Si le nombre est trop grand, il y un risque éclatement. L'entrée de nouveaux concurrents pose un problème de stabilité.
– Réduction de l'incertitude, amélioration de l'information interne et externe (marchés, concurrents) ;	– Risque de vouloir prendre le marché de l'autre, comportement opportunistes, risques d'aléa moral ;
– Une vision stratégique commune et une bonne connaissance du marché ;	– Une moindre différenciation ;
– La proximité avec le territoire — les élus et les marchés publics ;	– Risque politique, argent gaspillé sans impact réel ;
– Qualité du management, charisme de l'animateur, dynamisme de l'équipe ;	– Dépendance forte de sa présence. À son départ, risque de déstabilisation ;
– Dynamisme régional.	– Risque d'accumulation de projets avec enjeux politiques forts et entrée en compétition avec d'autres filières pour les financements.

Source : Ditter et Bobulescu, 2010

Avec l'entrée de nouvelles entreprises dans le cluster, apparaît une certaine tension entre la stabilité et le développement. Les entrants menacent l'équilibre du groupe, sa stabilité acquise par de longs et coûteux efforts. C'est le cas du SPL InterForêt Bois 42 dans la Loire. La coopération entre les six charpentiers du SPL est fondée sur une mutualisation des moyens et un partage très précis des tâches. L'entrée d'un nouveau partenaire remettrait en question ce contrat et impliquerait une réflexion et une mise en place de nouveaux protocoles, de nouvelles répartitions des marchés. Une augmentation du nombre de participants entraîne des coûts de transaction plus importants, ainsi que des discontinuités institutionnelles entre les anciens du cluster et les entrants (Olivier et Wallet, 2005). Selon le théorème de Coase, les coûts de transaction ou de participation augmentent avec le nombre de participants, ces derniers conditionnant l'existence de bénéfices collectifs. Cette augmentation de la taille du groupe fonctionne comme une contrainte, une limite pesant sur la stabilité de la coopération des acteurs et par la même du cluster. En même temps, le développement d'un SPL peut devenir intéressant à partir d'une taille critique, quand le montant minimum d'investissement peut être atteint et que l'accès à un marché important est acquis.

Un des avantages indéniables de la coopération de type cluster est la réduction d'incertitude sur le produit, le marché, les concurrents et les technologies. L'incertitude a une double dimension, une pour les entreprises et une autre pour le territoire. L'amélioration de l'information interne et externe des entreprises de la filière et dans la région concernée constitue un acquis important sur lequel va s'asseoir toute la structure du cluster. Le partage de l'information par les concurrents-partenaires va leur permettre de sortir du cercle vicieux de la méfiance envers les autres acteurs, en mobilisant une logique d'appartenance à la filière, d'identification au territoire et à la ressource. Il s'agit d'organiser la proximité sur une double logique : filière (appartenance) et géographie (territoire). Mais cet avantage comporte également une contrepartie — c'est l'incitation de certaines entreprises à faire cavalier seul, à essayer de tirer parti individuellement de cette information partagée et à remettre en question la cohésion du groupe. D'où le rôle essentiel des acteurs publics, qui peuvent contribuer à réduire cette incertitude concernant les marchés (ouverture de l'accès aux marchés publics, information améliorée, soutien aux entreprises exportatrices) et les compétences. Pour ce faire, il faut homogénéiser l'information, maîtriser son environnement. De cette manière, dans le temps, la coopération est institutionnalisée, car, progressivement, se développe une logique de similitude entre les acteurs. En même temps, la réduction d'incertitude a un coût, une contrepartie, qui est la rigidité institutionnelle et organisationnelle, la résistance au changement.

L'intelligence économique et stratégique permet de développer une vision commune du marché et des produits. Les segments visés, la qualité des produits feront partie de cette démarche commune. Dans une filière caractérisée par la présence des PME et même des TPE, cette vision stratégique partagée est au cœur de la démarche de coopération. Ces petites entreprises survivent grâce aux proximités qu'elles entretiennent, l'enjeu étant de transformer des proximités subies en proximité organisées. C'est même une spécificité des TPE, qui sont impliquées dans une « gestion de proximité » — proximité géographique et relationnelle des partenaires, hiérarchique, spatiale mais aussi temporelle (Torrès, 2003). À l'origine de l'émergence des SPL dans les années 1990, on trouve les interprofessionnelles, groupements d'intérêt économique (GIE) et sociétés de commercialisation des produits. Leur mode d'organisation est hiérarchique, avec intervention des leaders, des pionniers, revalorisant les produits avec un système de sélection des professionnels de plus en plus fort. Le risque associé à cette convergence stratégique est d'être moins flexible et moins enclin à se différencier de ses concurrents-partenaires, à créer de nouvelles opportunités. La coopération peut dès lors agir comme un frein.

Les collectivités territoriales participent sous différentes formes à la naissance et au développement des regroupements d'entreprises. Les collectivités sont devenues de gros donneurs d'ordre pour les entreprises locales, jouant ainsi un rôle essentiel dans l'articulation entre la filière et le territoire. Selon Olivier et Wallet (2005), dans le contexte post fordiste des vingt dernières années, il y a eu une importance stratégique croissante des ressources locales dans le développement des différentes filières d'activité, alors qu'auparavant, leur fixité était jugée plutôt comme une contrainte : « La spécification des ressources peut constituer une source de développement territorial. » (Sylvander, 1995, p. 79) Du coup, les firmes ont cherché une nouvelle opportunité dans l'utilisation du local comme mode de valorisation de leurs produits, comme autant d'arguments marketing, dans une interaction croissante entre marketing du produit et marketing du territoire. Une bonne illustration est celle des AOC, tendance à utiliser les ressources locales pour différents produits. Cependant, pour être efficace, l'action publique devrait se concentrer sur l'accompagnement d'initiatives venant des entrepreneurs de la filière.

La proximité géographique joue le rôle de potentiel pour la coordination des agents. Pour Bellet, Kirat et Largeron (1998), la proximité géographique est en latence, attend d'être activée par la proximité organisationnelle. On peut insister alors sur le rôle de l'animateur du cluster en tant que facteur déclencheur de cette dynamique de proximité qui favorisera la coordination des agents et la naissance d'un cluster. Les relations entre agents situés à proximité doivent être créées, les gens ne se connaissent pas ou se font concurrence pour les clients. Ils doivent interagir dans un cadre formel, et les institutions garantissent ce type d'interaction. Cependant, plus la place de l'animateur est importante, plus elle constitue aussi un élément de fragilité. Le cluster est menacé par le départ de son leader, car un nouveau rapport de forces s'instaurera avant qu'un autre leader ou qu'une autre équipe, avec un autre style de management, puisse s'imposer. Cette période d'instabilité, même si elle est temporaire, peut mettre en danger la coopération au sein du groupe, ainsi que l'ensemble des acquis. La filière-territoire est un nœud de proximités (géographiques, organisationnelles ou institutionnelles).

La proximité institutionnelle peut expliquer les continuités ou discontinuités des relations stratégiques entre les agents. Complétant cette approche, Boschma (2004) considère que la proximité institutionnelle crée de l'inertie et empêche ainsi le changement ; en ce sens, elle agit comme une contrainte, un frein à l'adaptation de la filière. Des liens doivent être démantelés pour que d'autres puissent être créés. Les routines et habitudes peuvent limiter l'incitation à aller vers d'autres acteurs du territoire, à créer d'autres liens utiles afin de sortir des situations de crise. Le rôle de l'animateur est alors de manager le changement organisationnel et institutionnel.

Nous pouvons également identifier le dynamisme régional comme facteur important de succès d'un cluster. La région Rhône-Alpes, la Vendée et la Wallonie sont des régions très dynamiques, avec un développement économique et démographique rapide, un taux d'implantation d'entreprises élevé et des activités porteuses. Les initiatives de coopération y bénéficient d'un climat favorable et de nombreuses interactions entre les filières. Gilly et Lung (2004) supposent que la proximité géographique joue un rôle essentiel dans les périodes de crise. Une crise profonde dans la filière peut stimuler une reconversion territoriale (passage d'une logique industrielle à une logique territoriale). Réciproquement, la proximité géographique peut engendrer un redéploiement de ressources avec de nouvelles coordinations sectorielles. Suite à cela, les priorités en termes de financement et de développement territorial peuvent changer. Il y aura une plus forte concurrence entre les projets de clusters, qui ont tendance à s'accumuler et, logiquement, la sélection sera plus rigoureuse.

ENCADRÉ 7.2
Pôle verrier Vallée de la Bresle, Haute Normandie

50 PME (6000 employés) + trois grands verriers donneurs d'ordres concentrés dans un rayon de 70 KM.

Les actions menées sont :

– la recherche de nouveaux marchés à l'export ;
– la communication ;
– les actions de diversification de la production (verre alimentaire, plastique) ;

– les contrats de R&D avec l'université de Rouen ;
– l'échange avec d'autres pôles verriers européens.

Les résultats obtenus par le pôle se déclinent à travers 1 000 emplois créés et 20 nouvelles entreprises émergées en dix ans, débouchant sur 1,5 milliard de flacons produits chaque année, soit 75 % de la production mondiale, faisant du pôle un centre de production dominant au niveau mondial sur ce marché.

Source : Paulette Pommier (2002), Les systèmes productifs locaux, La Documentation française/DATAR

7.4 LA TYPOLOGIE DE LA PROXIMITÉ

Dans un article fondateur, Bouba-Olga et Grossetti (2008) proposent une typologie qui, tout en reprenant la distinction fondatrice « proximité géographique /proximité institutionnelle ou organisationnelle », prend appui sur une définition des ressources et de la coordination pour opérationnaliser la proximité. Les différents niveaux de proximité qui sont proposés permettent une approche analytique beaucoup plus fine que la précédente, leur effort de conceptualisation mérite qu'on s'y intéresse pour toute analyse empirique. Elle permet de faire interagir les différentes proximités pour expliquer une situation réelle. Dans notre cas, elle est également riche en vertus explicatives et mêmes opérationnelle pour les décideurs-acteurs qui voudraient faire naître une coopération sur le terrain.

ENCADRÉ 7.3
Typologie des formes de proximité

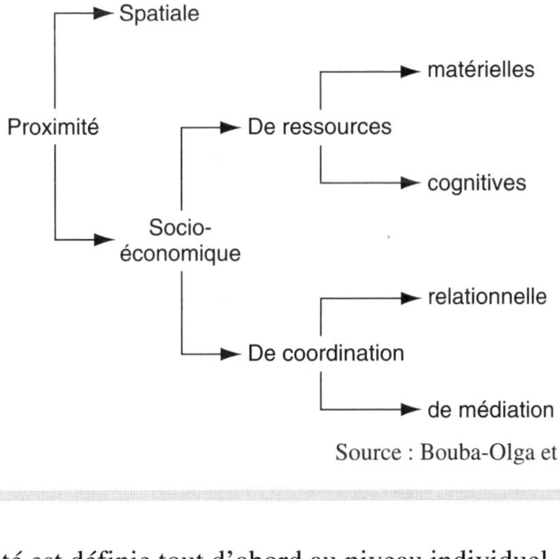

Source : Bouba-Olga et Grossetti, 2008

La proximité est définie tout d'abord au niveau individuel, sans que les individus soient envisagés comme étant des composantes d'une ou plusieurs organisations.

La ressource est définie au sens large comme étant matérielle ou cognitive. Les ressources matérielles sont exprimables sous forme d'actifs, mais peuvent aussi être des diplômes, des acquis divers, socio-économiques, statuts, etc. Les individus sont semblables ou complémentaires par rapport aux ressources dont ils disposent, ce qui définit leur proximité de ressources matérielles.

Les ressources cognitives existent dans la tête des acteurs. Elles sont par essence « immatérielles », comme les informations, les connaissances, les règles et les normes qui renvoient en partie au concept de proximité institutionnelle défini par le passé. Ce type de ressource est essentiellement individuel, les acteurs en sont les vecteurs.

La proximité de coordination est propre à la conception interactionniste, que nous empruntons à Bouba-Olga et Grossetti. La forme classique de coordination est celle des réseaux sociaux analysés par la sociologie économique. La position des différents acteurs dans les réseaux définit la proximité relationnelle et de médiation. Pourquoi avoir séparé les deux ? Ceci permet la reconnaissance de l'existence d'une proximité « intermédiée », au travers de dispositifs qui autorisent l'échange sans que les réseaux soient activés. Il s'agit de ressources de médiation qui peuvent exister entre les individus, mais également entre les organisations. Ces ressources peuvent être les entreprises (entre individus), mais aussi le marché (entre entreprises) ou la coopération (entre organisations au sens large).

Le passage du niveau individuel au niveau organisationnel d'analyse implique deux préalables : une définition des relations entre organisations (échange, coopération, concurrence) et une prudence dans la mobilisation des aspects les plus « cognitifs », qui sont difficilement identifiables à ce niveau d'action.

La définition des relations inter-organisationnelles est nécessaire au vu de la complexité des relations interindividuelles (la relation est présente entre salariés de plusieurs organisations, proches par leurs ressources). « Les relations informelles entre organisations renvoient en réalité à des processus d'encastrement qu'il vaut mieux identifier et analyser comme tels, d'autant plus que c'est souvent là que se jouent les effets de la proximité spatiale. » (Bouba-Olga et Grossetti, 2008, p. 13-14)

Au niveau de la proximité de médiation, les dispositifs inter-organisationnels sont bien identifiables (SPL, interprofessionnelle, marché, sites internet…). En revanche, les aspects cognitifs ou les « ressources cognitives organisationnelles » sont à définir. À ce point, nous nous heurtons à la principale limite de cette typologie de Bouba-Olga et Grossetti, qui est celle de considérer des individus indifférenciés. Les approches gestionnaires, en théorie des organisations ou en conduite du changement et management stratégique, ont montré le rôle essentiel des managers, des têtes de réseaux et du jeu d'acteurs dans les organisations. Les individus peuvent jouer un rôle de catalyseur à cause de leur importance stratégique, déterminée par leur place dans l'organisation et leurs différences en termes de compétences ou de leadership.

La proximité relationnelle peut être construite en activant la dynamique relationnelle entre individus, qui sont repérés comme étant des leaders, des têtes de réseaux.

Cette différenciation au niveau du positionnement des acteurs ouvre des portes aux propositions analytiques qui viendraient enrichir l'approche globale et la typologie proposée par Bouba-Olga et Grossetti. Nous pouvons considérer que les acteurs stratégiques peuvent avoir un effet d'entraînement sur les réseaux. C'est un rôle plus important que celui de médiation.

Au niveau de la proximité relationnelle, on pourrait identifier les différents jeux d'acteurs dans l'activation des chaînes relationnelles.

7.5 MARCHÉ DU TRAVAIL LOCAL COMME EXTERNALITÉ POSITIVE

Le paradigme néoclassique traite le marché du travail sous un angle commun aux autres marchés des biens et services, en développant une théorie de l'offre et de la demande de travail. La nouvelle microéconomie du marché du travail (Cahuc et Zylberberg, 2003) a repris et développé cette approche et nous trouvons, chez ces auteurs, une analyse différenciée du coût du travail au sens propre (salaire), d'une part, et des coûts d'ajustement, liés à la réorganisation, à la fluctuation des marchés et à la mobilité de la main-d'œuvre, d'autre part.

Les coûts d'ajustement prennent en compte les coûts de licenciement, qui affectent la demande de travail dans un environnement incertain et changeant et les coûts d'embauche, liés au recrutement et à la formation initiale des nouveaux employés. Les coûts de licenciement sont des transferts versés en cas de séparation, des coûts indirects dus à la « protection de l'emploi ». Abowd et Kramarz (2000) ont étudié les coûts à l'embauche dans le contexte français. Le résultat montre que le coût moyen d'un départ représente 56 % du coût annuel du travail, alors que le coût d'une embauche représente seulement 3,3 % de ce même coût. Le contexte institutionnel a une importance déterminante sur la nature et l'importance de ces coûts. Les États-Unis ont une structure qui est à l'opposé de celle qui prédomine en France. Les coûts à l'embauche sont importants et supérieurs aux coûts de licenciement.

Malgré les progrès en termes de mobilité de la main-d'œuvre résultant du mouvement de mondialisation de la production et des échanges, le marché du travail est un marché local, encastré dans un réseau social et dans un territoire, dans une région géographique. Les travaux sur les réseaux d'entreprises et sur les districts industriels et clusters ont défini le cadre du marché du travail local et ses avantages en termes d'économies externes. Marshall, dans ses *Principles of Economics*, a été un des pionniers, montrant l'existence d'externalités présentes dans un district industriel constitué comme une agglomération d'entreprises concurrentes d'un même secteur. L'entreprise qui fait partie du district bénéficie de trois effets en se localisant près des autres firmes du même secteur : des économies de coûts de transport dans la production et la distribution (fournisseurs, clients), des échanges intenses d'information entre producteurs (atmosphère industrielle ou *technological spillovers*) et enfin un *marché du travail local spécialisé et efficace*.

Ce dernier effet, dit de *labor market pooling*, permet à l'entreprise de profiter d'opportunités d'embauche liées à l'offre de travail présente dans les autres entreprises de l'agglomération et, souvent, à des centres de formation spécialisés dans leur propre secteur d'activité, à des infrastructures développées. La main-d'œuvre est également avantagée dans ces districts, ayant accès à de nombreuses opportunités en cas de perte d'emploi valorisant les savoir-faire et les compétences particulières acquises, sans avoir à quitter la région. Pour les entreprises, l'existence d'un vaste marché du travail spécialisé et formé réduit les coûts de recherche et de recrutement et, par conséquent, les coûts d'ajustement. Ces avantages partagés sont un effet positif de l'agglomération, qui utilise une main-d'œuvre présente localement et qui bénéficie d'une meilleure adéquation entre l'offre et la demande de travail.

Ce marché du travail apparaît comme une source potentielle d'externalités positives pour les TPE et PME, mais qu'en est-il en pratique ? En effet, les organisations du type cluster ou SPL sont des formes endogènes d'institutions. On peut remarquer le fait que la rencontre entre l'institutionnalisme et l'école de la proximité est fondée sur la reconnaissance du caractère social de l'individu et de l'importance des échanges non marchands dans l'analyse économique. Dans ce cadre, la dynamique de la proximité enrichit l'analyse de Porter, qui considère que *le relationnel social est le moteur de la compétitivité du cluster*. Pour Porter, la dimension sociale constitue une condition nécessaire à la création et au fonctionnement d'un cluster, elle domine même la dimension régionale, qui n'en est que le corolaire. Or, le salarié est acteur et vecteur de proximité.

ENCADRÉ 7.4
La gestion des ressources humaines dans les SPL

La mutualisation de la gestion des ressources humaines entre les firmes d'un SPL suit une logique de réseau ou de groupement d'employeurs dont l'objectif est la réduction des coûts d'embauche. La proximité physique, territorialisée, résulte d'une dynamique de complémentarité entre les firmes et les pouvoirs publics, à travers les dispositifs pour l'emploi et la proximité avec les centres de formation. Cette dynamique attire de nouvelles implantations pour lesquelles la présence d'un pôle de main d'œuvre qualifiée, spécialisée, est perçue comme une externalité positive. La politique de gestion des ressources humaines commune aux entreprises du SPL est un moyen d'organiser la proximité à l'aide de la construction, dans le temps, d'une culture commune.

Les moyens utilisés pour organiser la GRH commune sont les suivants :

1. La communication interne au SPL (informations, *newsletter*, etc.) ;
2. Les projets de formation réalisés et les partenariats avec les centres de formation ;
3. Le recrutement mutualisé ;
4. La gestion des compétences.

Citons l'exemple de Polepharma, un SPL situé près de Chartres, dans la région Centre. Avec ses 100 entreprises membres et ses 15 000 emplois dans le secteur de la pharmacie, Polepharma a connu une croissance soutenue depuis sa naissance en 2002. Le SPL a développé les quatre moyens de mutualisation de la GRH cités ci-dessus. Les actions de formation sont effectuées en partenariat avec les universités de Tours et d'Orléans. Le recueil des besoins en compétences complète les projets de recrutement de trois postes pour dix structures, étant donnée la main-d'œuvre très spécifique.

Source : Bobulescu et Calamel, 2009

QUESTIONS D'ENTRAÎNEMENT

1. Quels liens existe-t-il entre les économies d'échelle, les externalités et la taille des firmes ? (7.1.)
2. Spécificités des PME et économies d'agglomération. (7.2.)
3. Comment peut-on interpréter le rôle de la proximité géographique dans une perspective porterienne ? (7.3.)
4. L'espace géographique est-il un cadre suffisant pour appréhender un cluster ? (7.3.)
5. Étudiez la typologie de la proximité en considérant des cas observés dans la pratique courante des affaires. (7.4. et Encadré 3)

LECTURES SUPPLÉMENTAIRES :

Largier, A., Lartigue, S., Soulard, O. et Tarquis, C., (2008), *Clusters mondiaux : regards croisés sur la théorie et la réalité des clusters. Identification et cartographie des principaux clusters internationaux*, Institut d'aménagement et d'urbanisme de la Région Ile-de-France.

Levratto, N., (2009), *Les PME. Définition, rôle économique et politiques publiques*, De Boeck.

Raymond, L. et Blibi, S., (2005), *Les PME. Bilans et perspectives*, Cap-Rouges-Presses InterUniversitaires.

Torrès-Blay, O., (2010), *Économie d'entreprise*, Economica, Paris, 3e édition.

8

PERFORMANCES ET MESURES

SOMMAIRE

La notion de performance correspond à la mesure de la qualité des résultats obtenus suite aux stratégies de marché des firmes. Elle implique une définition des critères vis-à-vis desquels les bons et les mauvais secteurs pourront être identifiés (Moati, 2000). Divers critères sont possibles, selon le point de vue adopté.

Un premier critère, souvent utilisé en économie industrielle, est celui de l'efficience de l'allocation des ressources disponibles. Ce critère évalue la capacité de la structure du marché à permettre aux agents économiques d'utiliser leurs ressources d'une façon optimale (dans les termes de l'optimum de Pareto) et de s'adapter à la demande des consommateurs en termes quantitatifs et qualitatifs. Mais comme nous l'avons déjà souligné au chapitre 1, cette approche est statique dans la mesure où elle considère la performance comme le résultat de la structure du marché. Or, comme les développements des chapitres précédents l'ont souligné, les performances sont en grande partie liées à la capacité des firmes à réaliser et à entretenir des stratégies qui réussissent à travers, par exemple, les partenariats et les activités d'innovation, qui leur permettent d'obtenir une coopération avec ou une avance cruciale sur leurs concurrents, mais aussi d'affecter la demande en offrant de nouveaux produits ou des produits différenciés.

Par ailleurs, des facteurs externes, comme les politiques suivies par les pouvoirs publics, peuvent inciter les firmes à adopter des critères de performance qui ne seront pas en lien direct avec le critère d'efficacité statique. Dans ce cas, c'est la capacité des firmes et, donc, du secteur à contribuer aux objectifs de politique économique qui sera questionnée. Contribuer à améliorer la balance des paiements de l'économie nationale en augmentant la compétitivité-prix et la compétitivité hors prix de la structure productive nationale, permettre de créer des emplois et jouer un rôle locomoteur dans le développement industriel de l'économie en créant des effets d'entraînement sur les secteurs annexes, respecter les prérogatives d'une politique environnementale, etc. seront les repères dans l'orientation des stratégies des firmes et, par voie de conséquences, dans la réalisation d'un certain type de performance.

Mais, quel que soit le critère dominant, du point de vue d'une firme ou d'un secteur donné, la quantification de la performance est souvent liée à un critère de compétitivité qui traduit le positionnement de la firme sur le marché. Comme ce positionnement est le résultat des stratégies antérieures suivies, la compétitivité sera alors un indicateur de la performance en lien avec les compétences des firmes.

8.1 COMPÉTITIVITÉ ET PERFORMANCES

Le concept de compétitivité compare, pour une firme (ou un groupe de firmes ou, encore, une économie nationale), les niveaux atteints par certaines variables, jugées représentatives de la situation économique dans l'évolution du secteur. La compétitivité peut prendre en compte des facteurs qualitatifs, comme la capacité d'innovation, le degré de spécialisation, de différenciation ou la qualité des produits, qui peuvent affecter favorablement la performance de la firme. De la même manière, une croissance de la productivité est souvent considérée comme un facteur renforçant la compétitivité de la firme. Mais en raison des difficultés de mesure liées à ces facteurs, on utilise souvent des mesures plus restrictives de compétitivité, comme les variations des différences de coût ou de prix entre les firmes d'un marché. Comme la compétitivité peut signifier aussi la capacité d'entrer et de s'imposer sur de nouveaux marchés, l'évolution des activités ou des parts de marché de la firme peut aussi être prise en compte dans l'analyse de la compétitivité. Quelle que soit la définition préférée, la compétitivité est un concept relatif à une période et à un lieu et évolue non seulement en fonction de l'évolution des forces et faiblesses de la firme mais aussi en fonction de l'évolution de ses marchés et de la conjoncture générale (économie nationale, relations internationales, etc.).

Les facteurs suivants peuvent être utilisés pour identifier le degré de compétitivité d'une firme ou d'une activité (Lachaal, 2000) :

- *Les caractéristiques du marché et du produit de la firme* : Comme on l'a signalé dans l'analyse de la dynamique des firmes à travers les chapitres précédents, la position concurrentielle d'une firme dépend de ses stratégies, qui sont en interaction avec la structure du marché. Les caractéristiques de l'offre (conditions de production, nature et degré de la concurrence entre firmes, degré de la concurrence par les prix, différenciation, définition du produit autour de ses divers attributs comme la qualité, le service après-vente, etc.) et de la demande (préférences des consommateurs, besoins nouveaux à anticiper, stratégie de niche) constituent la panoplie des éléments déterminant la compétitivité ;
- *Les innovations* : Le progrès organisationnel et technologique (R&D) affecte l'efficacité de l'activité de la firme et détermine sa productivité ;
- *Les économies d'échelle et d'envergure* : La rentabilité de l'activité dépend aussi de l'échelle d'utilisation des ressources à travers un niveau de production accru ou une présence sur de nombreux marchés à partir de la base productive, commerciale, ou financière existante. Des avantages de coût, de réduction des risques, etc. interviendront alors dans la compétitivité de la firme ;
- *Le cadre réglementaire et les politiques économiques* : Les contraintes réglementaires peuvent constituer des avantages ou des désavantages dans la conquête d'un avantage concurrentiel pour les firmes. Les modifications de la législation, l'ouverture à la concurrence interne ou internationale ou, au contraire, des mesures protectionnistes appliquées par les autorités nationales, ou des mesures en vue d'encourager les innovations sur un marché ou dans une économie donnée sont autant de facteurs extra marché qui interviennent dans la compétitivité des activités. Les politiques fiscale, monétaire et de change sont aussi des éléments extérieurs qui influent sur la compétitivité des firmes dans une économie.

Dans cette lignée, différentes mesures peuvent être utilisées afin d'évaluer la compétitivité des firmes [1]. Au niveau sectoriel, on peut considérer les coûts de produc-

1 Pour une analyse approfondie de cette question, voir, entre autres, Debonneuil et Fontagné (2003), Lachaal (2000) et Moati (2000).

tion et la productivité des facteurs pour évaluer la compétitivité. Pour pouvoir utiliser les coûts de production en tant qu'élément de mesure pertinent, il convient d'établir des critères communs à toutes les firmes dont on cherche à mesurer la compétitivité. Ce problème apparaît surtout au niveau des comparaisons internationales, les différentes économies pouvant présenter des caractéristiques techniques, organisationnelles et réglementaires différentes [2]. Aussi, dans une même économie donnée, il y a de grandes différences entre les firmes d'un même secteur. Toutefois, le coût de production d'une unité de produit peut être utilisé comme un critère cohérent, à condition de pouvoir évaluer aussi les aspects objectifs et subjectifs de la différenciation entre les produits des différents offreurs.

La différence entre les productivités des facteurs employés dans deux unités de production peut aussi être considérée comme un indicateur pertinent, dans la mesure où cette différence traduit un élément déterminant dans la rentabilité des activités considérées. Il convient alors de considérer en même temps les différences au niveau des techniques de production qui sont utilisées dans les secteurs. Mais comme cet élément est considéré comme une variable stratégique importante dans la performance des firmes, les différences technologiques donneront une idée relativement robuste sur l'état de la compétitivité sectorielle.

Au niveau des firmes (niveau microéconomique), la part du marché et le niveau du profit donnent une idée sur la compétitivité des offreurs individuels. Surtout, l'évolution de la part du marché des firmes, dans une optique dynamique, constitue un bon indicateur de performance, permettant d'inclure dans l'évaluation aussi bien les variables de compétitivité-prix que les variables de compétitivité hors prix. Toutes choses étant égales par ailleurs, l'évolution du niveau de profit peut se présenter comme un indicateur de performance dans la mesure où la finalité de l'activité d'une firme est liée, en dernière instance, à la réalisation de gains monétaires nets croissants. L'évaluation de la capacité d'une firme à assurer une activité rentable tant du point de vue de l'accroissement de ses capacités d'autofinancement (sa pérennité financière dans le temps et sa capacité à honorer ses engagements de dette, sa solvabilité) que du point de vue de la satisfaction de ses actionnaires est un indicateur très suivi de réussite.

Toutefois, les critères sectoriels et les critères individuels de performance peuvent présenter des contradictions. Ces contradictions viennent, d'une part, du caractère trop globalisant de la notion de secteur et, d'autre part, des différences entre les objectifs des parties qui forment une firme donnée. Les deux sections suivantes sont consacrées à une étude synthétique de cette question.

---

2 Voir, par exemple, Hountondji et Longhi (1989), qui étudient les relations entre les échanges internationaux et les performances des entreprises industrielles dans la région P.A.C.A. en considérant les caractéristiques structurelles des marchés, les conditions de production et de rentabilité et l'insertion internationale des firmes au moyen de modèles de concurrence sectorielle oligopolistique.

8.2 PERFORMANCES DES SECTEURS, PERFORMANCES DES FIRMES

Un indicateur de performance évalue donc l'évolution d'une variable jugée critique dans la réalisation des résultats désirés. L'indicateur doit pouvoir permettre de signaler (*indicateur d'alerte*) un état anormal du système (ce qui nécessite, en général, une action), de montrer la capacité de l'entité à suivre ses objectifs (*indicateur d'équilibration*) et de rendre possible la prospection (*indicateur d'anticipation*). Pour les firmes, le ou les indicateurs doivent distinguer les secteurs rentables et/ou en croissance. Les performances étant, par nature, multicritères, il paraît judicieux de multiplier les angles d'approche, surtout lorsqu'il s'agit d'évaluer les caractéristiques d'un secteur. Toutefois, ce caractère multicritère des indicateurs engendre des difficultés d'appréhension des performances. Par exemple, lorsque l'on considère le critère de rentabilité (de profit), la prise en compte du temps dans l'évaluation joue un rôle essentiel. Dans l'évaluation des performances sectorielles, il existe une composante conjoncturelle (traduisant les chocs temporels qui affectent les activités à un moment donné) et une composante structurelle (qui traduit le poids des caractéristiques du secteur dans la réalisation des performances). Dans cet objectif, des séries temporelles sont utilisées pour obtenir les informations nécessaires sur l'évolution à moyen et long termes des variables critiques.

Aussi, une des difficultés dans l'analyse des performances sectorielles vient des liens, pas toujours évidents, entre les performances des firmes et celles des secteurs. Les indicateurs sectoriels sont élaborés à partir des indicateurs individuels à travers deux types de méthode d'agrégation. La première méthode consiste à consolider les données individuelles des entreprises dans un secteur donné. Il s'agit de *l'indicateur sectoriel global*. Par exemple, le taux de profit d'un secteur sur une période sera calculé à partir des taux de profit de chacune des firmes présentes dans le secteur, pondérés des poids relatifs des firmes. La deuxième méthode est *l'indicateur sectoriel moyen,* qui est une moyenne arithmétique des indicateurs individuels, chaque firme étant considérée avec le même poids. Il est évident que dans les statistiques, on dispose seulement des données individuelles d'une manière objective, le secteur étant constitué à partir de ces données. Or, les performances des entreprises d'un même secteur peuvent être très divergentes, ce qui oblige à calculer des indicateurs de dispersion des performances dans le secteur.

Néanmoins, la notion de secteur est considérée comme un point de repère dans l'évaluation des performances individuelles, lorsque l'on suppose que la structure du marché affecte les résultats des firmes. Si le secteur est vu comme l'environnement dans lequel la firme agit, il acquiert une importance pertinente telle que les firmes qui sont sur un marché spécifique ou qui veulent y entrer vont élaborer leurs stratégies en fonction non seulement de leurs propres capacités et moyens mais aussi en fonction des caractéristiques structurelles du marché. L'évolution de la demande sur le plan global du secteur, l'état de la technologie et les opportunités que l'on peut y déceler, la présence des aides et subventions de la part des autorités, le positionnement du secteur dans la conjoncture internationale, etc. constituent des informations stratégiques pour les firmes. Ainsi, certains secteurs peuvent apparaître comme étant des secteurs porteurs, alors que d'autres seront évités par les firmes. Ceci dit, le lien entre structure et performance n'est pas statique ni uniforme pour toutes les firmes. Alors que certaines firmes pourront bénéficier des aspects positifs de leur secteur, d'autres n'y trouveront pas de rendements satisfaisants. Ici interviennent les différences entre les avantages concurrentiels des firmes.

En effet, les approches individuelles des firmes ne sont pas les mêmes. Sur un marché donné, on trouvera plusieurs firmes suivant des stratégies différentes. Les conceptions et perceptions subjectives feront que toutes les firmes n'évalueront pas de la même façon les potentiels, les faiblesses ou les forces du secteur. Elles n'ont pas non plus les mêmes caractéristiques individuelles et diffèrent les unes par rapport aux autres en termes de capacités, de moyens, d'aptitudes et d'objectifs. Certaines suivront une stratégie de rendement à court terme, d'autres des stratégies de développement, de R&D, d'expansion, etc [3].

Ces réflexions font que, contrairement à l'approche néoclassique qui raisonne en termes d'un agent producteur ou d'une firme représentative de l'ensemble des marchés, les comportements et les résultats des firmes se révèlent sensiblement différents. Le fait que, sur un marché, il puisse y avoir des entrées et des sorties, mêmes libres dans certains cas (secteurs jeunes, avec peu de barrières à l'entrée), n'implique pas trivialement un comportement optimal identique pour l'ensemble des concurrents, ce qui serait donné à l'équilibre concurrentiel dans le modèle néoclassique. Par exemple, du point de vue de la dynamique schumpeterienne d'évolution économique, les modifications incessantes des marchés et des comportements, sous l'influence des stratégies subjectives des firmes, débouchent sur des résultats hétérogènes entre firmes, mais aussi entre secteurs.

Les approches évolutionnistes soulignent alors que l'évolution est un processus d'essais et d'erreurs, d'apprentissages et de changements, fortement influencés par l'histoire, la culture et les compétences variées et diverses des acteurs. On pourrait ainsi observer, sur des secteurs qui se trouveraient *a priori* en fin de cycle de vie, des firmes très performantes sachant exploiter des niches de demande encore vigoureuses. Dans cette perspective, la structure du marché constitue l'une des dimensions qui interviennent dans les performances des firmes, mais les stratégies et les performances individuelles des firmes agissent aussi crucialement sur les structures de marché et, partant, sur les performances sectorielles.

En fonction des résultats observés et analysés (les capacités d'observation et d'évaluation des firmes sont aussi différentes les unes par rapport aux autres), les firmes modifient leurs stratégies, essaient de nouvelles formes d'organisation et de technologie. Elles s'orientent vers l'abandon des compétences disponibles au profit d'autres compétences nouvelles, elles créent ou imitent de nouvelles formes d'organisation et de disposition, elles cherchent à affecter l'environnement réglementaire et concurrentiel.

3 Pour les différents travaux dans ce domaine, le lecteur peut se référer à Moati, 2000.

8.3 PERFORMANCES INDIVIDUELLES ET GROUPE STRATÉGIQUE

Un des moyens d'éviter les écueils d'une approche statique et homogénéisante des performances est de considérer la notion de *groupe stratégique*. Un groupe stratégique est un ensemble d'entreprises qui adoptent des stratégies similaires, ce qui situe l'analyse à un niveau comparatif entre différents groupes stratégiques et donc, entre différentes stratégies possibles sur un même marché. En reprenant la lecture de Porter en termes de forces de la concurrence et de stratégies génériques, étudiées au chapitre 5, on peut identifier les possibilités de performances à partir des caractéristiques des groupes stratégiques.

Pour ce faire, il convient d'établir une carte d'identification des groupes stratégiques en évaluant les disparités entre les firmes qui composent un secteur donné. Le positionnement proche de certaines firmes dans le secteur donnera alors un groupe stratégique si ce positionnement peut être assis sur un ensemble de comportements semblables. Par exemple, on peut déterminer si les firmes qui procèdent à une stratégie de croissance dans leur secteur se révèlent plus performantes que les autres. Aussi, les résultats des activités de R&D qui débouchent sur des positions dominantes rentabilisables signifieront une orientation stratégique gagnante dans le secteur. Par opposition, les firmes qui resteraient à l'écart de ces stratégies performantes indiqueront les erreurs et manques de capacité des firmes peu performantes et l'attitude qu'il (ne) faudrait (pas) avoir pour réussir dans le secteur.

Ainsi, il devient possible d'identifier les choix et variables à l'origine des différences de performances. Toutefois, là encore, on rencontre le problème d'établir un ensemble de critères communs applicables à l'analyse d'un secteur dans sa globalité. Souvent, les enquêtes effectuées auprès des entreprises par des instituts de statistiques visent à collecter des données dont l'analyse et le traitement pourrait donner des pistes d'évaluation cohérentes. Par exemple, l'Insee réalise en France, tous les ans, des enquêtes de ce type auprès d'un échantillon d'entreprises de l'industrie manufacturière, de l'industrie agro-alimentaire, du secteur des transports, de la construction, du commerce et d'autres services financiers (voir le site de *insee.fr*).

Du point de vue global, les performances des firmes sont liées à leurs caractéristiques individuelles spécifiques que l'on peut observer à travers l'analyse des éléments qui déterminent leurs compétences.

8.4 COMPÉTENCES

Les compétences affectent les performances des entreprises. Elles sont fondées sur les spécificités et capacités des composantes tant au niveau individuel de chacune d'elles qu'au niveau de leur cohérence dans la structure constitutive des firmes et des stratégies générales suivies dans un objectif commun. Les compétences sont définies par différents facteurs et critères.

Les compétences peuvent être entendues comme la qualification liée aux savoir-faire et connaissances du métier de la firme (approches sociologiques du travail dans la lignée d'Alain Touraine). Elles peuvent être définies aussi comme les informations acquises par les individus sur les marchés suivant les théories de la R&D et les approches néoclassiques de l'innovation. Il est possible de considérer, au contraire, les compétences comme l'aptitude reconnue à une personne ou à une institution, une connaissance permettant de juger ou de décider, dans la lignée des approches évolutionnistes de Nelson et Winter et de Simon.

On peut utiliser ces éléments afin de classer les compétences en différentes catégories interdépendantes et de souligner que les compétences constituent un phénomène collectif, organisationnel et complexe :

1. Certaines aptitudes permettent des activités telles qu'un effort de R&D ou une nouvelle organisation performante, traduisant les compétences économiques de la firme. Cette idée renvoie à la capacité cognitive d'un agent économique à recevoir, à utiliser et à traiter des informations pour prendre des décisions ou suivre des stratégies. À ce niveau, c'est l'analyse des capacités organisationnelles de la firme qui intervient en montrant, par exemple, l'importance de l'équipe managériale dans l'organisation et la coordination des compétences. Les économies d'échelle, d'envergure et de variété deviennent alors dépendantes des connaissances et expériences de l'organisation, qui permettent ou non d'exploiter le potentiel des progrès techniques. Ce dernier point débouche sur une deuxième catégorie distinctive de compétences.
2. En effet, certaines ressources, liées aux talents mais aussi aux habitudes, routines et expériences, sont déterminées par le processus d'apprentissage et par la diffusion du savoir-faire dans la firme, traduisant l'importance de l'existence d'un processus interne de création d'actifs spécifiques. Ce sont des schémas de comportements réguliers, stables et des règles de décision spécifiques à la firme qui constituent la mémoire organisationnelle à travers les *compétences centrales* (*core capabilities*).
3. La troisième catégorie correspond aux *compétences externes* : l'existence d'actifs externes spécifiques comme la réputation, l'image de marque ou les relations/réseaux d'alliances-collaborations dans lesquelles l'entreprise est engagée. Cette catégorie de compétences montre l'aptitude de la firme à agir sur son environnement et à établir des liens positifs avec les autres en transformant ses concurrents et/ou consommateurs en partenaires. De ce point de vue, on pourrait considérer le processus d'innovation ouverte comme faisant partie des compétences externes.

Une particularité remarquable des compétences est de former un système dont les parties peuvent difficilement être isolées les unes par rapport aux autres. La notion d'actifs spécifiques trouve dans cette lecture une définition stratégique dans la mesure où les compétences de la firme ne requièrent de sens que si elles sont agencées dans une structure organisée de façon adéquate (les différentes compétences ne valent pas grand-chose si elles sont isolées ou mal disposées). Aussi, les compétences sont souvent des données qui ne sont pas explicitement perceptibles mais qui requièrent une valeur objective lorsqu'elles sont employées à l'intérieur d'un système ordonné et orienté. Ceci souligne l'importance de la capacité et de la qualité organisationnelles de la firme dans la mise en valeur des compétences à travers une structure hiérarchique incitative verticale (hiérarchie multidivisionnelle) ou horizontale (structure japonaise). Les compétences font partie de la culture de l'entreprise et ne sont souvent pas décelables par les composantes comme des compétences distinctives. Le développement des compétences à l'intérieur de l'organisation est un processus continu qui s'enrichit par l'intégration de nouvelles compétences, dont l'évolution peut suivre une trajectoire variable et non forcément linéaire et cumulée.

Du point de vue stratégique, les performances des firmes sont dépendantes de leur capacité à créer et à exploiter des compétences qui leur permettraient de se distinguer de leurs concurrents. L'avantage concurrentiel se trouve cristallisé à un moment donné dans les compétences disponibles (ressources et actifs tangibles et intangibles comme les talents, la réputation, les flux d'information, etc.). Il apparaît que les compétences sont les sources d'un avantage concurrentiel, mais aussi le résultat d'un grand nombre de décisions. Les activités sont un ensemble d'actions économiques séparées mais interconnectées, comme l'assemblage des composants, les démarches de vente, le traitement des bons de commande, etc. Ces activités sont les unités de base de la création de valeur pour le client. Ceci nécessite une restructuration de l'organisation en *séquence principale* qui consiste à déterminer la contribution de chaque fonction d'une firme à la valeur ajoutée d'une activité donnée. La séquence principale englobe les activités qui créent de la valeur pour le client en temps réel. Dans cette perspective, les firmes identifient les activités directes qui interviennent dans la création de valeur (par exemple, la logistique interne et externe, la production, la commercialisation/vente, les services), les isolent des nombreuses activités de support (par exemple, la gestion des ressources humaines, la R&D et les approvisionnements) et les organisent en un enchaînement cohérent : « Cette démarche a deux conséquences positives. Tout d'abord, les travaux de préparation et les travaux extérieurs sont écartés de cet enchaînement, de telle façon que l'essentiel du travail direct destiné à livrer un produit ou un service à un client puisse être effectué de façon linéaire et sans gaspillage de temps. Ensuite, les liens et interdépendances entre les différents départements ou les diverses unités de la firme qui créent directement de la valeur pour le client sont mis en évidence. » (Ülgen, 2002, p. 273)

La contrainte qui en apparaît pour la firme est de disposer et d'utiliser une grande diversité de compétences. La capacité à exploiter les connaissances externes est une composante fondamentale de la capacité d'innovation de la firme. Mais cette capacité dépend aussi des compétences acquises de la firme qui déterminent sa capacité d'absorption comme les compétences de base, générales ou techniques et les connaissances scientifiques et technologiques récentes de différents champs. Parallèlement à la disposition des compétences, la question du dialogue interne à l'organisation, c'est-à-dire la question de la circulation des connaissances et compétences à l'intérieur de la firme, se pose. Il s'agit de concilier la diversité de la connaissance et son nécessaire partage entre les composantes en acquérant des capacités à communiquer (*shared language*) au sein de la firme.

8.5 LA RENTE COMME INDICATEUR DE PERFORMANCE

L'objectif premier de l'entreprise est la maximisation du profit et de la rente. Le problème de la microéconomie néoclassique est l'absence de profit dans les conditions de concurrence pure et parfaite, alors que la maximisation du profit constitue la principale motivation économique de l'entreprise, son principe comportemental. En postulant la rationalité parfaite, le comportement d'optimisation de l'allocation des facteurs de production débouche logiquement sur la maximisation du profit. En réalité, l'information n'étant pas parfaite, c'est l'incertitude qui prédomine et qui rend caduque l'hypothèse de rationalité parfaite. En sus, la maximisation du profit a lieu dans un contexte de concurrence imparfaite, dans laquelle le profit du producteur n'est pas annulé à long terme par l'arrivée de nouvelles firmes concurrentes sur le marché. Cela signifie que, sous certaines conditions, la firme peut bénéficier d'un pouvoir de marché permanent, lui assurant un profit non nul. C'est l'origine de la *rente*, qui correspond à un taux de profit supérieur au taux de profit d'équilibre de longue période. Les barrières à l'entrée protègent cette rente.

Pour évaluer la performance des firmes nous pouvons faire référence à l'obtention de la rente sous ses deux formes : la rente différentielle et la rente de monopole. La première trouve son origine dans les avantages en termes de coût, alors que la seconde est liée aux avantages hors coût (Levet, 2004) :

1. *La rente différentielle :* L'origine de la notion de rente se trouve dans la pensée classique (Smith, Ricardo) et se traduit par les différences de coût de production entre les producteurs. Elle provient de la demande et de la rareté de la terre. La hausse de la demande pour le blé, par exemple, oblige les producteurs à utiliser de plus en plus de terres, dont la fertilité est décroissante. C'est la loi des rendements décroissants. La hausse des coûts de production sur ces dernières terres moins fertiles va augmenter le prix du blé, car ce prix est défini par la productivité marginale (celle de la terre utilisée en dernier lieu, par conséquent la moins fertile). Le différentiel de revenu (défini comme différence entre le prix de vente et le coût de production) entre les terres fertiles et les moins fertiles constitue la rente différentielle du producteur de blé. Marshall a repris la notion de rente pour l'appliquer aux différents processus de production dans l'industrie manufacturière. Il la définit comme un surprofit lié à toute activité économique, résultant de l'imperfection de la concurrence.

   Selon Chevalier (cité par Levet, 2004), il existe quatre sources de rente différentielle :

- *la rente minière* qui provient, comme la rente ricardienne, des rendements décroissants propres aux industries d'extraction. C'est le cas de la rente pétrolière dont bénéficie un pays comme l'Arabie saoudite, dont les coûts de production sont largement inférieurs à ceux des autres pays producteurs ;
- *la rente de qualité* liée à la différence de qualité des matières premières et des minerais. Dans l'industrie du diamant, le géant producteur De Beers bénéficie depuis plus de cent ans de cette rente liée à la qualité de ses mines de diamant et à son monopole dans le tri des meilleures pierres ;
- *la rente de position* résulte d'un positionnement géographique avantageux. Cela peut être une proximité avec la source d'approvisionnement ou bien une proximité géographique avec le consommateur ;
- *la rente technologique* constitue un avantage-coût traduisant la supériorité technologique ou une meilleure organisation que les concurrents. Cela se traduit par l'exploitation d'un brevet protégeant la propriété intellectuelle de la firme et qui lui confère une rente de monopole en même temps que la rente différentielle. C'est le cas d'Apple aujourd'hui et de ses produits innovants que sont l'iPad, l'iPhone, I'iPod, etc.

2. *La rente de monopole* est liée au pouvoir de marché, à la domination par les prix et/ou par les quantités. Elle peut provenir :
   - de la présence d'une seule firme sur le marché (monopole) ;
   - de l'entente entre plusieurs firmes (cartels, alliances) ;
   - de la différenciation des produits (concurrence monopolistique).

   La firme dominante bénéficie d'une rente car elle est *price-maker*, elle fixe le prix de vente à un niveau supérieur au prix concurrentiel.

   Cependant, une approche figée, statique de la rente ne permet pas d'identifier les facteurs qui jouent un rôle important dans son acquisition. D'un point de vue dynamique, deux approches permettent d'expliquer le processus de création et d'appropriation de la rente : le rôle de l'innovation et l'action de la firme sur les structures de marché. Selon Schumpeter, l'innovation procure une rente d'information et permet en même temps de combiner la rente différentielle avec la rente de monopole. La stratégie des firmes est orientée vers l'obtention simultanée de ces deux types de rente : l'avantage-coût est une base stratégique d'obtention d'un avantage hors coût ou d'un pouvoir de marché.

   En termes de performance, cette vision dynamique permet d'envisager le long terme et la pérennité de l'entreprise.

ENCADRÉ 8.1
Le cartel Orange-Bouygues-SFR : la rente menacée

Le triumvirat de la téléphonie mobile en France est en train de subir une menace sur la rente obtenue grâce à leur entente sur les prix des forfaits mobiles depuis l'obtention de leurs trois licences. SFR, Bouygues et Orange ont déjà été condamnés pour entente illicite en 2005 par l'Autorité de la concurrence et ont dû verser une amende de

534 millions d'euros. Les marges de ces entreprises avoisinent 40 % selon l'UFC-Que Choisir. L'entrée de Free, filiale du groupe Illiad, sur le marché de la téléphonie mobile est annoncée depuis 2009, mais n'a été effective qu'en janvier 2012. L'octroi de la quatrième licence à Free remet en question la configuration précédente du cartel et sa rente de monopole, obligeant tour à tour les opérateurs du cartel à baisser leurs tarifs. Les prix de Free, avec un mini forfait à 2 euros et à 0 euros pour ses abonnés ADSL et un forfait illimité à 19,90 euros, sont entre cinq et dix fois moins élevés que ceux des concurrents.

Le 15 février, donc un mois après l'entrée sur le marché de Free, Orange a perdu 200 000 abonnés, Bouygues 150 000. Durant ce premier mois, Free enregistrait 30000 clients nouveaux par jour.

Sources : Marianne, 14 janvier 2012 et Le Parisien, 2 mars 2012

8.6 LA VALEUR ACTIONNARIALE DE L'ENTREPRISE ET LA PERFORMANCE FINANCIÈRE

Reprenons la question de l'aléa moral, étudiée au chapitre 4 (voir 4.3.).

Dans les années 1980, les entreprises ont subi des pressions fortes sur leur rentabilité. L'inflation, le désendettement et les taux d'intérêt élevés ont marqué les conditions économiques de la décennie. Le modèle anglo-saxon de financement a progressivement remplacé les modèles existants en Europe, donnant aux marchés financiers la priorité dans le financement des entreprises. Le modèle traditionnel de l'économie d'endettement, où le crédit bancaire classique joue un rôle prépondérant (finance indirecte), a été remplacé par le financement des firmes sur les marchés financiers par émission de titres auprès des investisseurs financiers (finance directe). Bien que les banques restent dominantes dans le financement des activités en intervenant en tant que spécialistes du montage des prêts, parallèlement aux crédits bancaires classiques, les modalités de financement ont changé en faveur des critères de rentabilité financière et les marchés de capitaux se sont libéralisés et mondialisés dans la décennie 1990. Les marchés financiers sont devenus les endroits privilégiés d'évaluation de la performance des entreprises et de leurs dirigeants. La performance devient l'estimation de la *valeur actionnariale* créée par l'entreprise. C'est la naissance du capitalisme actionnarial dans lequel les managers sont évalués par les actionnaires à l'aune des rendements (retour sur investissement) qu'ils sont capables de générer pour les investisseurs et non directement pour la croissance de l'activité de leur firme.

Les investisseurs institutionnels, les banques d'affaires, cabinets de conseils et financiers ont un objectif commun : légitimer le pouvoir des actionnaires sur les managers. La valeur économique de l'entreprise est désormais subordonnée à la valeur actionnariale. Les années 2000 ont renforcé cette tendance par la mise en place d'indicateurs de performance financière des entreprises. Le respect des principes ango-saxons de « *corporate governance* » liés à la « *shareholder value* » (valeur actionnariale) se sont répandus à travers le monde par l'éducation en gestion, les MBA et les outils de performance comme les *PMS (performance management systems)*.

François Morin a étudié en 1998 le cas français pour dresser une typologie des différentes normes de la valeur actionnariale à travers les dix principes présentés dans l'encadré suivant :

ENCADRÉ 8.2
Les dix préceptes de la valeur actionnariale

1. La reconnaissance du professionnalisme des investisseurs institutionnels ;
2. La réponse aux demandes des analystes financiers ;
3. La compréhension de l'évaluation multicritère de l'investisseur, même à court terme ;
4. La recherche de la présence de l'investisseur, même à court terme ;
5. L'apprentissage de la communication périodique ;
6. L'apprentissage de la transparence ;
7. L'explication exhaustive de la stratégie ;
8. Le conformisme au modèle stratégique standard ;
9. L'obsession de la rentabilité des fonds confiés ;
10. L'adhésion au discours de la valeur actionnariale.

Les critères de performance sont devenus très précis et c'est sur eux que se fonde la rémunération des dirigeants par le conseil d'administration dans les grandes entreprises (représentant les actionnaires majoritaires). Dans les années 1990 apparaissent les notions de *gouvernement d'entreprise* et des principes pour répondre aux attentes des actionnaires. Les codes de bonne conduite et règles de « bonne gouvernance » guident les managers dans leur stratégie [4].

Les critères de performance se développent dans le but de créer la valeur actionnariale. Ce qui a changé fondamentalement depuis les années 1980-1990 c'est le fait que les critères de performance ne s'appliquent pas seulement au niveau de l'entreprise, mais également au niveau de ses subdivisions, qui sont ainsi mises en concurrence. Les filiales, départements, sections font l'objet de classements et de comparaisons et le secteur le plus performant est celui qui obtient les meilleurs scores.

La logique financière de cette évaluation de la performance n'est pas sans effet sur la gestion des entreprises. Elle se fonde sur une exigence de rentabilité à deux chiffres, à court terme, et une comparaison permanente avec la performance des produits financiers. C'est la contrepartie d'un accès plus facile à l'épargne, aux capitaux, par l'introduction en Bourse.

4 Exemples : Rapport annuel sur le gouvernement d'entreprise de Davis Global Advisors Inc., la Comission Cadbury en 1991 et son code de bonne conduite applicable à toutes les sociétés cotées en Grande Bretagne ; Rapports Viénot (1995-1999) et Bouton (2002) du patronat français, la loi sur les nouvelles régulations économiques de 2001 et l'accord intersyndical sur l'évaluation des fonds gestionnaires de l'épargne salariale de 2002 (d'après Levet, 2004, p. 260).

Les modalités de renforcement du pouvoir financier et son effet sur le comportement stratégique des firmes ont été étudiés empiriquement par Plihon et Ponsard (2002). Deux niveaux peuvent être distingués :

1. *Effet sur la nature des stratégies des firmes :* nous avons déjà évoqué le rôle des stratégies de diversification dans la protection contre le risque et l'incertitude sur différents marchés en répartissant les risques sur plusieurs secteurs d'activité. Sous l'influence des modifications de gouvernance des années 1980-1990, les firmes ont connu une évolution inverse, menant vers un recentrage sur les métiers de base. Vers la fin des années 1990, la création de valeur pour les actionnaires a renforcé cette tendance au recentrage, à la concentration et à la financiarisation des stratégies. Dans ce contexte, on assiste alors à une vague de fusions et acquisitions (F&A) pour accroître la valeur actionnariale, étant donnés les avantages de la grande taille dans la création d'économies d'échelle et d'apprentissage. Les stratégies privilégient le court terme au long terme, elles doivent être visibles et peu risquées du point de vue de l'actionnaire.

ENCADRÉ 8.3
F&A et valeur actionnariale

Les années 1990 ont connu un gigantesque mouvement de F&A. Une forte corrélation a été établie entre la répartition géographique des investissements sur les marchés financiers et la répartition géographique des transactions transfrontalières liées aux F&A. En 1999, les États-Unis et l'Europe étaient à l'origine de 88,4 % des fonds en actions, 84,95 % des placements et 97,2 % de la totalité des opérations transfrontalières (Levet, 2004).

Selon la logique financière, les F&A sont des opportunités de création de valeur par le marché. Les cours boursiers montent suite à une attente de rentabilité.

Des études (Barfield, 1998) montrent que les F&A créent de la valeur à court terme transférée aux actionnaires, notamment de la cible (la firme rachetée) quand ses actifs sont sous-évalués. Souvent, la cible est revendue pour bénéficier de la différence de prix, ce qui correspond à une opération spéculative. D'autres études montrent la contre-performance des F&A (Mc Kinsey, 1987, A.T. Kearney, 1998).

Les F&A constituent aussi un moyen de protection vis-à-vis des OPA hostiles. Le groupe *Time* a racheté le groupe d'édition *Warner* pour résister à Paramount, propriétaire de Simon & Schuster, qui avait lancé une tentative d'OPA sur *Time*. La création de LVMH, géant mondial du luxe, résultait d'une F&A de Moët-Hennessy et Luis Vuitton pour protéger ces deux entreprises contre une attaque boursière, en élevant la mise de fonds nécessaire à leur prise de contrôle (Stratégor, 2005).

Derrière les F&A, il y a les investisseurs institutionnels (fonds de pensions) qui focalisent leurs opérations sur un nombre réduit de secteurs et procèdent à des techniques financières pour extraire de la valeur. Ces investisseurs institutionnels (« zinzins ») stimulent l'internationalisation des marchés financiers et occupent la première place en tant qu'actionnaires des grandes firmes (Levet, 2004).

2. *Effet sur la dimension financière de l'entreprise* :
   1. *Communication avec les marchés financiers* pour une meilleure transparence, ce qui renforce le pouvoir des marchés financiers sur la gestion de la firme ;
   2. *Diffusion de nouveaux critères de performance financière* : c'est le résultat direct de la prééminence de la performance financière dans le jugement global porté sur l'entreprise. L'analyse financière domine l'analyse stratégique dans la pensée managériale (voir encadré 4 sur le modèle de Marris) ;

ENCADRÉ 8.4
Le modèle de Marris

Marris (1963) a mis en évidence une contradiction entre l'analyse stratégique des managers et l'analyse financière des actionnaires. Pour lui, les sociétés anonymes cotées en bourse dont le manager n'est pas propriétaire du capital connaissent une tension entre l'intérêt du manager à développer son activité par une croissance interne et l'objectif des actionnaires, qui est d'augmenter leur rémunération par une augmentation du profit à court terme. La puissance et le prestige sont, selon Marris, les motivations fortes des managers. Le taux de croissance de l'organisation représente donc l'indicateur de la réussite managériale. Or, pour les actionnaires, cette croissance de la taille de l'organisation n'assure pas la maximisation du profit et, donc, de leur rémunération.

Sur la figure suivante on observe l'évolution de la valeur de l'action en fonction du taux de croissance de l'organisation :

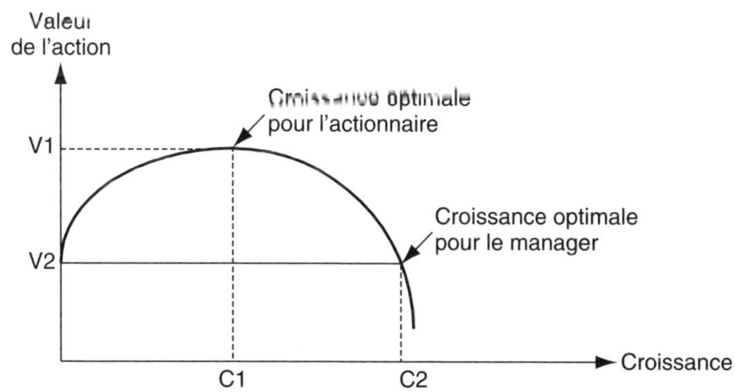

Jusqu'à la valeur C1, la croissance permet de bénéficier d'économies d'échelle, d'augmenter sa part de marché et coïncide ainsi avec la maximisation du profit de l'actionnaire. Cependant, au-delà de C1 correspondant à la valeur maximale de l'action V1, la croissance nécessite des fonds supplémentaires et peut signifier l'autofinancement, donc une diminution des dividendes pour les actionnaires, ou même une émission de nouvelles actions et une ouverture du capital.

Selon Marris, le manager maximise la croissance de son entreprise sous contrainte de satisfaction des actionnaires. Le manager préfère C2, qui correspond à V2, alors que l'actionnaire préfère C1, qui correspond à V1.

3. *Introduction de nouvelles formes de rémunération* : liées aux performances, les dirigeants sont payés en stock-options, les primes des salariés sont attribuées en fonction de la performance boursière, les bonus sont alloués selon des indicateurs fondés sur les cours de la Bourse (les stock-options). C'est une incitation directe à la performance boursière.

ENCADRÉ 8.5

Performance financière et stock-options

Le principe des stock-options est le suivant. Soit To la période initiale, T1 et T2 les périodes suivantes.

To — attribution des stock-options au salarié

T1 — droit d'achat d'une action au prix P1

T2 — droit de revendre au prix du marché P2

Si P2 > P1 il y aura plus-value pour le salarié détenteur de stock-option.

Si P2 < P1 il y aura moins-value pour le salarié détenteur de stock-option.

En 2002, Alan Greenspan notait un effet pervers d'incitation à gonfler les résultats des firmes pour faire monter les cours boursiers, menant à la fraude et la falsification, comme dans le cas de la firme américaine Enron.

Source : *Les Échos*, 16 octobre 2002

8.7 PERFORMANCE ET RESPONSABILITÉ SOCIALE DE L'ENTREPRISE

Les critères de performance fondés sur la valeur actionnariale ont fait l'objet de nombreuses critiques de la part de parties prenantes. La responsabilité sociale et environnementale de l'entreprise (RSE) est une résultante d'un processus global de développement durable qui s'impose peu à peu aux entreprises, par la voix de la société. Les parties prenantes sont directement affectées par les activités des firmes (ce sont les *stakeholders* : clients, fournisseurs, employés, banques, associations, communautés locales, État, administration). Les pressions de la société, par l'intermédiaire des médias, des attaques juridiques ou accords de partenariat contractuel déterminent une prise en compte des intérêts des parties prenantes. Ceci pose de nombreuses questions comme celles de savoir : — quelle est la performance sociale et environnementale de l'entreprise ? — responsabilité sociale et performance financière ne sont-elles pas contradictoires ?, etc.

Pour répondre à ces questions, regardons de plus près les différentes approches de la gouvernance d'entreprise. Aux États-Unis, le conseil d'administration et les dirigeants ont pour seule responsabilité la *shareholder value* (*Treadway Report* en 1987, confirmé par le *Business Roundtable* de 1997). En France, selon le rapport Viénot de 1995, l'entreprise poursuit ses propres intérêts, qui peuvent être différents de ceux des actionnaires ou des parties prenantes.

L'OCDE a proposé des principes qui intègrent la responsabilité vis-à-vis des actionnaires et des autres parties prenantes. Or, ces parties prenantes ont une vision différente de la performance de l'entreprise : des critères comme l'impact en termes d'économie mondiale, d'emploi, d'émissions de gaz à effet de serre, de santé et de bien-être peuvent paraître aussi importants que la valeur actionnariale.

Quelle est la légitimité des différentes parties prenantes dans la définition et l'évaluation des performances des entreprises ? Les entreprises font une cartographie de ces parties prenantes et des différentes logiques d'influence. Elles considèrent, d'un côté, les *parties prenantes traditionnelles :* les actionnaires majoritaires, les administrateurs, les concurrents, les clients, les revendeurs et franchisés, les employés et les syndicats, les fournisseurs et sous-traitants, la communauté financière, les banquiers et assureurs. Celles-ci ont un rapport contractuel avec l'entreprise, ce qui les oblige à une grande transparence, à une communication régulière et à prendre en compte leurs critères de performance de manière plus formelle, institutionnelle. D'un autre côté, les entreprises ont des parties *prenantes émergentes :* les actionnaires minoritaires, les associations de consommateurs, les médias, la presse, les institutions scientifiques, les administrations, les fonds communs de pensions et retraites, les riverains des sites et des établissements, les organisations non-gouvernementales (ONG). Les relations avec ces parties prenantes émergentes sont moins institutionnalisées, elles résultent d'un rapport de force avec l'entreprise.

Dans ces conditions, comment définir la performance d'une entreprise socialement responsable ? Cette question concerne une préoccupation, devenue aujourd'hui un enjeu majeur : le développement durable.

Le développement durable comporte trois dimensions : développement économique, préservation de l'environnement et équité sociale (les 3 P, *« People, Planet and Profit »).* Cela constitue une exigence de performance à triple dimension. Le débat entre les actionnaires et les parties prenantes concerne deux approches normatives de l'entreprise, l'une concernée par le court terme, l'autre par le long terme et par les retombées globales de l'activité des firmes. Comment gérer les conflits entre parties prenantes ? Le dirigeant est face à une nécessité d'arbitrage entre les différentes attentes.

Cette approche de la RSE remet en cause les instruments comptables de l'entreprise que sont le compte d'exploitation et le bilan. Ces derniers ne prennent pas en compte les externalités négatives : rejets de matières toxiques, pollution de l'air, de l'eau et du sol, dommages psychosociaux. De même, les efforts positifs en faveur de l'environnement et les réussites sociétales de l'entreprise ne sont pas pris en compte. Dans le cas des entreprises cotés en Bourse, le rapport annuel d'activité contient désormais un rapport relatif au développement durable qui intègre une partie quantitative et une partie qualitative. Cependant, comme le note le Stratégor 2005, la partie qualitative comporte une ambigüité entre la communication externe cherchant à soigner l'image de l'entreprise et une véritable performance en termes de RSE.

Cette évolution majeure dans la définition de la performance pose un problème théorique sur l'objectif final de l'entreprise. Deux visions s'opposent actuellement : la première considère que le profit est le but ultime de l'entreprise, la RSE n'étant qu'une contrainte par rapport à la maximisation du profit. La seconde considère que le profit fait partie d'une vision comptable trop étroite. L'entreprise n'est pas isolée, mais fait partie d'une collectivité à qui elle doit rendre des comptes. La comptabilité ne peut pas tenir compte des externalités qui ont un coût important qui revient soit à l'entreprise, soit à la collectivité.

La définition d'une valeur socialement responsable devient alors l'objectif de l'entreprise. Cela peut être, par exemple, la réduction des émissions de GES (gaz à effet de serre), définie par le protocole de Kyoto ou selon des normes locales. Les parties prenantes concernées peuvent être les États, les « investisseurs responsables », des ONG. Dans la plupart des cas, cette valeur est multicritère, représentée par une surface cible et non par un chiffre unique.

Ces dernières années, un grand nombre de fonds d'investissement socialement responsables ont vu le jour. Cette nouvelle finance « responsable » permet d'atténuer le conflit entre performance financière et RSE, car elle intègre des critères « éthiques » et « socialement responsables » dans ses évaluations. Ces fonds responsables ont trois grandes caractéristiques (Stratégor, 2005) :

- *l'utilisation de critères extra-financiers* pour sélectionner les titres cotés en bourse comme l'éthique, le respect des droits de l'homme, la protection des écosystèmes ;
- *l'engagement actionnarial* est préoccupé par l'exercice des droits de vote, du dialogue managérial et de la défense de l'actionnariat minoritaire ;
- *l'investissement « solidaire » ou de partage.* Investis majoritairement en obligations, une part des revenus de ces fonds sont versés à des organisations caritatives ou d'intérêt général. Certains fonds investissent dans des entreprises d'insertion, dans des projets solidaires ou du microcrédit.

Aux côtés des agences de notation financière classiques se sont constituées des agences spécialisées dans la notation sociétale ou extra-financière. Ces agences évaluent les performances en termes de RSE. De nouvelles normes et indicateurs se sont développés et sont regroupées dans un cadre de référence : le *Global Reporting Initiative*, créé par le CERES (*Coalition for Environmentally Responsible Economies*) et le PNUE (Programme des Nations Unies pour l'environnement) en 2002 (voir le site www.gri.org).

QUESTIONS D'ENTRAÎNEMENT

1. Comment évalue-t-on le degré de compétitivité d'une firme ? (8.1.)
2. Étudiez les liens entre la performance sectorielle et la performance individuelle des firmes ? (8.2.)
3. Quel est le rôle des compétences dans la performance des firmes ? (8.4.)
4. Quelles sont les particularités de la valeur actionnariale comme critère de mesure de la performance des firmes ? (8.6.)

LECTURES SUPPLÉMENTAIRES :

Briec, W. et Peypoch, N., (2010), *Microéconomie de la production. La mesure de l'efficacité et de la productivité*, De Boeck.

Debonneuil, M. et Fontagné, L., (2003), *Compétitivité*, Rapport au Conseil d'analyse économique, Paris.

Moati, P., (2000), *Évaluer les performances d'un secteur d'activité*, Cahier de recherche CREDOC, N° 148, septembre.

Strategor, (2005), *Politique générale de l'entreprise*, Dunod.

9

ÉCOLOGIE INDUSTRIELLE

SOMMAIRE

Les modèles économiques usuels sur les activités de production des firmes sont de type « *en fin de processus* » (*end of pipe*), c'est-à-dire que l'environnement et la biosphère sont séparés de l'activité économique. Une fois le processus de production terminé, les entreprises vont traiter les déchets, en aval, de manière réparatrice (création d'infrastructures et traitement de la pollution).

À la différence de ces approches, l'écologie industrielle s'intéresse à l'évolution du système industriel dans sa globalité et à long terme. Il n'existe pas une définition standard, mais plusieurs interprétations. Son domaine d'étude a été inspiré par une expérience de terrain, ce qui constitue son originalité et son caractère pratique.

L'écologie industrielle cherche à comptabiliser de manière précise la totalité des flux et stocks de matières et d'énergie liés aux activités humaines, par opposition aux approches usuelles de l'économie en termes d'unités de valeur immatérielle. Il s'agit d'une approche de la production qui questionne la notion de ressource : les déchets des uns (par exemple, les déchets ménagers collectés dans une ville) font les ressources des autres (le système de chauffage urbain). Il ne s'agit plus de recyclage de déchets, car la notion de déchet perd sa pertinence. Le déchet d'une activité industrielle est considéré comme un « sous-produit », correspondant à un flux de matières et d'énergies aux propriétés spécifiques, identifiables, et qui en fait des ressources pour d'autres activités. Une telle approche modifie radicalement la conception de l'activité économique et du marché et ouvre des perspectives nouvelles pour les firmes.

9.1 DÉFINITION ET FONDEMENTS

L'écologie industrielle est un domaine relativement jeune : née dans les années 1990 (Frosch et Gallopoulos, 1989 ; Ayres et Ayres, 1996 ; Erkman, 1998 ; Isenmann, 2003), elle a obtenu une reconnaissance académique avec la publication de *Journal of Industrial Ecology*, la création de la *Society for Industrial Ecology* aux États-Unis et, enfin, avec le 1e symposium international d'écologie industrielle qui s'est tenu à Sion, en Suisse, en janvier 2012.

L'écologie industrielle considère l'ensemble des activités économiques (agriculture, commerce, transport, etc.) d'un territoire donné et adopte une vision systémique des activités sur le modèle des écosystèmes naturels. Elle intègre à la fois la nature limitée des ressources et la nécessité de diminuer les impacts des activités économiques sur l'environnement. Cette approche originale décrit le fonctionnement circulaire du système industriel, les sous-produits des uns servant de ressources aux autres, pour limiter les gaspillages d'énergie et de matières premières. Le traitement des déchets, rappelle S. Erkman, coûte de plus en plus cher et ne règle pas les problèmes écologiques, puisqu'il engendre toujours d'autres déchets (les boues d'épuration, les mâchefers des incinérateurs). La symbiose industrielle de Kalundborg, au Danemark, est l'illustration la plus connue de l'écologie industrielle.

Trois éléments principaux permettent d'expliquer le concept d'écologie industrielle :

1. Intégrer dans une vision globale l'ensemble des composants du système industriel et de la biosphère ;
2. La totalité des flux et des stocks de matière et d'énergie liés aux processus industriels constitue le substrat biophysique du système industriel, par opposition à l'économie exprimée en termes d'unités de valeur immatérielle ;
3. Par analogie avec les écosystèmes biologiques, la dynamique technologique évolutionniste est l'élément essentiel pouvant favoriser la transition du système actuel vers un système viable.

Le postulat de base de l'écologie industrielle consiste à envisager le système industriel comme une forme d'écosystème. Cette analogie permet d'aller plus loin, en éliminant toute séparation entre, d'un côté, les villes et les industries polluantes, et de l'autre côté, la nature. Comme les écosystèmes biologiques, les écosystèmes industriels se composent de matières, d'énergie, d'informations. Ils sont considérés comme une excroissance de la Biosphère dont ils utilisent les ressources et qu'ils modifient peu à peu.

À la suite de quelques brèves apparitions du concept d'écologie industrielle dans les années 1960-1970 dans les revues scientifiques, c'est le terme d'écosystème industriel qui s'impose comme nouveau domaine scientifique et technique à la fin des années 1980. C'est une approche interdisciplinaire combinant l'écologie, la bioéconomie et l'ingénierie.

Frosch et Gallopoulos (1989, p. 94-102), ingénieurs chez General Motors, définissent ainsi *l'écosystème industriel* :

« Dans le système industriel traditionnel, chaque opération de transformation, indépendamment des autres, consomme des matières premières, fournit des produits que l'on vend et des déchets que l'on stocke ; on doit remplacer cette méthode simpliste par un modèle plus intégré : un écosystème industriel. Un écosystème industriel pourrait fonctionner comme un écosystème biologique : les végétaux synthétisent des substances qui alimentent les animaux herbivores, lesquels sont mangés par les animaux carnivores, dont les déchets et les cadavres servent de nourriture à d'autres organismes. On ne parviendra naturellement jamais à établir un écosystème industriel parfait, mais les industriels et les consommateurs devront changer leurs habitudes s'ils veulent conserver ou améliorer leur niveau de vie, sans souffrir de la dégradation de l'environnement. »

9.2 QUELS AXES DE DÉVELOPPEMENT ?

L'attrait de cette approche innovante a augmenté dans les années 1990 et connaît actuellement une forte croissance due aux préoccupations liées à l'environnement. Les applications se multiplient, en Europe, aux États-Unis (les éco-parcs) et en Asie. Selon l'un des initiateurs de cette démarche, la généralisation des écosystèmes industriels à toute la planète serait souhaitable : « L'analogie entre le concept d'écosystème industriel et l'écosystème biologique n'est pas parfaite, mais on aurait beaucoup à gagner si le système industriel venait à imiter les meilleurs aspects de son analogie biologique. » (Frosch, 1990)

Les axes de développement de l'écologie industrielle, comprise comme une démarche scientifique de création d'écosystèmes industriels, suivent quatre principaux avantages : la valorisation systématique des déchets, la minimisation des pertes par dissipation, la dématérialisation de l'économie (obtenir plus de services avec moins de matière, en vendant l'usage au lieu de l'objet), la décarbonisation de l'énergie (diète énergétique moins riche en carbone fossile, très polluant).

Le cas le plus connu est celui de la petite ville industrielle de Kalundborg (vingt mille habitants), située à l'ouest de Copenhague, au Danemark, au bord de la Mer du Nord. C'est de manière spontanée que les acteurs de ce qui s'appelle maintenant la « symbiose industrielle de Kalundborg » ont commencé, à la fin des années 1980, à échanger leurs déchets : de la vapeur, de l'eau et d'autres « sous-produits ». Les responsables du développement local ont compris l'intérêt de soutenir leurs démarches et de les renforcer, en impliquant les acteurs publics dans la symbiose. Ainsi, la municipalité de Kalundborg utilise la vapeur vendue par la centrale électrique pour le chauffage de la ville.

La symbiose de Kalundborg comprend cinq partenaires partageant une même localisation et reliés par un système de pipe-lines *ad hoc* :

1. La centrale électrique d'Asnaesvaerket, la plus grande du Danemark, ayant une capacité de 1500 MW et qui emploie 600 personnes ;
2. La plus grande raffinerie de pétrole du Danemark, la Statoil, qui possède une capacité de plus de trois millions de tonnes de pétrole par an et emploie 250 personnes ;
3. Une société de biotechnologies, Novo Nordisk, qui produit des enzymes industriels et de l'insuline. L'usine de Kalundborg est la plus grosse structure du groupe avec 1200 employés ;
4. Gyproc, la société suédoise qui produit des panneaux de construction en gypse (14 millions de mètres-cubes par an) emploie 175 personnes ;
5. La municipalité de Kalundborg.

Les déchets qui sont devenus des « sous-produits » de la symbiose sont l'eau, le gypse et le gaz produit en excès par la raffinerie. L'eau usée de la raffinerie de Statoil va servir à refroidir la centrale électrique, qui à son tour vend de la vapeur à la raffinerie Statoil, à Novo Nordisk, à Gyproc et à la municipalité de Kalundborg pour le réseau de chauffage urbain à distance. L'eau chaude en excès est utilisée également par une ferme d'aquaculture.

Le gypse produit par Asnaesvaerket constitue la matière première de Gyproc. Le gaz en excès de la raffinerie Statoil sert de combustible à Asnaesvaerket et Gyproc :

ENCADRÉ 9.1

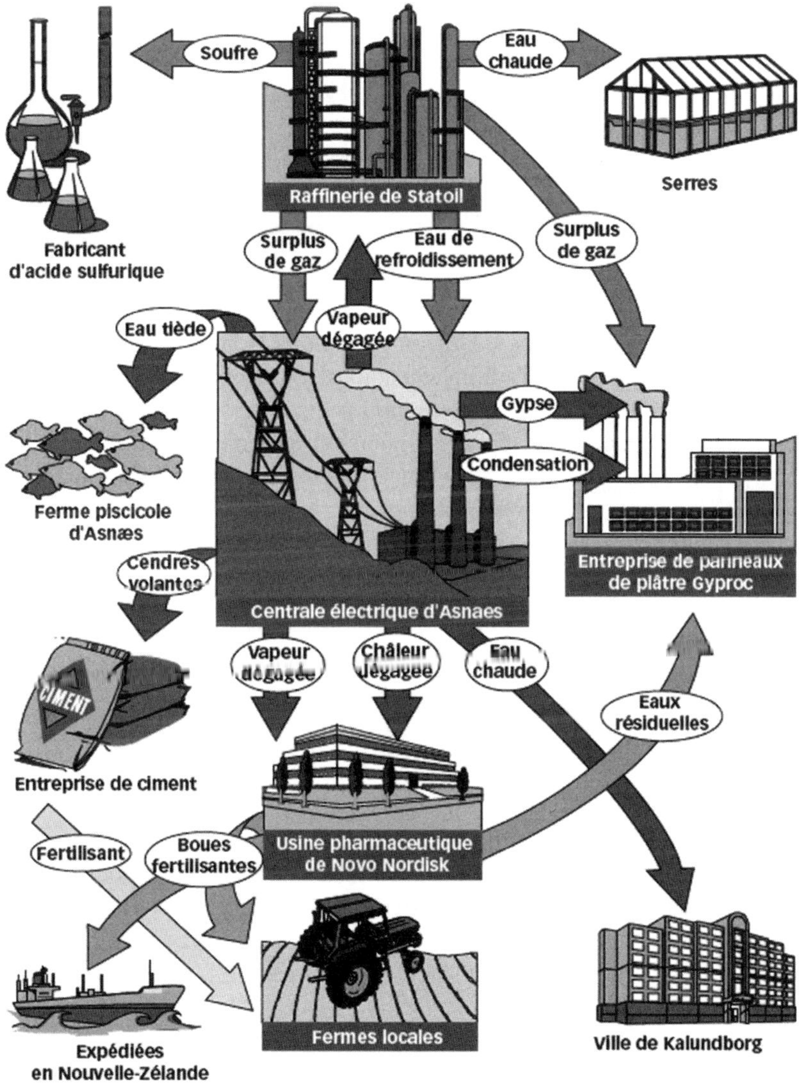

Source : Alternatives Economiques, Économie durable, Hors série 083, décembre 2009

Le bilan économique de la symbiose de Kalundborg peut être présenté en déclinant ses avantages et inconvénients comme suit :

Avantages	Inconvénients
– Réduction de la consommation des ressources ; – Valorisation des sous-produits ; – Investissements de 60 millions de dollars sur 20 ans (16 projets d'échange de déchets) ; – Revenus annuels de 10 millions de dollars (du fait de l'économie de ressources et de la vente de déchets) ; – Revenus cumulés de 120 millions de dollars ;	– Rigidité des échanges ; – Risque de perturbation du système en cas de défection de l'une des entreprises.

À l'image de la symbiose de Kalundborg et des éco-parcs américains, les expérimentations se sont multipliées également dans les pays émergents, comme l'Inde et la Chine. Les gouvernements de ces pays y ont surtout vu une possibilité de répondre aux besoins croissants en énergie et en matières premières, tout en faisant des économies budgétaires sur les importations. Deux grandes zones d'écologie industrielle se développent par exemple en Inde, dans le Gujarat et à côté de Bombay. Une symbiose exemplaire a été créée dans l'État du Tamil Nadu autour de la canne à sucre où tous les sous-produits de la canne à sucre sont valorisés par une papeterie, une raffinerie et une centrale thermique. Cette source d'approvisionnement local permet en même temps une moindre dépendance aux importations et un développement de réseaux d'échange qui ne sont pas uniquement tournés vers l'exportation. Les firmes locales bénéficient d'un marché stable et de retombées positives au niveau de leur trésorerie, tout en diminuant l'impact sur l'environnement.

Aux États-Unis, l'essor des éco-parcs (ou parcs éco-industriels) date des années 1990, sous l'impulsion du Conseil pour le développement durable mis en place par Al Gore durant sa vice-présidence sous l'administration Clinton. Parmi ceux qui fonctionnent aujourd'hui on trouve Baltimore (Maryland), Cape Charles (Virginie), Brownsville (Texas) et Chattanooga (Tennessee). Il existe également une dizaine de projets au Canada, dont le plus connu est celui de Burnside à Halifax.

Le plus grand éco-parc européen est celui du port de Rotterdam, aux Pays-Bas, qui rassemble les deux grosses multinationales Exxon et Akso Nobel. Par ailleurs, beaucoup de villes européennes ont investi dans l'écologie industrielle : Heidelberg (« *the Rhine-Neckar Experience* ») en Allemagne, Graz et la région industrielle de la Styrie en Autriche, la symbiose industrielle de Landskrona, en Suède, le canton de Genève, en Suisse.

En France, dans la ville de Dunkerque, un projet d'écologie industrielle a été lancé en 2000 par EDF, Veolia et Suez-Lyonnaise. Ce sont les collectivités locales qui ont développé les projets de symbiose, comme l'association Écopal à Grande-Synthe, le Club d'écologie industrielle du département de l'Aube, l'initiative de l'étude du métabolisme de la ville de Paris, la ville de Lille (sous l'impulsion d'Auxilia et Gaz de France), le Pôle français de l'écologie industrielle et le Pôle régional de l'écologie industrielle à la Cité des matières en Haute-Normandie. Dans la commune de la

Grande-Synthe, dans l'agglomération de Dunkerque, plusieurs synergies importantes ont été créées entre les entreprises Arcelor et Dalkia pour le chauffage urbain, entre la centrale électrique DK6 (GDF) et Arcelor, qui s'échangent la vapeur et l'électricité, entre la centrale nucléaire de Gravelines et la ferme aquacole « Aquanord », qui utilise les eaux chaudes de la centrale, et entre les entreprises Polimeri et Total, qui s'échangent du pétrole. Ce sont surtout les grands groupes industriels qui sont les acteurs de l'écologie industrielle dans le Nord.

Un autre exemple est celui de la synergie présente dans l'Aube, entre la sucrerie Cristal Union et une entreprise du secteur du bâtiment et des travaux publics (BTP) Appia Champagne (appelée aujourd'hui Eiffage TP Est Champagne Sud). Le sable issu du lavage des betteraves est utilisé comme matière première dans le BTP.

9.3 UNE PRÉOCCUPATION DES GRANDS GROUPES INDUSTRIELS ET LE MANAGEMENT

Les grands groupes industriels comme Lafarge et EDF adoptent des stratégies de développement d'une recherche dédiée à l'écologie industrielle, en nommant aussi des « directeurs d'écologie industrielle ». Dans le cas d'EDF, cette direction consiste, depuis le début des années 2000, en une amélioration du fonctionnement des centrales électriques existantes, en matière de rendement et d'utilisation des déchets, ainsi qu'en la construction d'une base de données pour la prise en compte systématique de synergies potentielles avec des activités susceptibles d'utiliser l'électricité. Dans la ville de Troyes, EDF a testé dernièrement cet outil informatique auprès des entreprises locales de la filière agro-alimentaire (distillerie, boucherie, betterave).

L'intérêt des grands groupes comme EDF, GDF-Suez ou Véolia est de pouvoir développer leur offre, en l'orientant vers les « multiservices, multi-énergies », ce qui correspond à une démarche de diversification de l'offre. Comme elles ont déjà une expérience de fournisseurs d'eau, d'énergie et de traitement des déchets, cette intégration de services dans un réseau interne, sur le modèle des synergies industrielles, est une source de rendements croissants, d'économies d'échelle et d'envergure. Un seul opérateur peut ainsi gérer, à l'échelle d'une région, la totalité des flux de matière et d'énergie. Cette gestion optimisée se fait par les réseaux éco-industriels.

Les motivations de croissance d'activité et de diversification vont donc de pair avec la stratégie d'écologie industrielle. En effet, les grands fournisseurs cherchent la fidélisation des clients dans un contexte de libéralisation des marchés et, pour eux, la protection de l'environnement peut devenir une stratégie de marché.

La question qui intéresse les dirigeants-gestionnaires (managers) est comment mettre en pratique l'écologie industrielle. Car cette pratique entraîne des changements importants dans la gestion des entreprises. Cela va jusqu'à remettre en question la préoccupation autour du produit lui-même. C'est la vente des produits qui constitue la préoccupation traditionnelle des managers, et non la gestion des déchets ou la protection de l'environnement. Les impératifs du développement durable changent la donne pour tous les secteurs. Dans un objectif d'écologie industrielle, le manager devra considérer les déchets comme des produits potentiels. L'accent du manager se déplace de la vente de produits vers l'optimisation des flux de matière et d'énergie utilisés dans l'entreprise.

L'approche de l'écologie industrielle nécessite également de pratiquer la coopération avec les entreprises partenaires pour une gestion optimale des ressources. Les PME peuvent, comme les grands groupes, améliorer leur performance grâce à l'éco-efficacité — une application du concept d'écologie industrielle au niveau de l'entreprise.

Le principal frein à l'adoption de l'écologie industrielle est le changement de mode de pensée pour le management. Par exemple, au lieu de se considérer productrice de voitures, l'entreprise doit se considérer comme productrice d'un ensemble de produits, dont certains étaient considérés avant comme des « sous-produits » et résidus. Or, pour chacun de ces produits il y a un marché, une utilisation potentielle. Ainsi, on retrouve la définition du produit comme un ensemble de caractéristiques ou attributs qui traduisent les spécificités d'un marché, à un moment donné, dans un espace déterminé et selon un mode d'existence sociétale.

Les sous-produits sont des matières premières d'autres activités, ce qui nécessite une maîtrise de toute la production, des paramètres de tous les à-côtés de la production, la quantité, la composition, la pureté, la température. Ensuite, il s'agit de trouver les correspondants intéressés par ces sous-produits pour leur propre production à proximité. Certains sous-produits sont stockables, d'autres pas. Dans le cas de Kalundborg, les eaux usées et la vapeur ont trouvé facilement des utilisateurs locaux. Cependant, la biomasse produite par l'usine de Novo Nordisk est expédiée par bateau en Nouvelle-Zélande, pour être utilisée comme engrais.

L'entreprise est l'élément critique de l'implémentation de l'écologie industrielle. L'impact sur elle peut être résumé en quelques points :

1. Développer de nouvelles technologies ;
2. Développer de nouvelles formes d'organisation et des systèmes d'information pour gérer les flux internes et externes d'énergie et de matière ;
3. Participer à la conception d'une comptabilité différente, qui incorpore les coûts environnementaux dans les décisions économiques ;
4. Envisager la société et la communauté comme un tout dont l'entreprise fait aussi partie, chaque partie prenante étant un collaborateur potentiel.

9.4 LA QUESTION DE LA FAISABILITÉ DANS L'APPROCHE ÉCO-INDUSTRIELLE

Les possibilités application de l'approche éco-industrielle peuvent être évaluées selon plusieurs critères de faisabilité qui dépendent tant des facteurs internes aux entreprises que des facteurs environnementaux et réglementaires.

Le premier élément d'étude dans ce domaine concerne la faisabilité des synergies industrielles. L'information sur la possibilité de créer une synergie entre deux entreprises est une condition nécessaire mais pas suffisante à la réalisation concrète du projet. Il faut ensuite vérifier la faisabilité technique, réglementaire et économique de la synergie en question.

Chaque entreprise interagit avec son environnement socio-économique. Les autorités territoriales et les sites de production et de distribution ont des réglementations spécifiques à faire respecter par les entreprises situées sur leur territoire (DRIRE, DDASS, DDA en France), comme la réglementation concernant les risques industriels près des zones résidentielles.

ENCADRÉ 9.2
La faisabilité dans l'approche éco-industrielle

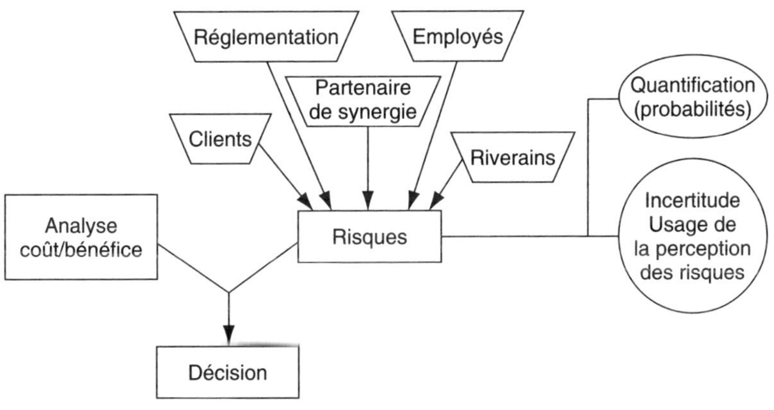

La faisabilité qualitative et technique de l'approche éco-industrielle constitue une autre préoccupation qui détermine la capacité des firmes à adopter une telle stratégie. En effet, la principale préoccupation des utilisateurs est la pureté des flux, qui sont, en général, des mélanges dont une seule fraction peut être utilisée. Comment évacuer les autres composants ? Par exemple, les flux de déchets végétaux issus de l'industrie agroalimentaire, potentiellement utilisables en alimentation animale, contiennent des matières plastiques qui empêchent leur utilisation, et donc la synergie avec une entreprise. L'exigence de pureté peut être un frein important à la synergie. Dans le cas de l'industrie alimentaire, des règles très contraignantes empêchent l'utilisation des matières usagées à cause du risque sanitaire.

Les caractéristiques physiques des flux sont aussi problématiques car peu compatibles avec un usage potentiel. Par exemple, les gravats d'une déconstruction ne peuvent être utilisés par le secteur du bâtiment et des travaux publics parce que leur calibre est très hétérogène. Or, le gravier utilisé habituellement dans ces travaux a un calibre moyen inférieur à 2 cm.

Il existe d'autres types d'inadéquations qualitatives comme celles qui découlent de l'impossibilité d'un recyclage parfait, sans perte de qualité. Plusieurs boucles de recyclage affectent la qualité des matières utilisées. Par exemple, les fibres de cellulose perdent leurs propriétés mécaniques à chaque cycle. Le fait de remplacer les flux « neufs » par des flux « recyclés » comporte donc des risques qualitatifs.

Cependant, des solutions techniques peuvent être trouvées pour résoudre ces problèmes. Comme dans l'exemple précédent, il existe des équipements pour calibrer les gravats. Ou, dans l'autre exemple, des solutions organisationnelles permettent d'éviter de mélanger les déchets végétaux avec les déchets plastiques en imposant le tri à la source.

Toutefois, les solutions aux problèmes posés ne sont ni imaginables ni applicables à grande échelle sans la prise en compte de l'environnement réglementaire sur le marché considéré. La réglementation est un facteur clé pour le développement des synergies éco-industrielles. Dans le cas de la France, c'est la réglementation environnementale européenne qui prévaut.

L'impact réglementaire est limité pour les échanges de flux d'eau et d'énergie, pour lesquels les infrastructures sont les canalisations et les lignes électriques. Les échanges de ces flux se font habituellement sur de courtes distances, sauf pour l'électricité, qui peut aller jusqu'à 60-70 km. Le coût des pipe-lines augmente avec les distances. Le code d'urbanisme s'applique aux différents types de canalisations et d'équipements (permis de construire, par exemple).

En ce qui concerne l'échange de flux de matières, le statut administratif du flux est déterminant pour la synergie. Le flux de matières se transporte plus facilement que l'eau ou la vapeur. Pour les flux de matières, il existe deux types de valorisation : une valorisation « matière » (pour sa composition physico-chimique, papier à recycler par exemple) et une valorisation « énergétique » (pouvoir calorifique, flux de papier à brûler dans une chaudière). Du point de vue administratif, le flux est-il considéré comme un déchet ? Si ce n'est pas le cas, si c'est un sous-produit, alors la synergie est facilitée, même si le flux peut encore connaître des modifications avant d'être utilisé comme matière première. Si le flux possède le statut de déchet, alors la procédure d'autorisation de la synergie est complexe, elle exige un niveau élevé de prescription technique qui peut devenir rédhibitoire. Cependant, deux exceptions remarquables peuvent intervenir et éviter la procédure d'autorisation : si le flux de déchet n'a besoin d'aucune transformation avant d'être valorisé et si le déchet est stable pour la réutilisation sans danger pour l'environnement (déchets minéraux comme le béton, les briques, le verre). Le transport rajoute des mesures réglementaires liées à la spécificité de la matière (dangerosité, toxicité).

Le levier du législateur est très important (et nécessaire) pour favoriser le développement des synergies de flux de matières. Les retours sur investissement sont assez longs (cinq ans pour Kalundborg) ; les risques commerciaux peuvent apparaître si l'image de l'entreprise est associée au « traitement de déchets » et les risques sociaux concernent le « traitement des déchets » sur un territoire déterminé et les réactions des riverains. Deux niveaux d'action sont possibles pour faire intervenir ce levier. Le premier est à long terme et vise la définition plus précise du statut des déchets sans risque pour l'environnement, pour plus de souplesse dans la création de synergies. Cela exige la modification de la politique environnementale de l'Union européenne pour revaloriser les sous-produits et permettre leur transport et leur usage en toute sécurité. Le second est à court terme et vise une nouvelle réglementation pour les opérations de valorisation, sans toucher au statut de déchet. Il s'agit simplement d'adapter les procédures aux risques de la valorisation. Par exemple, en Wallonie, un statut intermédiaire entre « produit » et « déchet » a été créé. L'écologie industrielle a été inscrite dans les textes législatifs du canton de Genève et, à l'échelle nationale, au Japon et en Chine. En parallèle, les outils fiscaux peuvent rendre la valorisation plus avantageuse économiquement.

Du point de vue purement économique et considérant le processus au niveau de la firme individuelle, il apparaît aussi que l'analyse coûts-bénéfices est à la base de l'étude de faisabilité quantitative et économique qui précède chaque décision de création de symbiose et la monétisation des échanges de flux de matière et d'énergie.

La première étape est l'étude de l'adéquation de l'offre et de la demande de flux. Si le besoin est trop en deçà de l'offre, la synergie peut perdre son intérêt pour le producteur de flux. Les transformations techniques liées à plusieurs utilisateurs peuvent être trop importantes à cause de la nécessité de multiplier les débouchés et de gérer des contrats avec plusieurs utilisateurs. Ce sont des coûts de transaction liés à la synergie. C'est l'exemple d'un sous-produit comme l'éthanol. Les flux d'éthanol sont conditionnés en citernes dont le volume dépasse très largement les besoins des utilisateurs potentiels. Si l'offre est en-deçà des besoins, l'utilisateur potentiel doit chercher des fournisseurs supplémentaires et ses coûts de transaction augmentent. Pour une synergie aboutie, une continuité de l'offre et de la demande est nécessaire. Les problèmes de stockage, les activités saisonnières (industrie alimentaire) constituent des sources de rupture de flux et ces inadéquations ne peuvent être dépassées que par un fort intérêt économique ou une motivation environnementale :

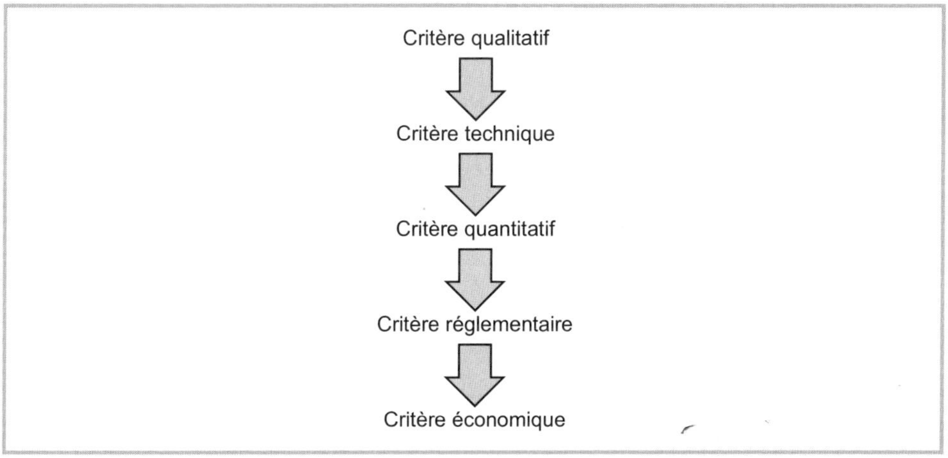

Analyse coûts-bénéfices de mise en œuvre d'une synergie

Coûts	Bénéfices
– achats de nouveaux équipements ; – maintenance et exploitation ; – procédures administratives ; – prescriptions techniques et adaptation ; – transport.	– pour le producteur : baisse ou suppression du coût de traitement du flux sortant et gains d'une vente de flux ; – pour l'utilisateur : baisse des coûts d'approvisionnement et, éventuellement, paiement d'une prestation « traitement de déchet » par le producteur de flux.

Malgré les avantages économiques, un des freins importants à la mise en œuvre de l'écologie industrielle est la culture de l'entrepreneur. Trois facteurs culturels sont impliqués dans la mise en place d'une synergie : l'adhésion au concept original, le secret industriel et la capacité à collaborer. Le concept est original, lié à une mauvaise image du « déchet », ce qui entraîne la défiance des entrepreneurs. Le terme d'« écologie industrielle » semble un oxymore pour certains managers.

Le fait de livrer des informations sur son procédé de fabrication peut être difficile pour les entrepreneurs. Le bilan entrées-sorties, toutes les données indispensables à une synergie doivent être communiquées et les réticences sont fortes s'il s'agit de secteurs où le secret est stratégique (chimie, pharmacie). Le monde industriel est marqué par la culture du secret.

Une difficulté de mise en œuvre, entre le projet et la réalité, est liée à la confiance réciproque des entrepreneurs, ce qui demande de sortir de la culture de compétition. La synergie exige un partenariat, un nouveau type de relation par rapport à la relation classique client-fournisseur. La coopération nécessite la communication, la contractualisation des échanges de flux, en prévoyant les cas problématiques (ruptures de fourniture, par exemple) :

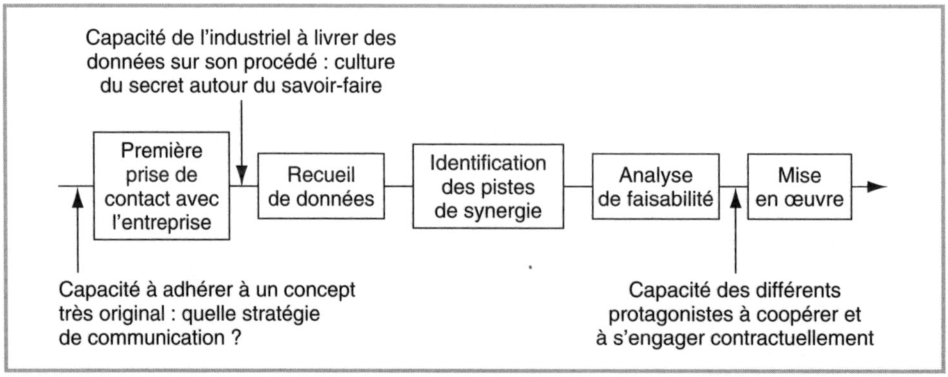

Source : Adoue, 2007, p. 70

L'écologie industrielle s'intégrant dans une démarche de développement durable, il peut paraître incongru, à première vue, de questionner sa faisabilité environnementale. Il n'en demeure pas moins que si les synergies limitent la consommation de ressources naturelles et diminuent les rejets de certaines matières, elles peuvent en même temps augmenter la consommation d'autres matières ou d'autres rejets. Comme exemple, on peut considérer l'utilisation des gravats concassés à la place des graviers qui nécessitent un transport en camion vers les lieux de construction. Si le gravier remplacé était extrait du sol sur le site même de production du béton, alors la synergie permettrait la préservation de la ressource locale de gravier. Cependant, par son transport en camion, elle augmente les émissions de GES. Les impacts sont très hétérogènes. Il peut s'agir, dans certains cas, d'un transfert d'impact d'un milieu vers l'autre, d'un impact mondial à un impact local. Le critère environnemental assure le fait d'obtenir un bilan positif en termes de réduction d'impact sur la biosphère dans la nouvelle situation par rapport à la situation initiale. L'impact doit être évalué à court et à long terme.

9.5 TENDANCES ACTUELLES

L'une des orientations actuelles en matière de l'éco-industrie est donnée par l'apparition des îles de développement durable. Ce concept a été développé à l'université technique de Graz, en Autriche, en prolongement du concept d'*empreinte écologique*. Il s'agit, selon les initiateurs, d'une intensification des échanges sur une base locale ou régionale, appliquée actuellement en Styrie. Les flux de matière et d'énergie importés par une région doivent provenir du surplus net d'une autre région voisine, afin d'éviter l'utilisation abusive des ressources naturelles de la région exportatrice (sols, eaux, forêts, etc.).

Une autre notion qui est souvent utilisée est celle d'*économie de fonctionnalité* qui est définie comme la substitution de la vente d'une fonction d'usage (service) à celle d'un produit. Créer une valeur d'usage la plus élevée possible pendant le plus longtemps possible, tout en consommant le moins de ressources matérielles et d'énergie possible. Le but est l'augmentation des revenus de l'entreprise. La valeur du produit réside dans les bénéfices liés à son utilisation, et non dans la possession de l'objet en question. La valeur économique du produit ne repose plus sur sa valeur d'échange, mais sur sa valeur d'usage. Comme il vend l'usage du produit, le vendeur s'intéresse plus à sa durabilité que dans la pratique courante de « l'obsolescence programmée », afin d'augmenter le taux de remplacement des produits et d'accroître ainsi le volume des ventes. C'est le cas, entre autres, de la vente du service « confort thermique » dans une habitation, au lieu de la vente d'une chaudière. Le client paie la prestation et l'entreprise fournit le service de chauffage mais reste propriétaire de la chaudière, ce qui implique un intérêt accru à ce que la chaudière ait une durée de vie plus longue, qu'elle fonctionne bien et qu'elle consomme moins d'énergie.

QUESTIONS D'ENTRAÎNEMENT

1. Quels sont les fondements de l'écologie industrielle ? (9.1.)
2. Quels sont les exemples de développement des éco-parcs ? Ont-ils une orientation commune particulière ? (9.2.)
3. Quelle est la logique économique qui guide les grandes entreprises comme EDF et GDF-Suez dans le développement de leur offre dans le secteur de l'écologie industrielle ? (9.3.)
4. Quelles sont les possibilités d'application de l'approche éco-industrielle comme un paradigme alternatif en économie industrielle ? (9.4.)

LECTURES SUPPLÉMENTAIRES :

Adoue, C., (2007), *Mettre en œuvre l'écologie industrielle*, Presses polytechniques et universitaires romandes.

Erkman, S., (2004), *L'écologie industrielle, une stratégie de développement*, Etopia,

Laville, E., (2009), L'entreprise verte, Pearson-Village mondial.

RÉFÉRENCES BIBLIOGRAPHIQUES

Abowd, J.-M. et Kramarz, F., (2000), « The Cost of Hiring and Separations », *Labor Economics*, vol. 10, issue 5, pp. 499-530.

Adoue, C., (2007), *Mettre en œuvre l'écologie industrielle*, Presses polytechniques et universitaires romandes.

Akerlof, G., (1970), « The market for 'lemons' : quality, uncertainty and the market mechanism », *Quarterly Journal of Economics*, 84, pp. 488-500.

Alchian, A.-A. et Demsetz, H., (1972), « Production, information costs, and economic organization », *American Economic Review,* 62, pp. 777-795.

Alchian, A.-A., (1987), « Property rights », in Eatwell, J., Milgate, M. et Newman, P. (éds), *The New Palgrave*, The Macmillan Press, pp. 1031-1034.

Amel, D., Barnes, C., Panetta, F. et Salleo, C., (2002), « Consolidation and efficiency in the financial sector : a review of the international evidence », *Banca d'Italia, Temi di discussion*, n° 464, décembre.

Antonelli, C., (1995), *The economics of localized technological change and industrial dynamics*, Kluwer Academic Publishers, Dordrecht, The Netherlands.

Aoki, M., (1991), *Économie japonaise : information, motivation et marchandage*, traduction française, Économica, Paris.

Arena, R., Benzoni, L., De Bandt, J. et Romani, P. M., (éds) (1991), *Traité d'économie industrielle*, Economica, Paris.

Arena, R., (2006), « Avant-propos : pour une étude renouvelée des comportements en économie industrielle », *Revue d'économie industrielle*, n° 114-115, pp. 15-20.

Asheim, B. et Gertler, M.-S., (2005), « The Geography of Innovation–Regional Innovation Systems », in Fagerberg J, Mowery D.C. et Nelson R. (éds), *The Oxford Handbook of Innovation*, Oxford University Press, pp. 291-317.

Audretsch, D.B., (1998), « Agglomeration and the Location of Innovative Activity », *Review of Economic Policy*, vol.14, pp. 18-29.

Ayres, R.U. et Ayres, L.W., (1996), *Industrial Ecology — Towards Closing the Material Cycle*, Edward Elgar, Cheltenham, UK.

Bain, J.S., (1956), *Barriers to New Competition*, Harvard University Press, Cambridge, Massachusetts.

Bain, J.S., (1959), *Industrial Organization*, John Wiley & Sons, New York.

Barfield, R., (1998), « Creating value through mergers », *The Banker,* juillet.

Baudry, B., (1999), « L'apport de la théorie des organisations à la conception néoinstitutionnelle de la firme : une relecture des travaux de O.E. Williamson », *Revue économique*, vol.50, n° 1, pp. 45-69.

Baudry, B., (2003), *Économie de la firme*, « Repères », La Découverte, Paris.

Baudry, B. et Dubrion, B. (éds), (2009), *Analyses et transformations de la firme. Une approche pluridisciplinaire*, « Recherches », La Découverte, Paris.

Baumol, W., Panzar, J. et Willig, R., (1982), *Contestable Markets and the Theory of Industry Structure,* N.Y. : Harcourt Brace Jovanovich.

Beaurain, C. et Brullot, S., (2011), « L'écologie industrielle comme processus de développement territorial : une lecture par la proximité », *Revue d'économie régionale et urbaine*, n° 2, pp. 313-340.

Bellet, M., Kirat, T. et Largeron, C. (éds), (1998), *Approches multiformes de la proximité,* Hermès, Paris.

Berle, A.A. et Means, G.C., (1932), *The modern corporation and private property*, New York, MacMillan.

Besanko, D., Dranove, D., Schaefer, S. et Shanley, M., (2011), *Principes économiques de stratégie*, traduction française, De Boeck.

Billand P., (1998), « Rationalité et coopération : le rôle de la confiance en économie », *Revue d'économie industrielle*, vol.84, pp. 67-84.

Binmore, K., (1999), *Jeux et théorie des jeux*, traduction française, De Boeck Université, Bruxelles.

Bobulescu, R. et Calamel, L., (2009), « Les pratiques RH dans les SPL : six cas français », 6e journées de la proximité, *Le Temps des débats*, université de Poitiers.

Bobulescu, R. et Soulas, C., (2007), « Biotechnologies and Innovating Strategies in the Pharmaceutical Industry », *Journal of Pharmaceutical Finance, Economics and Policy,* vol.16, n° 2, pp. 43-60.

Boschma, R., (2004), « Proximité et innovation », *Économie Rurale*, n° 280, avril-mai, pp. 8-24.

Bouba-Olga, O. et Grossetti, M., (2008), « Socio-économie de proximité », *Revue d'économie régionale et urbaine*, n° 3, pp. 1-18.

Bouquin, H., (1991), *Le contrôle de gestion*, Presses universitaires de France, Paris.

Braczyk, H. J., Cooke, P. et Heidenreich, M., (1998), *Regional Innovation Systems,* UCL-Press, Londres.

Breschi, S. et Malerba, F., (1997), « Knowledge Spillovers and Local Innovation Systems : A Critical Survey », *Liuc Papers* n° 84, Serie Economia e Impresa, 27, pp. 1-30.

Briec, W. et Peypoch, N., (2010), *Microéconomie de la production. La mesure de l'efficacité et de la productivité*, De Boeck.

Buckley, P. J. (éd), (1994), *Cooperative Forms of International Corporation Activity*, Routledge.

Calamel, L., (2012), « Gestion des ressources humaines et collaboration en pôle de compétitivité : une relation dialogique. Le cas de la région Rhône-Alpes », thèse de doctorat à l'IAE de Grenoble.

Cahuc, P., (1993), *La nouvelle microéconomie*, La Découverte.

Cahuc, P. et Zylberberg, A., (2003), *Microéconomie du travail,* La Découverte.

Carlton, D. et Perloff, J., (2008), *Économie Industrielle*, traduction française, De Boeck.

Chamberlin, E., (1933 [1953]), *La Théorie de la Concurrence Monopolistique,* traduction française, Presses universitaires de France, Paris.

Chan Kim, W. et Mauborgne, R., (2004), « Blue Ocean Strategy », *Harvard Business Review*, October, pp. 1-9

Chandler, A. D., (1982), « The M-Firm : Industrial groups, American Style », *European Economic Review*, 19, pp. 3-23.

Chesbrough, H., (2003), *Open innovation : The new imperative for creating and profiting from technology*, Boston : Harvard Business School Press.

Chevalier, J. M., (1977), *L'économie industrielle en question*, Calmann-Lévy, Paris.

Christ, J., (2007), « Varieties of Systems of Innovation : A Survey of their Evolution in Growth Theory and Economic Geography », Annales de l'Université d'Oldenburg, n° 25, pp. 1-46.

Coase, R.H., (1937 [1987]), « La nature de la firme », traduction française, *Revue française d'économie,* 2(1), pp. 133-163.

Coase, R.H., (1960), « The problem of social cost », *Journal of Law and Economics*, 3, pp. 1-44.

Combe, E., (2002), *La politique de la concurrence*, La Découverte, Paris.

Cooke, P., (2001), « Regional Innovation Systems, Clusters and the Knowledge Economy », *Industrial and Corporate Change,* vol.10, n° 4, pp. 945-974.

Coriat, B., (1991), *Penser à l'envers*, Christian Bourgois Éditeur.

Coriat, B. et Weinstein, O., (1995), *Les nouvelles théories de l'entreprise,* Le Livre de Poche.

Cyert, R.M. et March, J.G., (1963), *A Behavioural Theory of the Firm*, Englewood-Cliffs, N.J.

Datar, (2001), *Réseaux d'entreprise et territoire. Regards sur les systèmes productifs locaux*, Paris, DATAR/La Documentation française.

Debonneuil, M. et Fontagné, L., (2003), *Compétitivité*, Rapport au Conseil d'analyse économique, Paris.

Delapierre, M., Milelli, C. et Savoy, A., (1998), « Régimes de concurrence, stratégies de coopération et dynamique des structures industrielles », dans Vinokur, A. (éd), *Décisions économiques,* Economica, pp. 56-80.

Demsetz, H., (1998), *L'économie de la firme*, traduction française, Éditions Management-Société, Caen.

Depret, M.H. et Hamdouch, A., (2009), « Clusters, réseaux d'innovation et dynamiques de proximité dans les secteurs high-tech. Une revue critique de la littérature récente », *Revue d'économie industrielle*, n° 128, pp. 21-52.

Ditter, J.G. et Bobulescu, R., (2010), « Les systèmes productifs locaux dans les industries du bois : trois études de cas », *Revue d'économie régionale et urbaine*, n° 2, pp. 269-293.

Dosi, G., (1992), « Industrial organisation, competitiveness and growth », *Revue d'économie financière,* 59, pp. 27-45.

Erkman, S., (2004), *L'écologie industrielle, une stratégie de développement*, Etopia.

Erkman, S., (1998), *Vers une écologie industrielle*, Éditions Charles Léopold Meyer, Lausanne.

Freeman, C., (1995), « The National System of Innovation in Historical Perspective », *Cambridge Journal of Economics*, n° 19, pp. 5-24.

Frosch, R. A. et Gallopoulos, N. E. (1989), « Strategies for Manufacturing », *Scientific American,* Vol. 261, n° 3, September, pp. 94-102.

Fudenberg, D. et Tirole, J., (1991), *Game Theory*, MIT Press, Massachusetts.

Gabszewicz, J.J., (2003), *La concurrence imparfaite*, La Découverte.

Gaffard, J.-L., (1990), *Économie industrielle et de l'innovation*, Dalloz.

Gervais, M., (2005), *Stratégie de l'entreprise,* Économica.

Gilly, J.P. et Lung, Y., (2004), « Proximités, secteurs, territoires », quatrièmes journées de la proximité, *Proximités, réseaux et coordination*, Marseille, juin.

Glais, M., (1992), *Economie industrielle. Les stratégies concurrentielles des firmes,* LITEC.

Glais, M., (2003), « Analyse économique de la définition du marché pertinent : son apport au droit de la concurrence », *Économie rurale*, n° 277-278, pp. 23-44.

Graedel, T.E. et Allenby, B.R., (1995), *Industrial Ecology*, Prentice Hall, New Jersey.

Guellec, D., (2009), *Economie de l'innovation*, La Découverte, Repères.

Guerrien, B., (1995), *La théorie des jeux*, Economica.

Hart, O.D. et Moore, J., (1990), « Property rights and the nature of the firm », *Journal of Political Economy*, 98(6), pp. 1119-1158.

Holmström, B., (1996), « Moral hazard in teams », in Williamson, O. E. (éd), *Industrial Organization*, Edward Elgar, pp. 162-177.

Hountondji, G. et Longhi, C., (1989), « Insertion dans le commerce international et performances sectorielles : une étude sur l'emploi industriel dans la région Provence-Alpes-Côte d'Azur », *Revue d'économie industrielle*. vol.50, pp. 57-72.

Isenmann, R., (2003), « Industrial ecology : shedding more light on its perspective of understanding nature as a model », *Sustainable Development*, 11, pp. 143-58.

Jacquemin, A., (1985), *Sélection et pouvoir dans la nouvelle économie industrielle,* Economica-Gabay.

Jacquemin, A., (1993), *Enjeux de la Nouvelle Economie Industrielle Européenne,* Les Conférences François Perroux, IV, Presses Universitaires de Grenoble.

Jacobson, D. et Andréosso-O'Callaghan, B., (1996), *Industrial Economics and Organization. A European Perspective,* McGraw-Hill, London.

Jensen, M.C. et Meckling, W.H., (1976), « Theory of the firm : managerial behavior, agency costs and ownership structure », *Journal of Financial Economics,* 3, pp. 305-360.

Kaplan, R.S. et Norton, D.P., (2008), *Execution Premium : Linking Strategy to operations for Competitive Advantage*, Harvard Business School Press.

Knight, F., (1921), *Risk, uncertainty, and profit,* Harper Torchbooks.

Kreps, D.M., (1999), *Théorie des jeux et modélisation économique,* traduction française, Dunod.

Krugman, P.R., (1991), *Geography and Trade,* MIT Press.

Krugman, P.R., (2009), *Microéconomie*, traduction française, De Boeck

Lachaal, L., (2000), « La compétitivité : Concepts, définitions et applications », Institut national de la recherche agronomique de Tunis.

Lancaster, K.J., (1966), « A new approach to consumer theory », *Journal of Political Economy*, 74, pp. 132-157.

Largier, A., Lartigue, S., Soulard, O. et Tarquis, C., (2008), *Clusters mondiaux : regards croisés sur la théorie et la réalité des clusters. Identification et cartographie des principaux clusters internationaux*, Institut d'aménagement et d'urbanisme de la région Ile-de-France.

Laville, E., (2009), L'entreprise verte, Pearson-Village mondial.

Lecaillon, J., (1988), *Éléments d'économie industrielle*, Montchrestien, Paris.

Lecaillon, J. D., Le Page, J. M. et Ottavj, C., (2008), *Économie contemporaine*, De Boeck.

Lecointre, G. (dir.), (2009), *Le Grand Livre de l'Economie PME*, Gualino, Paris.

Leibenstein, H., (1976), *Beyond Economic Man,* Harvard University Press, Cambridge, Massachusetts.

Levet, J.L., (2004), *L'économie industrielle en évolution : les faits face aux théories*, Economica, Paris.

Levratto, N., (2009), *Les PME. Définition, rôle économique et politiques publiques*, De Boeck.

Lundvall, B. A., (1992), *National Systems of Innovation, Towards a Theory of Innovation and Interactive Learning,* Pinter Publishers, London.

Lundvall, B. A., (2007), « National Innovation Systems–Analytical Concepts and Development Tool », *Industry and Innovation,* vol. 14, n° 1, pp. 95-119.

Malerba, F., (2005), « Sectoral Systems of Innovation : A Framework for linking Innovation to the Knowledge Base, Structure and Dynamics of Sectors », *Economic Innovation and New Technology*, vol.14 (1-2), pp. 63-82.

Malmberg, A. et Maskell, P., (1999), « Localised Learning and Industrial Competitiveness », *Cambridge Journal of Economics,* vol.23, pp. 167-186.

Marchesnay, M., (2004), *Management stratégique*, Les Éditions de l'ADREC.

March, J. G., (1991), *Décisions et Organisations*, Les Éditions d'Organisation.

Markusen, A., (1996), « Sticky Places in Slippery Space : A Typology of Industrial Districts », *Economic Geography,* vol.72, n° 3, pp. 293-313.

Marris, R., (1963), « A model of « managerial » enterprise », *The Quarterly Journal of Economics,* 77(2), pp. 185-209.

Marschak, J. et Radner, R., (1972), *Economic Theory of Teams*, New Haven : Yale University Press.

Marshall, A., (1961 [1890]), *Principles of Economics*, Macmillan, Londres.

Mason, E.S. (1939), « Price and Production Policies of Large-Scale Enterprises », *American Economic Review*, vol.29, n° 1, pp. 61-74.

Mason, E.S. (1957), *Economic Concentration and the Monopoly Problem*, Harvard University Press, Cambridge.

McAfee, R.P., Mialon, H.M. et Williams, M., (2004), « What is a Barrier to Entry ? » *American Economic Review*, 94(2), pp. 461-465.

McCraw, T. K., (2010), *Prophet of Innovation : Joseph Schumpeter and Creative Destruction*, Harvard University Press.

Ménard, C., (2002), *L'économie des organisations,* La Découverte.

Milgrom, P. et Roberts, J., (1997), *Économie, organisation et management,* traduction française, PUG-De Boeck.

Mintzberg, H., (1992), « Five Ps for Strategy », in Mintzberg, H. et Quinn, J.B. (eds), *The Strategy Process*, Prentice-Hall International Editions, Englewood Cliffs : N.J. pp. 12-19.

Mintzberg, H., (2004), *Le management. Voyage au centre des organisations*, Éditions d'Organisation, deuxième édition en français revue et corrigée.

Moati, P., (2000), *Evaluer les performances d'un secteur d'activité*, Cahier de recherche CREDOC, n° 148, septembre.

Morin, F., (1998), *Le modèle français de détention et de gestion du capital*, rapport au ministre de l'Économie, de la Finance et de l'Industrie, Les Éditions de Bercy.

Morvan, Y., (1991), *Fondements d'économie industrielle*, Economica.

Nelson, P., (1974), « Advertising as information », *Journal of Political Economy,* 81, pp. 729-754.

Nelson, R.R. et Winter, S.G., (1982), *An Evolutionary Theory of Economic Change,* Cambridge, Harvard University Press.

Nash, J.F.Jr., (1950), « Equilibrium Points in N-Person Games », Proceedings of the National Academy of Sciences, USA, vol.36, pp. 48-49.

OCDE, (2008), *Open Innovation in Global Networks*.

OCDE, (2007), *Concurrence et barrières à l'entrée*, L'Observateur OCDE, Février.

Olivier, V. et Wallet, F., (2005), « Filières agro-alimentaires et développement territorial : une lecture des dynamiques de proximités institutionnelles », *Économie et institutions,* n° 6-7, pp. 75-107.

Orléan, A., (1999), *Le Pouvoir de la Finance*, Éditions Odile Jacob, Paris.

Pavitt, K., (1999), *Technology, Management and Systems of Innovation*, Edward Elgar Publishing Limited, Cheltenham, UK.

Pecqueur, B. et Zimmermann, J-B. (dir.), (2004), *Économie des Proximités*, Hermès Lavoisier, Paris.

Penin, J., Hussler, C. et Burger-Helmchen, T., (2011), « New shapes and new stakes : A portrait of open innovation as a promising phenomenon », *Journal of Innovation Economics*, n° 7, pp. 11-29.

Plihon, D. et Ponssard J.-P., (2002), *La montée en puissance des fonds d'investissement : quels enjeux pour l'entreprise ?*, Lavoisier, Paris.

Porter, M.E., (2000), « Location, Competition and Economic Development : Local Clusters in a Global Economy », *Economic Development Quarterly*, vol.14, n° 1, pp. 15-34.

Porter, M.E., (2003), *L'avantage concurrentiel*, traduction française, Dunod.

Porter, M.E., (2008), « The Five Competitive Forces That Shape Strategy », *Harvard Business Review*, January, pp. 2-17.

Rainelli, M., Gaffard, J.-L. et Asquin, A. (éds), (1995), *Les nouvelles formes organisationnelles*, Economica.

Rainelli, M., (1998), *Économie industrielle*, Dalloz.

Rallet, A. et Torre, A., (2004), « Proximité et localisation », *Économie Rurale*, n° 28, pp. 25-41.

Rasmusen, E., (2004), *Jeux et information. Introduction à la théorie des jeux*, De Boeck

Raymond, L. et Blibi, S., (2005), *Les PME. Bilans et perspectives*, Cap-Rouges : Presses InterUniversitaires.

Sachwald, F., (2008), *Réseaux mondiaux d'innovation ouverte, systèmes nationaux et politiques publiques*, rapport pour le ministère de l'Enseignement supérieur et de la recherche.

Savall, H. et Zardet, V., (2001), « Evolution des outils de contrôle et des critères de performance, face aux défis de changement stratégique des entreprises », Communication au 22e Congrès de l'AFC, version du 9 avril 2011, sur http://halshs.archives-ouvertes.fr/docs/00/58/46/52/PDF/SAVALL-ZARDET.PDF.

Scherer, F.M., (1980), *Industrial Market Structure and Economic Performance*, Chicago : Rand-McNally.

Scherer, F. (éd), (1989), *Innovation and Growth : Schumpeterian Perspectives*, MIT Press, Cambridge.

Schmalensee, R., (1978), « A model of advertising and product quality », *Journal of Political Economy*, 86, pp. 485-503.

Schumpeter, Joseph A., (1935), *Théorie de l'évolution économique*, traduction de la deuxième édition, Paris, Librairie Dalloz.

Scott, A.J. et Storper, M., (2003), « Regions, Globalization, Development », *Regional Studies*, vol.37, 6/7, pp. 579-593.

Simon, H.A., (1982), *Models of Bounded Rationality*, MIT Press, Cambridge.

Sollogoub, M., Pindyck, R. et Rubinfield, D., (2009), *Microéconomie*, Pearson Education.

Stackelberg von, H., (1934), *Marktform und Gleichgewicht*, Wien und Berlin, Verlag von Julius Springer.

Stigler, G.J., (1968), *The Organization of Industry*, Irwin, Homewood, Ill.

Stiglitz, J.E. et Weiss, A., (1981), « Credit rationing in markets with imperfect information », *American Economic Review*, 71(3), pp. 393-410.

Stiglitz, J.E. et Walsh, C.E., (2007), *Principes d'économie moderne*, traduction française, De Boeck.

Strategor, (2005), *Politique générale de l'entreprise*, Dunod, Paris.

Sweezy, P., (1939), « Demand under conditions of oligopoly », *Journal of Political Economy,* 47, pp 568-573.

Sylvander, B., (1995), « Convention de qualité, concurrence, coopération », dans Allaire, G. et Boyer, R. (éds), *La grande transformation de l'agriculture*, Economica/INRA, Paris.

Tidd, J., Bessant, J. et Pavitt, K., (2006), *Management de l'innovation. Intégration du changement technologique, commercial et organisationnel*, traduction française, De Boeck.

Tirole, J., (1993), *Théorie de l'organisation industrielle*, traduction française, Economica, vol.1 (vol.2, 1995).

Torre, A. et Filippi, M. (éds), (2005), *Proximité et changements socio-économiques dans les mondes ruraux*, INRA Editions, Paris.

Torrès, O., (2003), « Petitesse des entreprises et grossissement des effets de proximité », *Revue française de gestion,* 29(144), pp. 119-138.

Torrès-Blay, O., (2010), *Économie d'entreprise*, Economica, Paris, 3e édition.

Ülgen, F., (2002), *Théories de la firme et stratégies anticoncurrentielles. Firme et marché,* L'Harmattan.

Von Neumann, J. et Morgenstern, O., (1953), *Theory of Games and Economic Behavior*, Fifth printing (Third edition), Princeton : Princeton University Press.

Williamson, O.E., (1975), *Markets and Hierarchies*, N. Y : Free Press (1983).

Williamson, O.E., (1990), *Organization Theory,* Oxford University Press.

Williamson, O.E., (1994), *Les institutions de l'économie,* traduction française, InterEditions.

Williamson, O.E. et Masten, S.E. (éds), (1995), *Transaction Cost Economics*, Edward Elgar, Cheltenham, UK.

Yıldızoglu, M., (2003), *Introduction à la théorie des jeux*, Dunod.

TABLE DES MATIÈRES

Ouvertures Économiques

Série LMD

Abdelmalki Lahsen, Sandretto René, *Politiques commerciales des grandes puissances.* La tentation néoprotectionniste.

Barbier-Gauchard Amélie, *Intégration budgétaire européenne.* Enjeux et perspectives pour les finances publiques européennes.

Beffy Pierre-Olivier, *Initiation à l'économie.* Compléments en ligne : QCM - exercices.

Burgenmeier Beat, *Politiques économiques du développement durable.*

Cayatte Jean-Louis, *Microéconomie de l'incertitude.*

Dumas André, *Économie mondiale.* Les règles du jeu commercial, monétaire et financier.

Faucheux S., Hue C., Nicolaï I., *T.I.C. et développement durable.* Les conditions du succès

Lupton S., *Économie des déchets.* Une approche institutionnaliste

Szpiro Daniel, *Économie monétaire et financière.*

Tazdaït Tarik, *L'analyse économique de la confiance.*

+ Enseignement à distance

Roxana Bobulescu, Faruk Ülgen. *Organisation industrielle.* Dynamique des marchés et stratégies des firmes